再審制度
の
研究

福島　弘

［著］

中央大学出版部

はじめに

　本論文の研究対象は，再審請求に対する審理手続及び刑事訴訟法（昭和23年7月10日法律131号。以下「刑訴法」という。）435条6号の再審理由である。

　本論文において，通常の第一審，控訴審及び上告審という判決確定に至る審理又はその審理裁判所のことを「通常審」といい，再審請求に対する審理又はその審理裁判所のことを「再審請求審」ということとする。また，特に断らない限り，再審請求者については，「有罪の言渡を受けた者」（同法439条2号）を，再審理由は，「無罪を言い渡すべき明らかな証拠をあらたに発見したとき」（同法435条6号）を，それぞれ念頭に置くこととする。

　文献を引用させていただく際，判事，検事，弁護士，教授等の敬称を付けさせていただくこととした。その立場が見解の相違を生む背景になっていることが少なくないと思われるからである。その敬称の付け方に悩むケースもあったが，私の責任において適宜付けさせていただいたので，御容赦願いたい。文献を引用する際，適宜，歴史的仮名遣いを現代仮名遣いに変えたり，句読点を補ったり，漢数字を算用数字に変えたりした箇所があることもあらかじめお断りしておく。引用文献中の指示語等を私が補足説明する際には，「（引用者注）」という挿入句を入れることとした。引用文献中に引かれた下線は，私が引いたものであり，原文にはないものである。

　この分野に関しては，先達の研究成果が数多く重ねられており，どれだけのものを付け加えることができたのか心許ないが，議論の交通整理の意味も込めて，研究成果を発表させていただくこととした。

　なお，本論文のうち意見にわたる部分は，私の個人的見解であり，検察庁・法務省の見解ではないことを念のため付言しておく。

《 目 次 》

はじめに …………………………………………………………… i

第1章　再審請求審における審理手続

第1節　再審の理念 ……………………………………………… 2
　1.　問題の所在 ………………………………………………… 2
　2.　法的安定性の要請と実体的真実の要請とが対立するという見解 2
　3.　前記二つの要請が必ずしも対立するものではないという見解 … 7
　4.　私　　見 …………………………………………………… 11

第2節　審判の対象 ……………………………………………… 13
　1.　問題の所在 ………………………………………………… 13
　2.　審判対象は再審理由の有無であるという見解 ……………… 14
　3.　審判対象は確定判決の事実認定又はその基礎となった旧証拠関係
　　　そのものであるという見解 ……………………………… 15
　4.　審判対象は確定判決の事実認定における論理則違反・経験則違反
　　　の有無であるという見解 ………………………………… 18
　5.　判　　例 …………………………………………………… 21
　6.　私　　見 …………………………………………………… 21

第3節　職権主義 ………………………………………………… 22
　1.　問題の所在 ………………………………………………… 22
　2.　当事者主義と解する見解 ………………………………… 22

3. 職権主義と解する見解 ……………………………………………… 25

4. 判　　　例 ……………………………………………………………… 27

5. 私　　　見 ……………………………………………………………… 28

第4節　事実の取調べ ………………………………………………… 29

1. 問題の所在 ……………………………………………………………… 29

2. 事実の取調べの範囲 ………………………………………………… 29

3. 再審請求審の合理的な裁量によるとする見解 ………………… 32

4. 審理探求の理念から積極的な事実の取調べをすべきであるという
   見解 ……………………………………………………………………… 34

5. 判　　　例 ……………………………………………………………… 36

6. 私　　　見 ……………………………………………………………… 43

第5節　証 拠 開 示 …………………………………………………… 45

1. 問題の所在 ……………………………………………………………… 45

2. 検察官には証拠開示の義務があるという見解 ………………… 46

3. 証拠開示における問題点を指摘する見解 ……………………… 50

4. 判　　　例 ……………………………………………………………… 53

5. 私　　　見 ……………………………………………………………… 54

第6節　再審請求審の決定に対する即時抗告審，異議審
　　　　及び特別抗告審 ……………………………………………… 57

1. 問題の所在 ……………………………………………………………… 57

2. 広義の抗告一般について …………………………………………… 57

3. 通常審での控訴・上告について ………………………………… 60

4. 判　　　例 ……………………………………………………………… 62

5. 私　　　見 ……………………………………………………………… 63

目　次　v

第2章　再審請求審における実体要件〔その1〕証拠の新規性について

第1節　新規性の意義 ………………………………………………… 70
　1.　問題の所在 ……………………………………………………… 70
　2.　新たな証拠とは再審請求人がその存在を知らなかった証拠をいう
　　とする見解 ……………………………………………………… 70
　3.　新たな証拠とは裁判所が未だその証拠価値を判断していない証拠
　　をいうとする見解 ……………………………………………… 74
　4.　判　　　例 ……………………………………………………… 80
　5.　私　　　見 ……………………………………………………… 96

第2節　証人の供述変更と証拠の新規性 ………………………… 98
　1.　問題の所在 ……………………………………………………… 98
　2.　証人が供述内容を変更した場合には新たな証拠に該当するという
　　見解 ……………………………………………………………… 98
　3.　証人が供述内容を変更しただけでは新たな証拠に該当しないとい
　　う見解 ……………………………………………………………… 103
　4.　判　　　例 ……………………………………………………… 103
　5.　私　　　見 ……………………………………………………… 107

第3節　請求人の供述変更と証拠の新規性 ……………………… 109
　1.　問題の所在 ……………………………………………………… 109
　2.　請求人が供述内容を変更した場合，前の供述が錯誤又は強制に
　　よるものであったときに限り，新たな証拠に該当するという見
　　解 ………………………………………………………………… 109
　3.　請求人が供述内容を変更した場合，それだけで新たな証拠に該
　　当するという見解 ……………………………………………… 111
　4.　判　　　例 ……………………………………………………… 112

5. 私　　見 ……………………………………………………… 115

第4節　新鑑定と証拠の新規性 ……………………………………… 116
1. 問題の所在 ……………………………………………………… 116
2. 鑑定結果並びに鑑定資料若しくは経験法則のいずれも異なって
いる場合に限り，証拠の新規性が認められるという見解 …… 117
3. 鑑定結果又は鑑定方法若しくは鑑定資料のいずれかが異なって
いる場合，証拠の新規性が認められるという見解 …………… 120
4. 鑑定人が異なる場合，証拠の新規性が認められるという見解 122
5. 判　　例 ………………………………………………………… 124
6. 私　　見 ………………………………………………………… 129

第3章　再審請求審における実体要件〔その2〕 証拠の明白性について

第1節　明白性の意義 ………………………………………………… 134
1. 問題の所在 ……………………………………………………… 134
2. 確定判決の心証を引き継いで，新証拠の明白性を判断すると
いう見解 ………………………………………………………… 136
3. 新証拠の証拠価値を検討した後，これが確定判決の事実認定に
どのような影響を及ぼすかという観点から，新証拠の明白性を
判断するという見解 …………………………………………… 140
4. 旧証拠を再評価した後，新旧の全証拠を総合評価し，新証拠の
明白性を判断するという見解 ………………………………… 145
5. 判　　例 ………………………………………………………… 151
6. 私　　見 ………………………………………………………… 164

第2節 「疑わしきは被告人の利益に」の原則の適用の
　　　有無をめぐる論争の意義 ………………………………… 165
　1. 問題の所在 ……………………………………………… 165
　2. 再審請求審においては同原則が適用されないという見解 …… 165
　3. 再審請求審においても同原則が適用されるが，無罪ではないか
　　　との疑いが合理的か否か，新証拠の証拠価値等を判断するに当
　　　たっては同原則が適用されないという見解 ………………… 171
　4. 再審請求審においても同原則が適用されるが，新証拠には強い
　　　証明力が必要であるという見解 ……………………………… 176
　5. 再審請求審においても同原則が適用され，新証拠に強い証明力
　　　を求めるべきではないという見解 …………………………… 179
　6. 再審請求審においても同原則が適用されるところ，無罪を言い
　　　渡すべき明らかな証拠とは，有罪認定に合理的な疑いを抱かせ
　　　る証拠のことであるという見解 ……………………………… 182
　7. 判　　　例 ……………………………………………… 184
　8. 私　　　見 ……………………………………………… 188

第3節 確定判決の事実認定に事実誤認があったことと
　　　再審事由の有無との関係 ……………………………… 189
　1. 問題の所在 ……………………………………………… 189
　2. 確定判決の事実認定に事実誤認があっても，それが有罪認定に
　　　合理的な疑いを生じさせるものでなければ，再審請求は認めら
　　　れないという見解 …………………………………………… 190
　3. 確定判決の事実認定に事実誤認があれば，それが有罪認定に合
　　　理的な疑いを生じさせるものでなくても，再審請求は認められ
　　　なければならないという見解 ……………………………… 192
　4. 判　　　例 ……………………………………………… 194
　5. 私　　　見 ……………………………………………… 196

第4節　確定判決が有罪認定に用いなかった証拠を，再審請
　　　　求を棄却するために用いることの可否 ……………… 198
　1. 問題の所在 ………………………………………………… 198
　2. 確定判決が有罪認定に用いなかった証拠を，再審請求を棄却す
　　　るために用いることは許されるという見解 ……………… 198
　3. 確定判決が有罪認定に用いなかった証拠を，再審請求を棄却す
　　　るために用いることは許されないという見解 …………… 201
　4. 請求人が自己の利益のために提出した証拠を，請求人の不利益
　　　に用いることは許されないという見解 …………………… 206
　5. 判　　例 …………………………………………………… 209
　6. 私　　見 …………………………………………………… 214

　　おわりに …………………………………………………… 219

　　参考文献 …………………………………………………… 225

　　判例索引 …………………………………………………… 227

第 1 章

再審請求審における審理手続

第1節　再審の理念

1．問題の所在

　再審の理念については，概ね，法的安定性と実体的真実という二つの要請によって説明されるが，私が見たところ，再審の理念の捉え方には，大きく分けて二つの見解があるようである。

　一つは，法的安定性の要請と実体的真実の要請とが対立するという見解であり，もう一つは，両者が必ずしも対立するものではないという見解である。

　以下，検討する。

2．法的安定性の要請と実体的真実の要請とが対立するという見解

　安倍治夫検事は，法的安定性の要請と実体的真実の要請とが対立するという。すなわち，

　　「それ（引用者注▷再審制度）は，法的安定性の要請と基本的人権の主張とが，ギリギリの極限において対決する場であり」，「再審制度は実態的（ママ）真実のために法的安定性を犠牲にする非常救済手続である」り，「再審制度の本質を右のように解するときは，制度の運用にあたってもっとも必要とされる心構えは，愛情と謙抑とそして豊かな良識であるといわなければならない。」[1]

という。

　安倍治夫検事は，戦前の刑事裁判が暗黒裁判であり，これを戦後の再審裁判で覆すべきであるという歴史認識をもっていたようである。すなわち，

　　「再審制度の運用上今日の裁判所が特に留意すべき，もう一つの点について述べておきたいと思う。それは，新憲法施行以前の権力的統治体制のもとで一種の暗黒裁判をうけた有罪被告人が，今日においてその不正を指摘し，再審を求めた場合には，その取扱はとくに同情的かつ慎重でなければ

ならないということである。戦前の権力的統治体制の重圧のもとにおいて
は，被告人が拷問をはじめとする幾多の権威的手段によって取調べをうけ，
予審および公判段階における弁解やアリバイの主張も権力によって圧殺ま
たは一蹴されることが少なくなかった。……旧制度の犠牲者としての被告
人達に対しては，今こそ真に裁判の名に値する裁判を受けしめるべきであ
り，それこそ近代民主国家の神聖な義務である。」[2]
という。

臼井滋夫検事も，当初，法的安定性の要請と実体的真実の要請とが対立する
という認識を示していた。すなわち，

「再審は，確定判決における法的安全性の要求と実体的真実主義に基づく
具体的妥当性の要請とを調和させる制度であるが，両者はこの分野におい
てとくに鋭く対立する。前者を重視する余り，再審理由をきわめて制限
的なものとし，あるいは，その運用が厳格に過ぎるならば，具体的正義に
反し，冤罪に泣く者に対し救済の門を閉ざす結果にもなる。反面，後者を
過大視して，再審理由を余りに広く認め，あるいは，その運用が緩にわた
るならば，確定判決の意義は没却されるにいたる。再審に関する立法と運
用の困難性はここにある。さらに，人権の保障ということをとくに重視す
る新憲法のもとにおいては，再審規定の解釈運用に当たっても，再審制度
に関する立法措置を考究するに際しても，多分に人権擁護の立場からの考
慮を必要としよう。」[3]
という。

井戸田侃教授は，法的安定性の要請と実体的真実の要請とが対立するという
認識に加え，安倍治夫検事と同様に，実体的真実の要請を強調する。すなわち，

「再審制度は，法的安定性を犠牲にすることによって実体的真実の追究を
認める制度であるから，ここでは，法的安定性と実体的真実主義とは鋭く
対立する。しかし判決の確定という法的安定性（具体的実体法）を無視す
ることは相当でないことはいうまでもない。したがって正しく非常救済手
続としてのみ再審制度の存在を認めなければならないと同時に，他方，実
体的真実主義という原則も考慮されねばならない。」，「しかし確定判決に

おける真実は，まさに『みなされる』真実であって，真の実体的真実を示しているとはかぎらない。訴訟で追求する真実は，いうまでもなく，過去の事実である。そうしてそれは，その時に存在する証拠を通じて人間が知ることのできる高度に蓋然的だとされる事実である。しかもそれは費用と時間による制約を不可避とする。したがって確定判決における事実認定も，当然に誤りのあることが予想せられる。確定判決の効力が，決して絶対不動のものである理由はない。……ここにおいて，判決の確定力も，実体的真実発見のためには，道を譲らなければならない場合が承認されるのである。」[4]

という。

光藤景皎教授も，

「再審においては，原判決の確定力を尊重し原判決を維持することによって生ずる法的安定性の利益と，無実の者を処罰し，あるいは不当に重い罪で処罰することから，それらの者を救済し，実体的真実主義を貫こうとする国家的利益および個人の基本的人権の尊重とが衝突する。」[5]

という。

さらに，光藤景皎教授は，再審によって有罪判決を覆す要請のことを「法的安全性」という独自の用語法で説明してその意義を強調し，確定判決を尊重するという通常の用語法に従った「法的安定性」の意義を軽くみる。すなわち，

「再審の目的が『無辜の救済』であるからにはその救済の道をいささかでも阻害することのないようにすべきだ」，「法的安定性対具体的正義というばあい，法的安定性の観念を再考してみる必要があろう。即ち，①一般的安定性　確定前に一，二，三審を通じて（略），手続にしたがい認定がなされ，それが終局に至った。これを尊重する意味での法的安定性は，『一般的安定性』と呼ぶのがよかろう。②法的安全性（1）無罪判決の確定した者は，再び国家の訴追に引き込まれなくてよい，という安定した地位及びそれに伴う心の安らかさが保障される。……③法的安全性（2）有罪判決が確定しても，論理則，経験則に従った正しい認定によらないで有罪とされた場合に，論理則，経験則に従った正しい認定によらないで有罪とされたまま

ではいない権利というものが考えられるだろう。これも，『法的安全性』
と呼んだ方がよい。……再審が対抗関係に立つのは，①の意味の法的安定
性（一般的安定性）とだけであって，これはみだりに再審請求をし，又は
繰り返すことを防止するためのものと考えれば足りるのではないか。」[6]
という。

大出良知教授は，再審請求の多くが棄却されている現状に不満を述べる。す
なわち，

「事態にそれほど余裕があるとは思われない。誤判原因の究明や誤判原因
の除去へ向けての制度改革が一向に進んでいないだけでなく，救済を拒否
されつづけている事件も決して少なくないからである。救済への拒否的姿
勢が，検察に露わであるだけでなく，裁判所にも顕著である。……白鳥決
定以降の救済の進展は，いうまでもなく一朝一夕に可能になったわけでは
なく，事件関係者，日弁連，学会等々による長年にわたる批判的活動の成
果であり，その蓄積が，再審に関わることになった裁判官たちの認識を変
え，対応姿勢にも緊張感を生むことになっていた。」[7]
という。

岡部保男弁護士は，再審制度が冤罪救済に徹すべきであり，法的安定性との
調和を図ることは誤りであるという。すなわち，

「無辜の不処罰が，近代刑事裁判の最大優先課題である。刑事裁判におい
て何よりも重要なことは，有罪を立証されていない者（無辜）を有罪とし
ないことである。仮に10人の罪人を逃しても，1人の無辜を処罰しては
ならないというのが近代法の法諺である。同時にこれは憲法13条，31条，
世界人権宣言11条，市民的および政治的権利に関する国際規約（国際人権
規約）14条等が保障する基本的人権である。……無辜の不処罰の理念は，
当然に再審制度を誤判救済の制度と解すべきことを要請する。誤判により
無辜が処罰されてはならず，仮にあったとしたならば，速やかにその是正
が図られなければならないことは当然である。わが国においては，いまだ
に，誤判救済制度を裁判の安定と対比・調和との観点で捉え，再審制度に
おいて，誤判救済を最大優先課題とすることに異論がある。しかし，再審

制度を誤判救済と確定判決の安定性との権衡，調和であることを論拠づける原理的根拠はないことを想起すべきである。」[8]
という。

　以上，法的安定性の要請と実体的真実の要請とが対立するという見解を見てきた。

　各論者において，見解が一致しているわけではないが，臼井滋夫検事の見解を除き，比較的緩やかに再審理由を認めて再審開始決定をすべきであるという方向性において，共通点を持つ。実体的真実は，確定判決による事実認定の外にあり，正義は，無実を訴える請求人（元被告人）の主張の中にある。法的安定性の要請は，実体的真実の要請を踏みにじるものであって，考慮に値しないという考えを基調にしているようである。無辜を処罰することは人権侵害の最たるものであるところ，仮に，再審請求棄却決定が，人権侵害なのであれば，勢い，法的安定性の要請は無用のものであるという結論に収斂していくのは，必至であろう。

　しかしながら，第一審，控訴審及び上告審を経て一定の事実認定が確定するまでには，検察官と被告人・弁護人が，犯罪行為の成否，被告人の犯人性等について徹底的に争い，両当事者の主張・立証活動が尽くされた後，第三者的立場に立つ通常審において，有罪の心証が形成され，かつ，無罪ではないかとの合理的な疑いが生じないときに限って，有罪判決がなされるのであるから，確定判決の事実認定は，相当の根拠がある。その確定判決の事実認定を覆すことが困難なのは，むしろ当然のことであろう。再審開始決定がなかなか認められないという現状は，ただ単に法的安定性といった形式的な要請に支えられているというわけではなかろう。

　臼井滋夫検事を除き，各論者は，主張内容に濃淡の差はあれ，確定判決に実体的真実が反映されていないという想定をし，再審請求人の声こそ実体的真実が反映されているのだという前提のもと，法的安定性の要請が実体的真実の要請を妨げているという見方をするのであるが，その想定・前提には，疑問の余地なしとしない。

3. 前記二つの要請が必ずしも対立するものではないという見解

藤野英一判事は，再審制度が，法的安定性の要請と実体的真実の要請とを調和させた制度であり，新刑訴法における第一審強化の事実審理の結果を尊重すべきであるという。すなわち，

「再審制度は，判決の確定力と実体的真実の要求との衝突を調和するために考案されたものであるから，その調和点をどこに求めるべきかは，立法政策の解決するところである。……再審，特に再審理由に関する規定は，このように立法政策の決するところに従うと共に，それは有罪判決を凝結させるに至った秩序体たる刑事訴訟手続，特に上訴手続に関する規定と背馳してはならず，これと関連をもって調和すべきであり，これを基底として構築されねばならない。」，「旧刑訴下の再審，従って再審理由は，確定判決の安定性と実体的真実の要求の調和点として考察されたが，新刑訴の再審は，新刑訴手続の本質的性格からみて，このほかに人権の保障及び確定判決前の事実審理における当事者主義の帰結尊重の二要素を加味させて考慮されるべきである。」[9]

という。

鴨良弼教授も，第一審における当事者主義の強化により正義の理念の実現が図られており，再審制度は，法的安定性の要請と実体的真実の要請とを調和させたものとして理解すべきであるという。すなわち，

「第一審の手続構成は，旧法にはみられないほど当事者主義が強化されており，当事者の訴訟上の権能はかなり徹底されている。誤判の危険性は，すでに第一審において当事者の責任と監視のもとに，できるだけ除去しようと試みられているのである。……裁判の確定といっても，それは，先にも述べたような，幾重にも慎重に考慮された手続の終点ないし頂点としての確定であり，そこには，法的安全の理念はもちろんのこと，正義の理念もまた，満足されたものとして制度的には考慮されている筋合のものである。……再審制度は，けっして訴訟制度の目的に矛盾するものではなく，法的安全と正義の両理念の調和を意識した合理的な制度として理解され

る。」[10)

という。

　高田卓爾教授は，やや判然としないものの，法的安定性の要請と実体的真実
の要請との対立を強調しない立場のようである。すなわち，

> 「再審とは，確定判決に対して主として事実認定の誤りを是正するために
> 認められた非常救済手続である。有罪または無罪の判決が確定したときは
> いわゆる一事不再理の効力が生じ，爾後はもはやその当否を訴訟上の問題
> とすることを許さない，とするのが近代的刑事手続上の大原則である。し
> かし，確定判決に重大な誤りまたは瑕疵があることが発見された場合にも
> なおも右の原則に固執するのはかえって司法の権威を実質的に保持するゆ
> えんではないし，とくに被告人──正確には『被告人であった者』──が
> 誤った判決による不利益をいつまでも甘受せざるをえないとすることは人
> 権尊重の趣旨に正面から反することになる。そこで，右のような場合には
> 例外的に一事不再理の効力を排除して正しい判決を実現する必要が生じる。
> このように，判決の確定力を破り一事不再理の効力を排除する異例の制度
> を『非常』救済手続とよぶ。ところで，判決の誤りまたは瑕疵には法令違
> 反と事実誤認とがある。わが刑事訴訟法は，前者につき非常上告を，後者
> につき再審を認めている。」[11)

という。

　鈴木義男検事は，法的安定性の要請と実体的真実の要請が対立するか否かに
ついて直接触れているわけではないが，実務の現場において，請求人から，実
体的真実という言葉が使われることがあっても，それが請求人の主観的な主張
にすぎないこともあると指摘する。すなわち，

> 「再審の目的については，無辜（無実）の救済であるとか，冤罪を雪ぐと
> かいわれることが多い。……しかし，無辜救済説をとる論者が無辜の場合
> に限って再審を認めようとしているのではなく，再審の門戸を広げるため
> の大義名分として無辜の救済という響きのよい言葉を使っていることは明
> 白である。……少なくとも学問上の用語としては，『無辜』とか『無実』
> とかの言葉は避けた方がよい。……無辜と無実とを等置することができな

いのはあまりにも明らかだからである。」[12]
という。

米澤慶治検事も，通常審において，裁判官，検察官及び弁護人が，真相解明のためになした努力の成果として，その確定判決の事実認定を尊重すべきであるという。すなわち，

「刑事訴訟法１条に定めるように，制度としての刑事裁判は，『刑事事件につき，……事案の真相を明らかにし，刑罰法令を適正且つ迅速に適用実現する』という目的を有している。ところが，ここで明らかにすべきだとされている『事案の真相』は，神仏ならいざ知らず，限られた知識と能力しか持ち合わせていない人間が裁判官，検察官，弁護人として関与する手続において，裁判官が限りある証拠から過去に行われたとされる犯罪行為とその行為者を認定するという制度上の制約があるため，一般に『訴訟上の真実』あるいは『みなされた真実』といわれるものであって，必ずしも，歴史的，客観的な真実と合致するものではない。そして，このような『訴訟上の真実』を客観的，歴史的な真実にできるかぎり合致させるための努力と無辜の者を誤って有罪としてしまうことがないようにするための最大限の配慮とを行うことを前提に，訴訟上の真実を『事案の真相』であるとし，これに対する刑罰法令の適正，迅速な適用実現を行って犯罪により破られた社会秩序の回復と維持を図ろうとする制度が刑事裁判なのである。したがって，ある者を有罪とする裁判が通常手続においてはもはや覆されることのない状態になったときは，その裁判が『確定』したものとされ，その確定裁判において認定された犯罪行為としての日時，場所，手段方法その他の事実およびその行為者が有罪を言い渡された者その人であるということなどがまさに事案の『真相』であって，これと相違する別の真相はありえないとして社会生活上受容され，その後の刑執行その他必要な措置が法的に是認されることとなるのである。」[13]
という。

小西秀宣判事も，ほぼ同旨である。すなわち，

「再審制度は，確定判決に対し，主として事実認定の誤りを是正するため

の非常救済手続である。刑事裁判も公権的紛争解決の手段であって，判決が確定したときはこれを争い得なくすることが制度自体に内在する要請である。しかしながら，確定判決に重大な誤りがあった場合に，これを放置することは，制度自体に対する信頼を失わしめることになり，ことに有罪判決の場合には，人権に対する重大な侵害になる。そのような場合に確定判決を是正する制度が，再審及び非常上告制度であり，そのうち主として事実認定の誤りを是正するのが再審制度である。もっとも，わが国の刑事訴訟制度は当然のことながら，三審制度その他の諸制度を採用して，誤りなきを期しており，それにもかかわらず誤りが生じることは通常あり得ないことであり，そのような意味で再審は非常救済手続といえる。このことは，現行法上明らかだと思われるし，再審が刑事裁判制度の一環として位置づけられる以上，当然のことだと思われる。しかしながら，再審をめぐっては，再審制度の目的は専ら無辜の救済にあるとし，再審開始の要件は緩やかであればあるほどいいといった趣旨の議論も見られる。このような議論は，これを極論すれば，判決の確定という概念を認めないに等しい（略）。制度としての再審をそのようなものとして位置づけるならば，刑事裁判における三審制度はほとんど無意味なものとなり，判決の確定自体あいまいなものになってしまうだろう。」[14]

という。

　以上，法的安定性の要請と実体的真実の要請とが必ずしも対立するものではないという見方を見てきた。

　各論者において，見解が一致しているわけではないが，再審理由を緩やかに認めるべきではないという方向性において，共通点を持つ。各論者が根拠としているのは，確定力ないし既判力といった抽象的な法律概念でもなければ，法的安定性といった抽象的な理念でもない。現行の刑事訴訟手続は，真相の解明のために，当事者が主張・立証活動を尽くし，第三者的立場の裁判所が証拠裁判主義に基づいて事実を認定するというものであり，国内で施行運用されている諸制度の中で最も実体的真実の要請を具体化した制度であるから，通常審の事実認定を安易に覆すことは，原則的として，認められないというのである。

例外として，無罪を言い渡すべき明らかな証拠が新たに発見された場合（刑訴法 435 条 6 号），無罪を言い渡すべき手続が進められることになるのであるが，その際，通常審とは異なった事由（刑訴法 435 条 6 号）が生じているのであるから，再審が開始されることになったとしても，実体的真実のために法的安定性が害されるなどといった説明は不要であるということになろう。

要するに，刑事裁判制度において，法的安定性の要請と実体的真実の要請とは，必ずしも対立するものではなく，両者を調和的に理解することが可能であるということになる。

4．私　　見

私見では，再審制度の理念について，藤野英一判事，鴨良弼教授，米澤慶治検事，小西秀宣判事らの見解と同旨である。

その理由は，以下のとおりである。

刑訴法は，刑事事件につき，公共の福祉の維持と個人の基本的人権の保障とを全うしつつ，事案の真相を明らかにし，刑罰法令を適正且つ迅速に適用実現することを目的とする（同法 1 条）。そのために，裁判所職員の除斥及び忌避の制度（同法 20 条以下），弁護権の保障（同法 30 条等），訴因の制度（同法 256 条等），意見の陳述権（同法 293 条），証拠調べの請求権（同法 298 条），証拠の証明力を争う権利（同法 308 条），被告人の黙秘権（同法 311 条），証拠能力の制限（同法 319 条以下）等の諸制度が設けられている。

刑訴法は，事案の真相を解明するため，これら諸制度を設け，検察官が有罪の立証に成功すれば，刑が言い渡され，無罪ではないかとの合理的な疑いを容れる余地が生じれば，無罪が言い渡されることになる。

このように，刑訴法は，第一審における充実した審理によって真相の解明を図ることを意図して制度設計されているところ，控訴審は，判決に影響を及ぼすことが明らかな事実の誤認があれば，判決で原判決を破棄しなければならず（同法 382 条，397 条），さらに，上告審は，判決に影響を及ぼすべき重大な事実の誤認があり，原判決を破棄しなければ著しく正義に反すると認めるときは，

判決で原判決を破棄することができることとされている（同法411条）。

このような通常審による事実認定は，行政機関による事実認定と比較し，公共の福祉の維持と個人の基本的人権の保障とを全うするため，極めて厳正・慎重な規律のもとになされているのであり，無罪を言い渡すべき明らかな証拠を新たに発見したときという例外的な場合を除き，確定判決が認定した事実は，原則として，実体的真実を体現したものというべきである。このような厳正・慎重なわが国の刑事司法は，時に「精密司法」と揶揄されることもあるほどである。

中山善房判事は，犯人を罰する要請と無辜を罰しない要請とを対置して理解する見解は偏ったものであり，刑事裁判においては，有罪・無罪の偏見をもたずに厳正に事実認定をするだけだという。すなわち，

「従来，実体的真実主義には，積極的実体的真実主義と消極的実体的真実主義とがあり，前者は犯罪が行われた場合に必ずこれを発見・認定・処罰しようとするものであり，後者は罪のない者を処罰することがないようにしようとするものであって，現行法では後者の方に重点が置かれていると解する説が有力である。しかし，刑罰法令の適正な適用をするために不可欠とされる事案の真相・実体的真実の解明に当たっては，はじめから犯罪を認定・処罰しようとか，あるいは無辜の者を罰することがないようにしようとかという目的意識をもって事実認定を行うのではなく，あくまでも被告人の刑事責任の有無を判断する範囲内において，予断を抱かずに，客観的・実体的事実を厳正に認定しようとするのが実体的真実主義にほかならないのである。……したがって，事実認定の結果としての無辜不処罰の面のみをとりあげて，『消極的実体的真実主義』という概念をつくること自体について問題があるとともに，さらにこれに対置されるものとして『積極的実体的真実主義』の概念をつくり，これを必罰主義的なものと結びつけて概念化することについては，一層問題があるのではないかと思われる。」[15]

という。

また，高橋省吾判事は，昭和23年制定の現行刑訴法が審理の充実を目指し

ているという。すなわち,

> 「集中審理主義は,継続審理のほかに審理の充実を含めて用いられる。
> ……集中審理は,形式的には,できるだけ連続した開廷を要求するととも
> に,実質的には,各開廷における審理ができるだけ充実した内容のものと
> なること,すなわち,審理が判決という終局目標に向かって順序正しく,
> 無駄なく,計画的に進められることを要請するものである (略)。」16)

という。

　したがって,確定判決の事実認定は,実体的真実の要請を踏まえた制度の中
で実現されたものであり,これを覆すに足りる明らかな証拠が新たに発見され
た場合に限り再審が開始されるのであって,再審の理念は,法的安定性の要請
と実体的真実の要請との調和の上にあるものと理解すべきである。再審の理念
が専ら無辜の救済を目的としたところにあるという見解は,相当とは思われな
い。

　なお,刑訴法の改正 (平成 16 年法律 62 号) により,争点及び証拠の整理手続
が規定され,充実した公判審理を目的とし (同法 316 条の 3),検察官による証
明予定事実の提示 (同法 316 条の 13),検察官による証拠の開示 (同法 316 条の
14,同 15),被告人・弁護人による主張の明示 (同法 316 条の 17),被告人・弁
護人による証拠の開示 (同法 316 条の 18),争点に関連する証拠の開示 (同法
316 条の 20) 等の諸制度が設けられたことから,第一審における審理は,一層
充実したものとなっているのであり,確定判決の事実認定は,一層,実体的真
実の要請を体現したものになっているというべきである。

第 2 節　審判の対象

1. 問題の所在

　再審請求審における審判対象が,刑訴法 435 条各号の定める再審理由の有無
であることは,法文上,疑問の余地がないように思われる。

　しかしながら,これと異なる見解が見受けられ,それには,大きく二つの見

解があるようである。

一つは，再審請求審の審判対象が，確定判決の事実認定又はその基礎となった旧証拠関係そのものであるという見解である。

もう一つは，再審請求審の審判対象が，確定判決の事実認定における論理則違反・経験則違反の有無であるという見解である。

以下，検討する。

2. 審判対象は再審理由の有無であるという見解

藤野英一判事は，審判対象という言葉こそ使用しないものの，再審請求審においては再審理由の有無が審理されるという。すなわち，

「実定法上の解釈よりみるとき，刑事再審手続の中核体は，『公判審理』，即ち被告事件についての審判手続ではなく，その前提段階たる，再審の請求に対する審判手続である。この手続において，再審理由があるかどうかが究明され，その結果，不適式なもの，理由のないものは棄却され，理由のあるもののみが再審開始決定をうけ，この開始決定が確定した上，次の『公判審理』へと移向して行くのである。」[17]

という。

井戸田侃教授は，

「再審手続の審判の対象は，その理由の有無である」[18]

と明言する。

臼井滋夫検事は，再審請求審の審判の目的が，再審事由の有無を判断することにあるという。すなわち，

「再審請求に対する審判は，再審請求人から主張されている事実が法律上再審理由とされている事由に該当するかどうか……を判断することを目的とする」[19]，「有罪の確定判決に対する再審の請求が許されるのは，本条（引用者注▷刑訴法 435 条）各号のいずれか一又は数個の理由に当たる事実があることを理由とする場合に限られるから，単に原判決の事実誤認を主張するにとどまる再審請求は許されない（大決昭 13・7・13 刑集 17・562，東

京高決昭 34・1・31 判時 176・5302)。」[20]

という。

岡部保男弁護士も，同旨である。すなわち，

「再審請求審の審判の対象は，再審請求の手続の適法性と再審の理由の有
無である。再審の理由の有無は，刑訴法 435 条および 436 条に定める事由
の有無である。元被告人が，有罪であるか否かが審判の対象ではない。」[21]

という。

安倍治夫検事，鴨良弼教授，高田卓爾教授らは，再審請求審の審判対象が何
であるのかについて，特段述べるところがないが，それは，再審請求審におけ
る審判対象が再審理由の有無であることに何らの疑いも抱いていないからであ
ろうと推察する。

3. 審判対象は確定判決の事実認定又はその基礎となった 旧証拠関係そのものであるという見解

岸盛一判事は，再審請求審の審判対象が，確定判決の事実認定又はその基礎
となった証拠関係であるという。すなわち，

「再審の目的は，事実認定の問題をあらためて審査するにあるのであって，
それは判決によって確定された事実の立証の基礎を再吟味することである。
ところが，事実の認定は，証拠に基づいて裁判所が自由な心証にしたがっ
てこれをするものであるから（法 317・318 条），結局，再審の請求は，裁
判所の証拠の証明力に関する価値判断に対する攻撃としての意味をももつ
ものであることは否めない。ただ，これを無制限に許すとすれば確定判決
の意義を無視する結果となるから，法律上その原因につき一定の限界・条
件を定めているのである。それは，いわゆる beneficium novorum ──大
陸法条の上訴制度において時期的に控訴審限り許される新証拠・新事実の
援用権──が永久化されたものといわれている。」[22]

という。

光藤景皎教授は，明白性（刑訴法 435 条 6 号）の判断基準との関連ではあるが，

再審請求審の判断対象が，確定判決の証拠評価であるという。すなわち，

「再審が認められ，その請求事由が拡大された歴史をみるとき，そこには
刑事裁判では何といおうと事実認定こそが最大の問題であり，無辜を罰す
るほど不正義はないという共通の認識が確定力に対し譲歩をせまっている
ものといえよう。上告審と比較するとき，再審は，右にのべたようにまさ
しく事実誤認を救済する制度であり，現行法は憲法39条にしたがい被告
人に不利益な再審をみとめないのであるから，原確定判決の証拠評価に対
し，訴訟記録にもとづいて，批判的に一応の判断をすることも許されると
解される。しかも，再審請求受理裁判所は，再審手続を開始すべきか否か
について一応の事実認定をなすものであるから，必ずしも訴訟記録にもと
づいて判断できぬものでもない。」[23)

という。

竹澤哲夫弁護士は，再審請求審が，自由な心証形成により，確定判決を見直
すべきであるという。すなわち，

「再審は有罪確定者のために確定判決の誤りについて非常救済の道を認め
た手続である。周知のとおり，その手続に関する詳細な規定は存在しない。
請求審手続においては通常手続にみられる証拠法の制約はなく，したがっ
て証拠能力の制限について意を用いることなく，またいわゆる行動証拠に
及ぶ広い範囲の資料による心証形成も否定されていない。……再審法制は，
再審請求審においては，いったん裁判所ならびに訴訟関係人を，通常手続
における証拠法上の制約から解放して，証拠能力の制限のない新たな証拠
を加えた証拠資料の全体を総合的に評価することによって自由な心証を形
成し，確定判決を見直すことを認めているのである。」[24)

という。

川崎英明教授は，明白性（刑訴法435条6号）の判断基準との関連ではあるが，
再審請求審の弾劾対象が，確定判決の事実認定ないしその証拠構造であるとい
う。すなわち，

「確定判決の証拠構造がもつ意味と証拠構造分析のあり方についてはなお
議論の余地はあるものの，総合評価の方法として，『証拠構造分析——旧

証拠の再評価——新旧全証拠の総合評価』という三段階の過程を辿ることは肯定されているところである。……証拠構造論の意義と機能、そしてその理論的根拠は以下の二点に求められる（略）。第一に、確定有罪判決の証拠構造分析は再審請求における弾劾対象（再審請求審裁判所からみれば判断対象）を確認する意義と機能を担っている（略）。……再審制度はもともと確定有罪判決の誤った事実認定からの救済制度であるから、再審請求における弾劾の対象は確定有罪判決の事実認定のほかにはない。……再審請求審における弾劾対象が確定有罪判決の事実認定だということの意味は、確定有罪判決の証拠構造が弾劾対象であるということに帰着する。」[25]

という。

　以上、各論者において、その趣旨が判然としない点もあり、また、見解が一致しているわけでもないが、いずれも、再審請求審における審判対象（判断対象ないし弾劾対象）が、確定判決の事実認定ないしその基礎となった旧証拠関係であり、再審請求審は、確定判決を全面的に見直すべきであるという。この見解の一つの到達点が、川崎英明教授らの提唱するいわゆる証拠構造論であり、これによれば、再審請求審は、いわゆる新証拠の新規性・明白性を判断するに先立ち、まず、確定判決の証拠構造を分析し、次に、旧証拠を全面的に見直してその脆弱性を確認し、最後に、新証拠を投入して新証拠の新規性・明白性を判断すべきであるという。この見解は、再審の理念を無辜の救済と捉え、実体的真実は、無実を訴える請求人（元被告人）の主張の中にあるのであって、法的安定性の要請は実体的真実の要請を踏みにじるものであるという考え方と通じるものがある。また、光藤景皎教授は、法令解釈の統一を図る上級審への上訴と異なり、再審請求が事実認定の誤りを正すための請求であることを強調し、竹澤哲夫弁護士は、確定判決の事実認定の基礎となった旧証拠の全面的な見直しを強調する。

　しかしながら、上訴審ですら、原判決の事実認定の誤りを是正できるのは、原判決の事実認定に論理則違反・経験則違反が認められる場合に限られる[26]のに、判決確定後の再審請求審において、上訴審以上に確定判決の事実認定に介入できるという見解は、現行法の制度設計に適合しない。

再審請求が棄却されるか（刑訴法447条），再審開始決定がなされるか（同法448条）は，法文上，再審理由の有無にかかっているのであるから，仮に，証拠の明白性を判断するために，旧証拠の全面的な見直しが必要であるという見解に立つとしても，再審請求審の審判対象（判断対象ないし弾劾対象）が確定判決の事実認定又はその基礎となった旧証拠関係であるという見解は，相当とは思われない。

4．審判対象は確定判決の事実認定における論理則違反・経験則違反の有無であるという見解

本江威憙検事は，再審請求審における審判対象が，確定判決の事実認定における判断過程の当否（経験則違反の有無）であるという。すなわち，

「再審請求手続における審判の対象は，原確定判決の事実認定の当否である。そして，事実認定の当否というのは，原確定判決の事実認定の結果（認定事実）の当否ではなく，その事実認定における判断過程の当否である。すなわち，原確定判決の事実認定の方法及びそこに用いられている経験則が裁判官の心証形成のあり方として合理性があるかどうかを判断するのである。そこでは，新証拠は，原確定判決の事実認定の過程の当否を判断する材料として機能する。再審請求手続における事実の認定は，いわゆる事後審における事実認定の性質を有するものである。したがって，再審請求手続の裁判所は，確定判決を下した裁判所が，いかなる証拠によって，いかなる経路をたどり，いかなる経験則を用いて事実認定をしたかを認定しなければならない（略）と同時に，再審請求手続の裁判所は，原確定判決が，当事者主義的訴訟構造の下で，直接主義，口頭主義，弁論主義等の諸原則に支配されて，厳格なる証明によって得た心証にみだりに介入してはならないのであって，判断の過程に方法上，経験則上の誤りがなければ，原確定判決をした裁判所の認定の結果を尊重しなければならない。」[27]

という。

鈴木義男検事は，再審が，上訴と同様の機能を果たすという。すなわち，

「『無罪を言い渡すべき』明らかな新証拠を発見したことを再審理由とする我が刑訴法において，再審で問題となるのもまた有罪か無罪かの判断であり，白鳥決定はこのことを疑問の余地なく明確にしたわけである。したがって，再審は，新証拠の発見という確定判決後の事情を前提としてではあるが，確定した有罪判決の誤りを匡し，不当に有罪判決を受けた者の救済を図る制度であるといってよい。そういう意味で，再審には上訴と同様な機能を果たす面があることを否定できない。しかし，上訴が通常手続内における誤判是正のための制度であるのに対し，再審は，第一審における慎重な審理と上訴による厳格な審査を経て確定した有罪判決を再審査する非常救済制度であるから，刑事司法制度を全体として秩序立ったものとして運営することの必要性を否定しない限り，上訴理由と同一又はこれより広い再審理由を認めるわけにはゆかない。」[28]
という。

　以上，各論者において，その趣旨が判然としない点もあり，また，見解が一致しているわけではないが，概ね，再審請求審における審判対象が，確定判決の事実認定の判断過程の当否（論理則違反・経験則違反の有無）であるという主張と整理してよいであろう。この見解は，再審請求が上訴と類似していることに着目しているものといえよう。論者は，新証拠と無関係に旧証拠を全面的に再評価することに反対し，また，再審理由を上訴理由よりも緩やかに認めることにも反対しており，一見すると，前記第1章第2節3の見解（光藤景皎教授，竹澤哲夫弁護士，川崎英明教授らの見解）と相反している。

　しかしながら，再審請求審は，控訴審・上告審とは本質的に異なっている。控訴審では，原則として，新たな証拠（刑訴法382条の2）の取調べをせずに，判決に影響を及ぼすべき明らかな事実誤認の有無を判断するのであり（同法382条，397条），その事実誤認とは，証拠の取捨選択・評価における論理則違反・経験則違反をいうのに対し，再審請求審では，無罪を言い渡すべき明らかな証拠をあらたに発見したとき（同法435条6号）に該当するか否かが問われるのである。

　仮に，再審請求審における審判対象が，上告審と同様に，確定判決の事実認

定における論理則違反・経験則違反の有無であるとしたら，理論上，新規・明白な証拠の有無にかかわらず，確定判決の事実認定を事後審的に見直してよいことになるが，これでは，新規・明白な証拠があったときに限って再審を開始するという再審制度の趣旨に適合しないものになろう。

　論者は，再審請求審が確定判決の事実認定にみだりに介入すべきではないともいうが，確定判決の事実認定における論理則違反・経験則違反の有無を問うということは，とりもなおさず，確定判決の事実認定に介入することを意味することになるのであり，相当とは思われない。

　なお，森本和明検事は，再審請求審においては，確定判決の事実認定の当否を判断することになるという。すなわち，

> 「再審請求に対する審判手続は，再審理をなすべき必要性の有無を判断する手続であって，犯罪事実の存否を自ら認定するものではないとしても，その必要性の有無の判断のために，実質的には，確定判決の基礎となった積極・消極の証拠と新たな証拠とを合わせ評価して確定判決における事実認定の当否を判断することとなるのである。ここにおいて，当該事件における具体的正義の実現を図る前提として事実認定が問題とされている点では，判決の確定前の公判手続において証拠により事実認定が行われる場面と本質的な差異はないといわざるを得ないであろう。」[29]

という。

　森本和明検事の見解は，その趣旨が判然としないところがあるが，仮に，再審請求審の審判対象が，確定判決の事実認定における判断過程の当否にあるのだという見解だとしたら，前記同様の問題があるし，あるいは，再審請求審の審判対象が，確定判決の事実認定における結果の当否にあるのだという見解だとしたら，前記第1章第2節3の見解に対するのと同様の問題があることになる。

5. 判 例

最高裁昭和50年5月20日決定 [30] ── 白鳥事件

　事案は，札幌市警察本部の警察官Aが，札幌市内を自転車で走行中に背後からピストルで撃たれて殺害されたというものである。B政党の札幌委員会委員長であった再審請求人は，実行犯であるCらと共謀関係にあったものとして起訴されたが，終始犯行を否認した。請求人は，通常審において，B政党に所属していたDらの供述に基づき同市郊外の土中から発見された弾丸（以下「証拠弾丸」という。）と，警察官Aの体内から検出された弾丸（以下「摘出弾丸」という。）とが，同一の拳銃から発射されたものではない旨主張し，再審請求審においては，これを裏付ける新証拠として鑑定書を提出し，同様の主張をしたが，再審請求を棄却された。請求人は，特別抗告審において，それまで再審理由として主張していなかった新たな事実を追加主張した。

　最高裁は，以下のとおり，再審請求審は，再審理由の有無を判断するものである旨判示した。

　　「記録によると，申立人の本件再審請求は，刑訴法435条6号所定の再審理由にあたるものとしてなされたことが明らかであるところ，<u>再審請求受理裁判所は，再審請求の理由の有無を判断するにあたり，再審請求者の主張する事実に拘束され</u>，原裁判所も右再審請求受理裁判所の判断の当否について審査することができるにとどまるから，右の事実以外のあらたな事実を主張して原決定の判断を論難することは許されないものというべく，結局，所論は，原決定の説示に副わない事実を前提として原決定の違憲を主張するものに帰し，同法433条所定の適法な抗告理由にあたらない。」

6. 私 見

　私見では，再審請求審における審判対象について，井戸田侃教授，岡部保男弁護士らの見解と同旨である。

　その理由は，以下のとおりである。

再審の請求は，無罪を言い渡すべきべき明らかな証拠をあらたに発見したときにすることができ（刑訴法435条6号），再審開始決定をするか，再審請求を棄却するかは，再審理由の有無にかかっている（同法447条，448条）。

したがって，法律の文言から明らかなとおり，再審請求審における審判対象は，再審理由の有無以外には考えられない。

再審請求審における審判対象について，それが確定判決の事実認定又はその基礎となった旧証拠関係であるという見解も，また，それが確定判決の事実認定における論理則違反・経験則違反の有無であるという見解も，いずれもいわゆる新証拠の新規性・明白性を判断するに先立って，確定判決の事実認定の当否を判断することを許容することにつながるものであるが，これらの見解は，再審に関する現行法の制度趣旨と適合するものとは思われない。

第3節　職権主義

1．問題の所在

再審請求審の審判手続が職権主義によるものであることは，疑問の余地がないように思われる。

しかしながら，これを当事者主義のように解する見解がある。

以下，検討する。

2．当事者主義と解する見解

日本弁護士連合会は，再審請求審の審判手続を，通常審の審判手続に接近させる必要があるという。すなわち，

> 「再審は，無辜の救済のための制度である。……このことからも，①法の明文のない場合でも請求人をできるかぎり手続に関与させ，裁判所が再審理由の有無を判断するにつき，請求人の主張・立証双方にわたり主体的活動を十分に行うことができるような解釈と運用が必要であること，②審理

の方式も通常公判の手続にできるかぎり接近させる必要があること，の二点を強調しなければならない。……再審請求手続と再審公判の峻別論は，再審請求手続の職権主義化とその反射効としての請求人の権利の矮小化につながる危険性なしとしないのである。」「検察官の再審請求手続における役割を考えるとき，基本的なことは，検察官は原確定審において必要かつ十分な立証活動をし尽くしていることである。請求人が確定有罪判決を争って再審を請求し，新証拠を提出したとき，検察官の訴訟活動は，公益の代表者として，新証拠に問題があれば，その点を指摘し，必要な場合は事実の取調について職権の発動を促す限度にとどまるべきである。これを超えて，請求人側の新証拠と関係なく，有罪を維持するための立証活動を行うことは，本来，許されないはずである。」[31]

という。

　高田昭正教授は，再審請求審の審判手続について，請求人のための当事者主義化を進めなければならないという。すなわち，

「再審請求手続における『請求人関与』は，確定有罪判決を受け再審を請求した者（以下，この意味で『再審請求人』という）の主体的な地位と防禦権を保障・擁護する憲法 31 条・憲法 39 条を基礎にするものであり，再審請求手続の『当事者主義化』にすすむものでなければならない（略）。……それゆえ，再審請求手続の構造も，救済を求める再審請求人の主体性と主導性を必須の要素として組み込む『当事者主義』によるものでなければならない。」「再審請求手続の『当事者主義化』の論拠については，つぎのように論ぜられた。第一に，再審の理念の『無辜の不処罰』への転換に鑑み，できる限り再審請求人の請求趣旨を反映するような手続構造が設定されなければならないことである（略）。……第二に，再審請求手続が『訴訟手続』であることに違いはなく（刑訴規 285 条参照），とくに 435 条 6 号の再審事由が主張されるケースでは，その審判の実質は『公判審理と同種のもの』であり，それゆえ，再審請求手続について『職権的手続規程が明定されていない限り，当事者主義的──請求人の主体的関与を認める──構成をとるのは必然的ではないか』といえることである（略）。……第三に，

『現行法上の再審規定の解釈は，利益再審への転換を基軸にして現行法の〔当事者主義の〕基本構造・原則にそって独自に展開されてよいのである。となると，現行法の再審手続の規定の仕方は，意見聴取を例示的に定め，その他は請求人側の手続的権利保障をできるだけ広範囲に認める余地を残した趣旨』と解されることであった（鴨良弼編・刑事再審の研究〔三井〕172頁）。」32)

という。

岡部保男弁護士は，再審請求審の審判手続が，請求人のための片面的当事者主義・補完的職権主義であるという。すなわち，

「主張および立証責任の負担が現実的・実質的に請求人にある以上，少なくとも，請求人に主張および立証の権利を認めなければ，訴訟構造として成り立たない。その意味では，事実調べが単純に職権主義であるというのは，正しくない。請求人でない検察官は，公益の代表者として裁判所が法を適正に適用するために再審請求に関与するにとどまるものであるから，請求人との関係では，いわゆる原告・被告という当事者の関係には立たない。その意味では，純粋の当事者主義ではない。裁判所は，請求人の主張および立証を受けて，さらに裁判所として独自に無辜の救済，真実究明の観点から，必要な事実調べを行うというのが法の予定している，再審請求審の基本構造である。請求人に関するかぎりでは当事者主義であり，裁判所が独自に証拠を収集する活動を行うという意味では職権主義でもある。したがって，いうならば，術語としては熟していないが，請求人に限るという意味で片面的当事者主義であり，全面的な職権主義ではなくて，補完的に職権主義であるという意味で，部分的あるいは補完的職権主義の競合する構造というべきである。」33)

という。

以上，各論者において，その趣旨が判然としない点もあり，また，見解が一致しているわけでもないが，いずれも，再審請求審においては，請求人の利益に配慮した法運用がなされるべきであり，その理論付けとして，当事者主義という言葉が使用される。

しかしながら，各論者が使用する当事者主義という用語は，通常の用語法と異なっている。本来，当事者主義とは，通常審において，検察官が，訴因を明示して，公訴事実の立証責任を負い，被告人・弁護人が，検察官請求証拠を弾劾し，あるいは被告人に有利な証拠を自ら提出する機会を与えられ，双方が，主張・立証を尽くした後，第三者的な立場にある裁判所が，公訴事実の有無を判断し，無罪ではないかとの合理的な疑いを超えて，有罪の心証を得たときに限り，有罪を認定できるというものである。各論者のいう当事者主義は，専ら請求人（元被告人）の利益を第一に考えるべきであるというものであり，検察官の役割・権限をできる限り縮小させ，裁判所の役割を請求人の救済に向けさせるものである。岡部保男弁護士は，その理論として，片面的当事者主義という独自の用語を使用し，裁判所ですら，無辜の救済という観点から事実の取調べをすべきであるという。これは，請求人中心主義とでもいうべきものであって，当事者主義の概念から外れたものである。

再審請求審の審判対象は，再審理由の有無であり，再審請求審は，再審理由の有無を公正に審判するだけのことであって，請求人のために審理手続を運用すべき理由はないはずである。

3．職権主義と解する見解

臼井滋夫検事は，再審請求審の審判手続が，職権主義であるという。すなわち，

> 「再審請求に対する審判手続は，判決手続ではなく決定手続であるから，口頭弁論に基づいて裁判をする必要はないし（43Ⅱ），また，それは憲法82条にいう『裁判の対審及び判決』に含まれないので，公開の法廷で行うことを要しない（最（大）決昭 42.7.5 刑集 21・6・764，最決昭 33.5.27 刑集 12・8・1683）。そのことから当然に，この手続は，検察官と被告人とが対立する当事者主義の構造とは相容れず，職権主義の原理によって支配される。」[34]

という。

藤野英一判事[35]，井戸田侃教授[36]，本江威憙検事[37]らも，再審請求審の審判手続が，職権主義であるという。

小西秀宣判事も，同旨である。すなわち，

「現行法上，再審請求手続は決定手続とされ，口頭弁論に基づいてすることを要しない（43条2項）し，事実の取調べも裁判所の裁量にゆだねられている（445条，最2小決昭和29.11.22刑集8巻11号1857頁）。再審請求をした者およびその相手方の意見を聴かねばならず（規286条），意見陳述の機会は手続の進展に伴い十分に保証されなければならない（仙台高決昭和48.9.18刑裁月報5巻9号1312頁）が，総じて職権主義的な手続とされているものといえる。それは，再審請求手続が，すでに当事者主義的手続を経た事件についての手続であり，さらに，濫請求的なものが多いと思われること，あるいは435条の6号以外の事由に基づく，審判対象の比較的簡明なものについても共通する手続であることに対する考慮もあるからといえよう。これに対しては，再審請求手続は可及的に請求人の請求趣意を反映するような手続構造をとる必要があるとし，また，再審請求手続は裁判所対請求人の二面構造であって，検察官の関与は必然的なものではなく，規286条に基づく意見陳述ないしは証拠調べにおける立会い等が主であって，証人尋問とか反証活動には疑問があるとし，また，再審開始決定に対する即時抗告も問題視される，との意見もみられる（略）。再審請求手続において請求人の請求趣意が可及的に反映されるべきものであることは当然であるが，検察官の関与は，条文上も，あるいはその公益的立場からも当然であって，裁判所の職権調査にも自ずから限界があることを思えば，判断の客観性を担保するためにも検察官の立証活動は有用なものといえよう。もっとも，それも裁判所の裁量によるものであることは，請求人側と同様であろう。」[38]

という。

第1章　再審請求審における審理手続　27

4．判　　例

最高裁昭和33年5月27日決定 [39]

　事案は，強盗強姦致死等事件である。請求人は，強姦についての記憶がなく，心神耗弱である旨主張したが，再審請求を棄却された。請求人は，再審請求審が公開の法廷で審理せずに再審請求を棄却したことが憲法37条に違反する旨主張して，特別抗告した。

　最高裁は，以下のとおり判示して，請求人からの特別抗告を棄却した。

　　「所論は原決定が憲法37条1項の公開の裁判に反するというのであるが，一たん公開公判手続を経た確定判決に対する再審を開始するか否かの手続は，公判そのものではなく憲法にいわゆる『裁判の対審』ではないと解しうべきことは当裁判所の判例の趣旨とするところであるということができる（昭和23年（つ）25号同年11月8日，刑集2巻12号1498頁）から違憲の主張は前提を欠き，所論はその余の論点を含めすべて特別抗告適法の理由に当たらない。」

　同決定は，再審請求審が職権主義か，当事者主義かを判示したものではないが，再審請求審が対審構造を採るものではない旨明言しており，当事者主義を否定している趣旨からすれば，職権主義であることを前提としているものであろう。

最高裁昭和42年7月5日決定 [40]

　事案は，請求人らが幸徳伝次郎（幸徳秋水）らとともに犯した大逆事件（幸徳事件）である。請求人は，再審請求審が公開の手続によらずに再審請求を棄却したことが憲法82条に違反する旨主張して，特別抗告した。

　最高裁は，以下のとおり判示して，請求人からの特別抗告を棄却した。

　　「所論は，違憲をいうが，憲法82条は，刑事訴訟についていうと，刑罰権の存否ならびに範囲を定める手続について，公開の法廷における対審および判決によるべき旨を定めたものであって，再審を開始するか否かを定める手続はこれに含まれないものと解すべきで，所論は理由がない。」

同決定も，最高裁昭和33年5月27日決定を踏襲するものであり，再審請求審が職権主義であることを前提とするものであろう。

5．私　　見

私見では，再審請求審における審判手続が職権主義であることについて，臼井滋夫検事，小西秀宣判事らの見解と同旨である。

その理由は，以下のとおりである。

すなわち，再審請求に対する裁判は，決定であって（刑訴法447条，448条），口頭弁論に基づいてすることを要しない（同法43条2項）。請求人は，その趣意書に証拠書類及び証拠物を添えてこれを管轄裁判所に差し出さなければならないが（刑訴規則283条），事実の取調べ（刑訴法445条）は，後記第1章第4節4記載のとおり，再審請求審の裁量に委ねられているのである。

本来，当事者主義とは，通常審において，検察官が訴因を明示して公訴事実の立証責任を負い，被告人・弁護人が反証活動をする機会を与えられ，双方の主張・立証活動が尽くされた後，第三者的な立場の裁判所において，自由な心証を形成し，無罪ではないかとの合理的な疑いを超えて有罪の心証を得た場合に限り，有罪を言い渡すことができるというものである。この当事者主義による通常審の審判手続は，国内の他の法制度と比較しても，最も厳格公正になされる事実認定手続であり，その認定事実は，実体的真実の要請が反映されたものとみるべき相当な根拠を有しているのである。この確定判決の事実認定を覆すことが認められるのは，例外的な場合であり，無罪を言い渡すべき明らかな証拠があらたに発見されたという特別な事情が生じた場合に限られる。

したがって，再審請求審は，通常第一審，事後審及び覆審のいずれでもなく，請求人と相手方とが主張・立証活動をやり直すものでもなく，当事者主義による審判手続をしなければならない根拠・必要性が存しないのであるから，職権主義としか考えられない。ましてや，再審請求審が，専ら請求人の救済という視点から手続運用をしなければならない根拠・必要性がないことは明らかと思料される。

第4節　事実の取調べ

1．問題の所在

　事実の取調べについては，請求人が申し出た証人尋問，鑑定等は必ず実施しなければならないのか，請求人が申し出ていない証人尋問，鑑定等を実施してはならないのか等の問題がある。

　以下では，まず，前提問題として，事実の取調べの範囲について論じ，その次に，上記問題を検討することとする。

　結論として，事実の取調べの実施・不実施は，再審請求審の合理的な裁量に委ねられているという結論になるであろうから，実質的な問題は，事実の取調べの実施・不実施にかかる合理的な裁量の判断基準は何かということになろう。

　以下，検討する。

2．事実の取調べの範囲

　事実の取調べは，再審理由として主張されている事実の範囲に限定されるというのが通説であり，大きな異論はないようである。

　ただし，以下のとおり，当該範囲に含まれるか否かの判断に当たっては，厳格な運用をすべきではないという見解が多勢を占めるようである。

　臼井滋夫検事は，事実の取調べの範囲が，再審理由として主張されている事実の範囲に限定されるが，再審理由に付随する事実ないし密接に関連する事実も含まれるという。すなわち，

　　「再審請求に対する審判手続における事実の取調の目的は，前述したとおりであるが，調査の対象事項は，再審請求者から再審理由として主張された事実に限られるか，それとも，それ以外の再審理由についても職権調査をなし得るか，という問題がある。この問題は，裁判所が再審請求者の主張する再審理由に拘束されるかどうかという問題と表裏の関係にあるが，

これらの問題に正面から判断を加えた判例はみられない。再審は，再審請求権者の請求によって，その審判を開始する手続であり，職権によって再審をなし得る旨の規定はないのみならず，再審請求の理由の有無によって再審請求棄却または再審開始の決定をなすべきものとされており，とくに，同一理由による再度の請求が禁じられている点からみて，裁判所は，再審請求権者から再審理由として主張された事実に拘束され，したがって，調査の対象事項の範囲も，これに限定されると解するのが相当である（これが通説であり，ドイツ法においても同様に解せられている。(略)）。もっとも，再審請求権者から主張されている事実が法律上再審理由とされている事由に該当するかどうかを判断するために，該事実に付随する事実またはこれに密接な関連を有する事実に関しても，事実の取調を行うことは許されよう（略）。」[41]

という。

臼井滋夫検事は，

「例えば，再審請求の趣意として，原判決の証拠となった被告人の捜査官に対する自白を内容とする供述調書が偽造である旨の事実をあげて 435 条 1 号に該当する再審理由があるとの主張がなされた場合，供述調書の作成とその前提である取調とは不即不離の関係にあるので，裁判所は，当該供述調書が真性に作成されたものであるかどうかという点の調査に関連して，当該供述調書作成の前提となった被疑者取調の状況等についても事実の取調をなし得るであろう。その結果，再審請求の趣意として主張された供述調書偽造の事実は認められないものの，当該調書作成の前提になった取調に際しての暴行・陵虐行為が行われたといった事実が判明するということも考えられる。」[42]

という。

井戸田侃教授は，請求人の主張に直接・間接に影響を及ぼす事実も事実の取調べの範囲に含まれるという。すなわち，

「事実の取調べの範囲も，請求者の事実上の主張の範囲にかぎられる必要はなく，それに直接，間接に影響を及ぼす事実もその対象に含まれるとい

うべきであって，その結果，別の事実が明らかになった場合も，請求者が主張しないからといってこれを棄却することは決して正当でない（請求者の事実，証拠についての探知能力が劣る場合には，しばしばこのような事態が考えられる）。」[43]

という。

高田卓爾教授は，事実の取調べの範囲が，再審理由として主張されている事実の範囲に限定されるが，当該事実の範囲内か否かの判断に当たってはあまり制限的な運用をすべきではないという。すなわち，

「本条（引用者注▷刑訴法445条）所定の事実の取調は，再審請求が適法でかつ理由があるかどうかを判断するについて，趣意書およびそれに添付された証拠書類等の調査では不十分の場合にこれを補完すべく行われる手続形態である（藤野・判タ97号23頁）。」，「事実の取調の範囲については，再審請求人が再審請求理由として主張する事実の有無に制限される，とするのが通説である。これに対し，申し立てられた理由に密接に関連する限り他の再審理由にも及びうるとする見解（青柳・通論下709頁），主張された事実に付随する事実またはこれに密接な関連を有する事実をも包含すると解するのが妥当とする見解（臼井・実務講座12巻2749～50頁），請求者の事実上の主張に直接，間接に影響を及ぼす事実も含まれるとする見解（井戸田・刑訴講座Ⅲ205頁）もある。私見によれば，事実の取調はやはり請求人が主張した事実の範囲内に限られると解するのが正しいと思われるが，問題は請求人が何を主張しているのかという解釈の問題となる。この解釈にあたってあまりに制限的な立場をとるのは妥当ではなく，その意味で通説に対する右の批判に傾聴すべきものがあるように思われる。」[44]

という。

高田昭正教授も，事実の取調べが，再審理由として主張されている事実の範囲に限定されるという。すなわち，

「事実の取調べの範囲は，再審請求人が請求理由として主張する事実の有無に限定される（注解刑訴（下）〔高田〕338頁）。『職権で請求以外の再審理由に関する調査および事実の取調べをすることは許されない』（松尾ほか・

条解刑訴〔増補補正版〕893頁）。……判例では，再審請求審裁判所は再審請
求人の主張する事実に拘束されるという（最決昭50. 5. 20集29巻5号177頁）。
ただし，再審請求審裁判所は再審請求人の法律的見解に拘束されないため
に，再審請求人が主張する（再審事由を構成する具体的）事実について，再
審請求人の主張とは異なる再審事由を含むものと理解できるときは，その
再審事由についても調査および事実の取調べの対象とすべきであるとされ
る（松尾ほか・条解刑訴〔増補補正版〕893頁）。」[45]
という。

　私見では，高田卓爾教授及び高田昭正教授の見解と概ね同旨である。

　その理由は，以下のとおりである。

　まず，前記第1章第2節6記載のとおり，再審請求審における審判対象は，
請求人が主張した再審理由の有無であり，刑訴法435条6号に即していえば，
再審請求審は，無罪を言い渡すべき明らかな証拠をあらたに発見したときに該
当するか否かを判断するのであるから，事実の取調べは，請求人の主張を離れ
てなされるべきものではなく，請求人が主張した事実の範囲に限定されること
になると解されるのである。

　ただし，臼井滋夫検事，井戸田侃教授らが指摘するとおり，再審事由の範囲
を過度に限定的に解釈するのは，相当でない。その判断基準について，臼井滋
夫検事は，請求人の主張に付随する事実ないし密接な関連がある事実であるか
否かによるべきであるとし，井戸田侃教授は，請求人の主張に直接・間接に影
響を及ぼす事実か否かによるべきであるという。各論者のいわんとする趣旨に
は概ね賛成できるが，判断基準としては，再審請求理由との関連性の有無に収
斂できるし，そう解する方が簡明で分かりやすいと考える。

3．再審請求審の合理的な裁量によるとする見解

　請求人が申し出た証人尋問，鑑定等を実施するか否か，請求人が申し出てい
ない証人尋問，鑑定等を実施するか否かについては，再審請求審の合理的な裁
量に委ねられていると解するのが通説のようである。

臼井滋夫検事は，

　「事実の取調をなすことの要否，その方法等は裁判所の合理的な裁量に委ねられている，とするのが旧刑訴当時からの確立された判例の見解である。前述のような再審請求に対する審判手続の性格，事実の取調の趣旨・目的からみて，当然というべきであろう。旧法につき，【103】（引用者注▷大審院大正14年2月18日決定・刑集4巻142頁）は，再審請求者が申出た証人は必要と認める場合のみ尋問すれば足り，必ずしも取り調べなければならないものではない，とする。【104】（引用者注▷大審院昭和13年2月18日決定・刑集17巻60頁）も，これと同旨のものであるが，再審請求者の証人または請求者本人の喚問の申出は，裁判所の職権の発動を促すにすぎないものであり，証拠調請求権の行使としてなされるものではないから，その許否を決するため，とくに決定をなす必要はない旨を明言する。正当というべきである。」，「【105】（引用者注▷最高裁昭和28年11月24日決定・刑集7巻11号2283頁）および【106】（引用者注▷最高裁昭和29年11月22日決定・刑集8巻11号1857頁）は，現行法に関するものであるが，その趣旨において，前掲【103】および【104】と軌を一にしている。ただ，傍論ながら，事実の取調の方法として，再審請求者から申出のあった証拠以外の他の証拠をも取り調べ得ることを判示している点が注目される。これを認めることは，決して，前述の調査の対象事項が再審請求者から再審理由として主張された事実に限られるとすることと牴触するものではない。実際上も，再審請求者から申出のあった証拠の証明力を判断するために，その資料となるべき他の証拠を取り調べる必要がある場合も多いであろう（略）。」[46]

という。

　高田卓爾教授は，

　「事実の取調は，裁判所にせよ受命裁判官・受託裁判官にせよ，その職権によって行うのであって，再審請求者の申出があるかどうかは関係がない。請求人が証人の取調を求めている場合でも，それに応ずるかどうか，または証人の取調をしないでそれ以外の方法による事実の取調をするかどうかは裁判所の合理的な裁量に委ねられる（最決昭28.11.24最刑集7巻11号

2283 頁，最決昭 29.11.22 最刑集 8 巻 11 号 1857 頁）。もっとも，裁判所がその裁量を誤り，当然に取り調べるべき証拠を取り調べないなどの不当な措置をとった結果再審請求棄却の決定をしたときは，即時抗告（450 条）の理由となるであろう（鈴木・法セミコンメンタール〔新版〕371 頁，臼井・註釈刑訴 4 巻 473 頁）。事実の取調の要否に関し，435 条 6 号を理由とする再審請求に対する審判手続において，検察官側から具体的な事実取調の申出があっても，新旧証拠を統合評価した結果浮かんできた確定判決の事実認定に対する合理的疑いを現時点において証明するための事実の取調をする必要はないとする判例（高松高決昭 56.3.14 高刑集 34 巻 1 号 1 頁）がある。なお，証拠調の請求があっても，それは法律上の権利として認められたものではないから裁判所が許否の決定をする必要はない，とされている（略）。」[47]

という。

以上の臼井滋夫検事及び高田卓爾教授の見解は，それ自体としては相当なものといえようが，何をもって合理的な裁量というのか，その判断基準について，具体的な記述がないため，判断基準の内容が改めて検討されるべきことになる。

4．審理探求の理念から積極的な事実の取調べをすべきであるという見解

藤野英一判事は，再審理由の有無を判断するためには，請求人が申し出ていない証拠についても，真実探求の理念から取り調べるべきであるという。すなわち，

「再審裁判所は，再審請求が適法であるかどうか，また請求が理由あるかどうかを調査すべき責務を負い，責務達成の権能として事実取調権を賦与されているのである（刑訴 445 条・旧刑訴 503 条）。刑訴規則 283 条（旧刑訴 497 条）は『再審の請求をするには，その趣意書に原判決の謄本，証拠書類及び証拠物を添えてこれを管轄裁判所に差し出さなければならない』と定めているが，事実の取調は，再審請求書に表示された再審請求が適法であり，且つ理由があるかどうかを検するにつき，請求書に添付された証拠

書類ないし証拠物の調査では不充分の場合に，これを補正補完すべくなされる手続型態であり，ここでは職権主義（略）が支配するのである。右の事実取調をするかどうか，ないし取調の範囲，程度は再審裁判所の合理的な裁量に委ねられているが（昭和 28 年 11 月 24 日最高裁第三小法廷決定・集 7 巻 11 号 2285 頁），この裁量に属する事実取調の如何により，……6 号事由の再審請求の運命は決せられるといっても過言ではなかろう。」，「事実取調の効用が真に発揮されるのは，これ等のひっかかりをもたない場合である。有罪判決をうけた者（拘禁中のことが多い）から再審を請求しても，添附せられた書類では不充分であることが多く，またきめ手となる書類が検察庁に保管されていることがある。再審裁判所は事案に応じ再審請求人に対して書類の補充を命じ，検察庁より書類の取寄をなし，或いは取調請求をした以外の証人，鑑定人，参考人を尋問する等して，再審請求の拒否判断の資料としなければならないのである。再審請求人の提出した証拠資料が再審請求を許容せしめるに足る新規性と明白性を具備しているかどうかは，再審裁判所が手を拱いて判断すべきではなく，真実の探求及び人身の保障の理念のもとに，必要な事実の取調をなした上で，これを判断すべきものである。」[48]

という。

　藤野英一判事の見解によると，請求人の提出した証拠が，無罪を言い渡すべき明らかな証拠として「不充分」であっても，再審請求審において，「手を拱いて」はいけないのであって，請求人の申し出ていない証人，鑑定人等を尋問すべきであるということになろう。

　しかしながら，再審請求は，無罪を言い渡すべき明らかな証拠をあらたに発見したときに認められるのであって（刑訴法 435 条 6 号，448 条），その証拠が「不充分」であるならば，再審請求は棄却されるべきなのであり（同法 447 条），再審請求審において，積極的に更なる事実の取調べをしなければならない理由はないはずである。

　あるいは，藤野英一判事は，請求人の提出した証拠が新規性・明白性を備えている相当な可能性がある場合を想定した上で，再審請求審による積極的な事

実の取調べを論じているのであろうか。前記論述からは、この点が判然としない。

　仮に、藤野英一判事のいわんとする趣旨として、証拠の新規性・明白性が認められる相当な可能性がある場合には、再審請求審において、更なる事実の取調べをする必要があるという点に尽きるなら、そう述べればよいのであり、あえて、無罪を言い渡すべき明らかな証拠として「不充分」であっても再審請求審が「手を拱いて」はいけないなどと述べるのは、相当とは思われない。

5．判　　　例

最高裁昭和 28 年 11 月 24 日決定 [49]

　同決定は、以下のとおり、事実の取調べが再審請求審の合理的な裁量に委ねられている旨判示して、請求人の特別抗告を棄却した。

　　「刑訴法 435 条 6 号に基づく再審の請求にあたり、あらたに発見した証拠として証人の取調を求めている場合でも、その再審の請求が理由があるかどうかを判断するために、その証人の取調をするか、又はこれをしないで、趣意書に添えた証拠書類等及び確定事件記録につき必要と認める調査をするにとどめ、あるいはさらにその証人の取調以外の方法による事実の取調をするかは、再審の請求を受けた裁判所の合理的な裁量にゆだねられているものと解すべきである。それゆえ、本件再審の請求を受けた佐賀地方裁判所伊万里支部が、所論 A ほか 1 名の取調をしないで、再審の請求を理由がないと判断したからといって、何等再審に関する手続法の違背はなく、またそれが所論のように憲法 37 条違反の問題を生じるものでないことは、当裁判所大法廷の判例（昭和 22 年（れ）88 号同年 6 月 22 日判決、集 2 巻 7 号 734 頁。昭和 23 年（れ）230 号同年 7 月 29 日判決、集 2 巻 9 号 1045 頁）の趣旨に徴して明らかである。」

最高裁昭和 29 年 11 月 22 日決定 [50]

　事案は、贓物故買事件である。請求人は、再審請求審において、当該贓物の

取引がまだ買受の段階にまで至っていなかった旨主張し，請求趣意書にその事実の概要を記載し，その事実を証言する予定の証人Ａの名前を記載したが，証人Ａを取り調べられないまま，再審請求を棄却されたため，特別抗告した。

最高裁は，以下のとおり判示して，請求人の特別抗告を棄却した。

「刑訴法435条6号に基づく再審の請求にあたり，あらたに発見した証拠として証人の取調を求めている場合でも，再審の請求が理由があるかどうかを判断するためには，必ずその証人の取調をしなければならないのではない。なぜなら，その証人の取調をするまでもなく，再審の請求の趣意書，これに添えた証拠書類等およびその確定事件の訴訟記録について必要な調査をするだけで，または他の方法による事実の取調をすることによって，再審の請求の理由のないことが明らかになる場合が，いくらでもありうるからである。昭和28年（し）12号，同年11月24日第三小法廷決定，集7巻11号2283頁参照。本件もその一場合であって，原審の判断に何等違法はない。」

同決定は，最高裁昭和28年11月24日決定を踏襲するものである。

最高裁昭和51年10月12日決定 [51] —— 財田川事件

事案は，犯人が，深夜，就寝中の被害者Ａ方に侵入し，被害者の頭部，顔面等を刺身包丁で滅多突きし，虫の息となった被害者の胴巻の中から現金を強奪し，止めを刺すため心臓をいわゆる二度突きし，凶器を付近の財田川に捨てたというものである。本件再審請求は，第2次請求にかかるものであり，新証拠としては，請求人が書いたとされる手記に関する筆跡鑑定書が提出されていた。

最高裁は，以下のとおり，再審請求審が再鑑定すべきであった旨判示して，本件を原々審に差し戻した。

「本件再審請求事件における新証拠とみられるものは，原原審が職権により鑑定を命じて取り調べた鑑定人Ｂ作成の鑑定書があるのみである。それによると，手記の筆跡と申立人の対照筆跡とは，運筆書法と文字形状に相違するものがあるので，同一人の筆跡と認めることは困難である，とし

ながらも，申立人が自己の署名であることを否認する鑑定資料（21），（24），（25），（26）の申立人作成の各略図面中の筆跡は，手記の筆跡と同一人のものと認められるというのである。……原原審で取り調べられてある前記C作成の『筆跡についての検討結果についてと題する書面』によると，手記5通を含め全資料には，故意に他人の筆跡を模した偽筆，あるいは作為的に自己の個癖を隠蔽しようとする作為筆の特徴は全くみあたらず，手記の署名は，弁護人選任届，保釈願，意見書，供述調書，弁解録取書，略図面，上告申立書の各署名と符号するということであり，それはB鑑定と相対立するものであるが，右C意見は，正式の鑑定手続によったものではないのであるから，少なくとも更に再鑑定の手段をとり，同法（引用者注▷刑訴法）437条の確定判決に代わる証明が得られるか否かを検討すべきであったと考える。」

　同決定は，再審請求審において，犯人の筆跡と請求人の筆跡とが一致する旨の鑑定書と，一致しない旨の鑑定書とが併存する事例において，再鑑定すべき旨を判示している。

　しかしながら，同決定の判示には，やや問題がある。

　本来，相対立する鑑定が併存するとしても，両鑑定書を比較検討することによりいずれの鑑定書に信用性を認めることができるかを判断できるのであれば，再鑑定すべき理由はないはずであり，再鑑定すべきである旨判示するためには，そうすべき合理的な理由を示す必要がある。特に，特別抗告審では，原審の判断が論理則・経験則に照らして不合理であるか否かについてのみ判断すべきなのであるから，再鑑定しなかったことが不合理なのであれば，相対立する鑑定書の一方のみを採用した判断のどこが不合理なのかを示す必要があったはずであり，相対立する鑑定書があるというだけの理由で原々審に差し戻したのは，相当とは思われない。

　本決定は，最高裁昭和28年11月24日決定及び同昭和29年11月22日決定の判例法理を否定するものではなさそうであるが，両決定によれば，事実の取調べは，再審請求審の合理的な裁量に委ねられているのであり，両決定の判例法理を否定しないのであれば，本決定が，原々決定・原決定の裁量の合理性に

第1章　再審請求審における審理手続　39

ついて具体的に論じないまま，再鑑定が必要である旨判示したことについては，
疑問が残る。

東京高裁平成21年6月23日決定 [52] —— 足利事件

　事案は，わいせつ誘拐，殺人，死体遺棄事件である。確定判決が有罪認定を
した根拠は，犯行現場付近に遺留されていた被害者の着衣に付着していた精液
と請求人の精液のDNA型が一致する旨の鑑定書と，捜査段階及び第一審公判
段階における請求人の自白供述が信用できることであった。

　東京高裁は，以下のとおり，再鑑定を実施した上，再審開始を決定した。

　「1　……科学警察研究所の警察庁技官Aらが，申立人の精液と本件半袖
　　下着（引用者注▷被害者の衣類）に付着していた精液のMCT118部位におけ
　　るDNA型を123マーカーを用いて判定した結果，16-26型で一致した
　　（略）。」

　「2　DNA型鑑定に関して，本件再審請求において提出された新証拠は，
　　B作成の検査報告書及びC作成の分析報告書等である。B報告書は，申
　　立人の毛髪のアレリックマーカーを使用したMCT118部位のDNA型が
　　18-29型であって，123マーカーによる16-26型に通常対応するとされて
　　いる18-30型ではないというもの，C報告書は，本件DNA型鑑定の鑑定
　　書に添付された写真を基にして電気泳動の2つのバンドの位置を解析し，
　　犯人と申立人のDNA型が同一であると判定した本件DNA型鑑定の判定
　　は誤っているというものである。」

　「3　当裁判所は，上記新証拠の内容，本件の証拠構造における本件DNA
　　型鑑定の重要性及びDNA型鑑定に関する著しい理論と技術の進展の状況
　　等にかんがみ，弁護人が申し立てたDNA型の再鑑定を行う旨決定した。
　　……D鑑定によると，常染色体及びY染色体の各STR検査において，本
　　件半袖下着の精液が付着していた箇所の近くから切除した3か所の部分か
　　ら，同一のDNA型を持つ男性のDNAが抽出され，それは申立人とは異
　　なるDNAであった。……検察官は，……D鑑定については信用性を争わ
　　ないという。……申立人は本件の犯人ではない可能性が高いということに

なる。」

　同東京高裁決定は，請求人が新証拠として提出した報告書の問題提起に照らし，DNA 型の再鑑定を実施したものである。

　中山善房判事は，鑑定の意義について，以下のように述べる。すなわち，

　　「『鑑定』は，特別の知識経験を有する第三者が，その専門的知識経験により事物の法則を認識し，これに関連する意見を形成することを意味するものである。」，「DNA 鑑定のメリットとして，鑑定資料が微量であっても，高い確率で個人を識別できる点があり，科学的証拠の採用として増加傾向にあるが，DNA 鑑定の研究開発にあたっては，鑑定技術の発展に努めることを基本として，鑑定機関・検査技法の信頼性，鑑定資料の適正保管，再検査可能性，個人のプライバシー保護等の諸問題について，今後も一層の総合的な検討をすることが必要であろう。DNA 鑑定の証拠能力が争われた場合には，鑑定書作成の真正を立証するために鑑定書作成者（鑑定実施者）の証人尋問が行われて，その際，同鑑定の科学的原理の理論的正確性，実施機関・検査技法の信頼性等の諸点についても確認した上で，総合的な判断をすることとなろうが，前記足利幼女誘拐殺人事件の経緯に徴して，より慎重な検討をすべきことが求められるであろう。」

という [53]。

　鑑定は，科学の成果であるから，その信頼性を判断するには，基本的に，鑑定資料及び鑑定方法に科学的な信頼を置けるか否かを考慮すべきであろうと考える。

　前記東京高裁決定は，「DNA 鑑定に関する著しい理論と技術の進展の状況等にかんがみ」DNA 型の再鑑定を決定したものであるところ，ここでは，新証拠により，通常審で採用された鑑定書について，再審請求審の段階における科学的な水準に照らし，その鑑定方法が既に陳腐化していて，確定判決の事実認定につき合理的な疑いが生じている可能性があったため，再鑑定をするのが合理的であるという判断に達したものと理解できる。

　新証拠の提出により，確定判決の事実認定に合理的な疑いが生じている可能性がある場合，明白性の有無を判断するために必要な範囲で，新たな鑑定を実

施することには，合理性がある。

最高裁平成22年4月5日決定 [54] —— 名張事件

　事案は，三重県名張市内の公民館で開催された懇親会に際し，有機リン系の農薬を混入させたぶどう酒を会員らに飲ませ，会員5名を殺害し，会員12名を有機リン中毒症に罹患させたというものである。請求人は，新証拠として鑑定書を提出し，犯行に使用された毒物は，請求人が所持していた毒物ではない旨主張した。

　最高裁は，以下のとおり，再鑑定をするなど更に審理を尽くす必要がある旨判示して，本件を差し戻した。

　「新証拠3は，犯行に使用された毒物には，トリエチルピロホスフェートが含まれていないことを明らかにし，本件毒物が同物質を含むニッカリンTでなく，同物質を含まない別の有機燐テップ製剤であった疑いがあるとするA作成の鑑定書，B作成の鑑定書等であり，本件毒物が申立人が所持していたニッカリンTではないこと，ニッカリンTを犯行に使ったとする申立人の自白が信用できないことを立証しようとするものである」

　「以上によれば，原決定が，本件毒物はニッカリンTであり，トリエチルピロホスフェートもその成分として含まれていたけれども，三重県衛生研究所の試験によっては，それを検出することができなかったと考えることも十分に可能であると判断したのは，科学的知見に基づく検討をしたとはいえず，その推論過程に誤りがある疑いがあり，いまだ事実は解明されていないのであって，審理が尽くされているとはいえない。」

　「このような状況を踏まえると，原審において，三重県衛生研究所の事件検体のペーパークロマトグラフ試験でRf 0.58のスポットが検出されなかったのは，所論のいうように，事件検体にニッカリンTが含まれていなかったためなのか，あるいは，検察官が主張するように，事件検体にニッカリンTが含まれていたとしても，濃度が低かった上，トリエチルピロホスフェートの発色反応が非常に弱いこと等によるものなのかを解明するため，申立人側からニッカリンTの提出を受けるなどして，事件検

体と近似の条件でペーパークロマトグラフ試験を実施する等の鑑定を行う
など，更に審理を尽くす必要があるというべきである。」

　同最高裁決定は，具体的な鑑定経過の中で，ある所見が意味する内容について，請求人が主張するように理解すべきなのか，検察官が主張するように理解すべきなのか，いずれの可能性もある場合，いずれかを解明するために更に審理を尽くす必要がある旨判示したものである。

　鑑定の信頼性を判断するには，基本的に，鑑定資料及び鑑定方法に科学的な信頼を置けるか否かを考慮すべきであろうと考える。新証拠の提出により，確定判決の事実認定に合理的な疑いが生じている可能性がある場合，明白性の有無を判断するために必要な範囲で，新たな鑑定を実施することには，合理性がある。

　同最高裁決定は，前記東京高裁平成 21 年 6 月 23 日決定（足利事件）と同様の判断手法を採用したものと考えられる。

最高裁平成 25 年 10 月 16 日決定 55) —— 名張事件

　同決定は，以下のとおり判示して，請求人の特別抗告を棄却した。

　「原審（差戻し後の異議審）の鑑定は，科学的に合理性を有する試験方法を用いて，かつ，当時の製法を基に再製造したニッカリン T につき実際にエーテル抽出を実施した上で TRIEPP はエーテル抽出されないとの試験結果を得たものである上，そのような結果を得た理由についても TRIEPP の分子構造等に由来すると考えられる旨を十分に説明しており，合理的な科学的根拠を示したものであるということができる。同鑑定によれば，本件使用毒物がニッカリン T であること，TRIEPP が事件検体からは検出されなかったこととは何ら矛盾するものではないと認められる。所論は，農薬を抽出する際には塩化ナトリウムを飽和するまで加える方法（塩析）が当時は行われており，塩析した上で試験をすれば TRIEPP はエーテル抽出後であっても検出されると主張するが，当時の三重県衛生研究所の試験において塩析が行われた形跡はうかがわれず，所論は前提を欠くものである。また，対照検体からは TRIEPP が検出されている点についても，

当審に提出された検察官の意見書の添付資料等によれば，PETP がエーテル抽出された後に TRIEPP を生成して検出されたものと考えられる旨の原判断は合理性を有するものと認められる。以上によれば，証拠群 3 は，本件使用毒物がニッカリン T であることと何ら矛盾する証拠ではなく，申立人がニッカリン T を本件前に自宅に保管していた事実の情況証拠としての価値や，各自白調書の信用性に影響を及ぼすものではないことが明らかであるから，証拠群 3 につき刑訴法 435 条 6 号該当性を否定した原判断は正当である。」

鑑定の信頼性を判断するには，基本的に，鑑定資料及び鑑定方法に科学的な信頼を置けるか否かを考慮すべきであろうと考える。

同最高裁決定は，前記東京高裁平成 21 年 6 月 23 日決定（足利事件）及び最高裁平成 22 年 4 月 5 日決定（名張事件）と同様の判断手法を採用したものと考えられる。

6. 私　　　見

私見では，請求人が申し出た証人尋問，鑑定等を実施するか否か，あるいは請求人が申し出ていない証人尋問，鑑定等を実施するか否かについては，再審請求審の合理的な裁量に委ねられているところ，合理的な裁量か否かの判断基準としては，請求人の提出した証拠が，確定判決における事実認定について合理的な疑いを抱かせ，その認定を覆すに足りる蓋然性のある新証拠（いわゆる新規・明白な証拠）に該当する相当な可能性があり，その新規性・明白性の有無を判断するのに必要な範囲であれば，事実の取調べを実施することに合理性があると考える。

その理由は，以下のとおりである。

まず，再審請求審における審判対象は，再審理由の有無であり，請求人の提出した証拠にいわゆる新規性・明白性の認められないことが明らかである場合，請求人が申し出た証人尋問，鑑定等を実施するまでもなく，再審請求は棄却されるべきであるし，逆に，いわゆる新規性・明白性が認められる場合，更なる

事実の取調べをするまでもなく，再審開始決定をすべきであろう。

　次に，いわゆる新規性・明白性について，直ちにはこれを認定できないまでも，これを認定できる相当な可能性がある場合には，新規性・明白性の有無を判断するのに必要な範囲で，請求人からの申出の有無を問わず，証人尋問，鑑定等の事実の取調べを実施することには相当の理由がある。

　したがって，事実の取調べの実施又は不実施に関する判断は，結局，証拠の新規性・明白性が認められるか否か，すなわち再審理由の有無の判断に必要な範囲内かどうかという観点からなされるべきものと解される。

　ただし，事実の取調べの実施又は不実施に関する判断が合理的なものか否かについて，上記のような判断基準を立てるとしても，実務上，問題がすべて解決されるわけではない。

　それは，仮に，事実の取調べの実施又は不実施について，合理的裁量の範囲からの逸脱があったとしても，当該再審請求審の審判手続の中では，その是正手段がないことである。すなわち，再審請求審においては，通常審における証拠調べに関する異議申立権（刑訴法309条）の準用がなく，また，勾留，押収，鑑定留置等と異なり，事実の取調べに対して抗告・即時抗告をすることができない（同法420条）上，最高裁判例 56) によれば，終局裁判について救済を受けられる証拠調べに関する決定については，特別抗告（同法433条）の対象にならないことから，請求人又は検察官において，事実の取調べの実施又は不実施について不服がある場合，再審請求棄却決定（同法447条）又は再審開始決定（同法448条）に対する即時抗告（同法450条），異議申立て（同法428条）又は特別抗告（同法433条）といった事後的な不服申立手続の中において，裁量逸脱の不合理性を主張するしかないようである。

　したがって，事実の取調べに関する裁量逸脱の問題は，再審請求審の合理的な運用に期待するか，不服申立て手続の中で指摘するか，あるいは立法的な解決によるしかないようであり，根本的な解決に至っていないように思える。

第5節　証拠開示

1. 問題の所在

　再審請求審の段階では，法律上，請求人と相手方との間における証拠開示の制度はない。まず，再審請求審は，職権主義であり，再審請求審と請求人，再審請求審と相手方，いずれも再審請求審を介した関係があるだけであり，請求人と相手方とが再審請求審を介さずに直接交渉するものではない。次に，通常審であれば，当事者主義であり，検察官と被告人・弁護人が主張・立証活動を尽くすため，例えば，被告人の防御のための必要性，証拠開示に伴う弊害の有無等の相当性等を勘案して，証拠開示がなされることが考えられるが，再審請求審では，かかる通常審での主張・立証活動が終了し，それを踏まえた判決も確定している段階であるから，有罪の言渡を受けた請求人において，防御のために証拠開示を求めるという前提が存在しないのである。

　そして，通常審の判決確定後における刑事確定訴訟記録の閲覧・謄写については，刑訴法53条，刑事確定訴訟記録法4条，5条等の規定に従うべきものであり，また，裁判所不提出記録については，原則として，閲覧・謄写が認められていない。

　ただ，再審請求審においても，証拠開示という用語法が用いられており，検察官が手持ち証拠を再審請求審に提出し，当該証拠が再審請求審を経由して請求人に渡されることは少なくない。本論文でも，この用語法に従い，再審請求審における証拠開示という用語を使用することにする。

　実務上，請求人が，再審請求審に対し，検察官手持ち証拠の開示を勧告する職権発動を求めることがしばしばあり，その実務運用のあり方をめぐって，問題が生じている。

　以下，検討する。

２．検察官には証拠開示の義務があるという見解

　日本弁護士連合会は，請求人・弁護人には，検察官手持ち証拠の開示請求権があり，検察官には，その開示義務があるという。すなわち，

　　「死刑再審事件および主要な再審事件における未提出証拠が再審開始・無罪判決の重要な証拠になっていることは，明らかである。これらの証拠は，確定審段階において弁護側が主要な論点として争っていた事実に関するものである。もし，これらの未提出証拠が通常手続において提出されていたならば，誤判は避けられ，その結果，請求人らは長い年月死刑または重罪の苦しみを受けずに済んだであろうこともまた明らかである。このように，検察官手持の証拠が通常手続において開示されることは，誤判の防止と冤罪救済のため不可欠であり，そのことは，これら再審事件の教訓でもある。この教訓は，真相解明，冤罪者の救済のために，法曹三者に対して次の義務を課すものである。⑴再審制度の趣旨・理念に照らして，無辜の救済と真実発見のために，公益の代表者たる検察官には，請求人のなす再審請求手続に協力する義務がある。協力義務の内容の一つが検察官手持資料の開示にほかならず，現行法上明文はなくとも，請求人・弁護人には検察官手持資料開示請求権があり，検察官はその請求に応じて開示する義務がある。⑵当該事件の事実解明に関連する未提出資料の存する場合には，再審裁判所は，請求人の申立を待つまでもなく，職権でこれを取り調べる義務があり，これを取り調べないことは審理不尽の違法を当然にもたらし，これを取り調べないまま請求棄却することは許されない。⑶弁護人は，検察官手持資料が事件の真相究明，とりわけ請求人と事件との関係の存否，確定判決の当否を判断する上で不可欠であることを裁判所・検察官に対して粘り強く説得し，これら資料の開示を実現するために奮闘することを基本的責務として位置づけることが重要である。」[57]

という。

　竹澤哲夫弁護士も，同旨である。すなわち，

　　「再審請求審が審理を尽くすために要請されるのが検察官手持諸資料の開

示であり，提出である。白鳥決定後の諸開始事例の多くが右の開示によってはじめて再審請求審の審理を尽くしえたといえること，そのことが再審開始に重要な部分で結びついていること等の事実は，未提出資料の開示が再審請求審の審理を尽くすために必要不可欠であることを示している。そして，前記再審制度の理念ならびに検察官の公益の代表者たる立場等によると，未提出の資料の開示は検察官にとって義務的であるということができる。」[58]

という。

　高田昭正教授は，再審請求審が当事者主義であるという前提のもと，請求人には，検察官手持ちの不提出資料に対する全面的な開示請求権があるという。すなわち，

　　「有罪言い渡しを受けた者の権利（誤った有罪判決から救済される権利，救済のための手続を要求する憲法31条の権利）を実現するために成立し，遂行される再審請求手続は，その者の主体性・主導性をもっともよく保障できる当事者主義構造をとるものでなければならなかった（本条解説Ⅲ）。このような再審請求手続において再審請求人が主体的・主導的活動を尽くすためには，確定有罪判決を執行し，刑を科したその根拠（証拠的基礎）を事後的に問題にする権利をもたなければならない。それが，検察官不提出資料の開示も含めた全面的な証拠開示請求権として現れるのである。再審請求手続における全面開示は，無辜を救済し（憲31条），再審請求人の主体的な地位・防禦権を擁護する（憲39条）ために要請される。再審請求手続における検察官関与も，再審請求人の不提出資料開示の請求権を実効的に保障するため，政策的に認められたものと捉えるべきであろう。」[59]

という。

　光藤景皎教授は，請求人・弁護人が参考人から事情聴取することの困難さを訴え，参考人の供述調書だけでも開示してほしいという。すなわち，

　　「証拠資料を一方的に，この資料だけが刑事司法に役立つんだという決定権をどうして一方の当事者（引用者注▷検察官）だけが持ち得るのかという疑問をもつ。これは酒巻匡さんなんかもいっていますが，国家が強制的に

収集した証拠は開示すべきだ。それから自白調書は開示すべきだというのは国際的にはルール化している。西ドイツでもアメリカでもルール化している。それに加えて横山さんが書いておられることの中で，参考になるのは，参考人の任意の取り調べでも，参考人が，被疑者側が話を聞きに行って，話してくれるか。やはり国家機関だからそういう任意の取り調べでも話してくれ，証拠も入手できるのだから，参考人の供述調書もやはり国家側であるが故に収集しえた証拠だ。たとい全面開示論にまでいけなくても，そこまでは開示を広げるべきだと。」[60]

という。

　大出良知教授は，検察官が，通常審の段階から，被告人に有利・不利を問わず，広く証拠開示をすべきであるという前提に立ち，再審請求審でも，広く証拠開示をすべきであるという。すなわち，

　「検察側の論理からすると，開示をした証拠が本来であれば当初，その証拠が採集されたときには反論の余地があって検討済みで，検察側にしてみれば価値がないものだという判断ができて提出しなかったものだ。だからいまさら出して，それがなんらかのかたちで請求人側に有利だということに，たとえなったとしても，その段階では検察側にしてみれば反論ができない危険性がある。前は反論できて意味がない証拠だということで，いわばネグレクトしたものだということが反論できない状態になるということをいうんです。ところがよくよく考えてみるならば，そうであるならばなぜ通常の公判のときに出さなかったのかということにもなるわけです。もし問題がないということであれば，出した上で，それをも含めてそういう無罪方向を示す証拠はあるけれども，しかしそれは検察側にとっては問題にならない。圧倒的に有罪証拠が凌駕するものなんだということを示して決着をつけておくべきだったと思います。それをやらずしておいて，後の段階になって検察側にとってはすでに検討済みであって出す必要がないというのは弁明としてはまったく不十分だとしかいいようがないと思います。」[61]

という。

文献資料ではないが，実務上，弁護人によっては，公判前整理手続における類型証拠（刑訴法316条の15）・主張関連証拠（同法316条の20）の開示制度の趣旨を援用して証拠開示を求めてくることがある。すなわち，平成16年に導入された公判前整理手続では，類型証拠・主張関連証拠について，検察官に証拠開示義務が規定されたところ，例えば，同制度の導入以前に有罪判決が言い渡され，これが確定した事件において，通常審の段階で同制度が運用されていたならば，類型証拠・主張関連証拠について，当然に証拠開示の対象になっていたはずであるのに，同制度の導入前の事件であったという事情から，類型証拠・主張関連証拠の開示が認められないのは不当であるから，再審請求審の段階で，改めて同制度の趣旨を踏まえ，類型証拠・主張関連証拠の開示をすべきであると主張することがある。

以上，検察官には証拠開示の義務があるという見解を見てきた。

各論者において，見解が一致しているわけではないが，請求人・弁護人に証拠開示請求権があり，検察官に証拠開示義務があるという方向性においては，共通点を持つ。その根拠として，日本弁護士連合会は，誤判の防止と冤罪救済の目的を挙げ，竹澤哲夫弁護士は，検察官が公益の代表者であることを挙げ，高田卓爾教授は，再審請求審が当事者主義であるという前提のもと，無辜の救済と請求人の主体的な地位・防禦権の保障の意義を挙げ，光藤景皎教授は，請求人・弁護人において，証拠収集能力に限界があるので，検察官の収集した証拠の一部を利用させてほしいといい，大出良知教授は，検察官が消極証拠を隠すのが不当であるといい，また，実務上，時に弁護人において，公判前整理手続における類型証拠・主張関連証拠の開示制度の趣旨を援用する。各論者は，権利・義務という言葉を使用するものの，その主張は，法解釈というよりは，請求人・弁護人の立場から，検察官の手持ち証拠を開示してほしいという運動論のようにも見える。

しかしながら，前記第1章第1節記載のとおり，再審制度は，通常審での審理を前提とするものであり，通常審では，検察官と被告人・弁護人との間で主張・立証活動が尽くされ，第三者的な裁判所がそれを踏まえた審判をしているのであり，確定判決の事実認定には，真相解明に向けられた営為が反映されて

おり，無罪を言い渡すべき明らかな証拠があらたに発見されない限り，基本的には真実と認められるのであるから，証拠開示をしないことが再審の理念に反するかのような主張は，相当とは思われない。

また，前記第1章第2節記載のとおり，再審請求審の審判対象は，再審理由の有無，すなわち無罪を言い渡すべき明らかな証拠をあらたに発見したか否かなのであって，再審請求審の審判手続は，請求人に証拠を開示するためにあるのではない。

そして，前記第1章第3節記載のとおり，再審請求審は，職権主義なのであって，当事者主義を採用するものではないから，高田昭正教授の見解は，その前提を欠いているといわざるを得ない。

公判前整理手続における類型証拠・主張関連証拠の開示制度の目的は，第一審における「充実した公判の審理」を実現することにあるのであって（刑訴法316条の3），通常審の事実認定が確定した後の再審請求審については，同開示制度を準用すべき根拠・必要性が存しない。

同開示制度が適用されない事件の通常審では，最高裁判例のルール[62]により，裁判長の訴訟指揮権によって証拠開示の可否・当否等が判断されているところ，通常審の事実認定が確定した後の再審請求審においては，もはや被告人の防御の必要という要請も存しないのである。

結局，請求人・弁護人の立場として，検察官の手持ち証拠が見たいという生の利益主張だけでは，再審請求審における証拠開示の権利・義務を基礎付けられるものではないであろう。

3．証拠開示における問題点を指摘する見解

藤永幸治検事は，証拠開示に伴うプライバシー侵害のおそれ，今後の捜査・公判における支障のおそれ等を指摘する。すなわち，

「日弁連案は，弁護人が『訴訟に関する書類及び証拠物』を閲覧し，かつ謄写することができるとしているが，訴訟に関する書類は，刑訴法53条の『訴訟記録』よりも範囲が広く，公判に提出されないいわゆる不提出記

録をも含む場合もあるので，これをも含めた事件記録全体の閲覧・謄写権を保障することまで提案しているように思われる。しかし，不提出記録については，個人の秘密・プライバシー，一般的捜査方法や技術など公開の法廷にも提出することが相当でない秘密事項が多く，通常の公判手続においても，一般的な開示請求権が認められていないのであるから，この点を考慮して，社会党案では，『訴訟記録』の閲覧・謄写とされ，公判に提出され，公判記録に編綴されたものに限り，不提出記録が除かれているのは相当であるといえよう。」[63]

という。

鈴木義男検事は，証拠開示に限らず，再審制度の運用全般にわたり，証拠の散逸等によって再審無罪判決が言い渡される危険を懸念する。すなわち，

「50年代最後の2年間には，免田事件，財田川事件，松山事件と続いて，死刑事件に関する再審無罪が確定するに至った。……これらの無罪判決及びそれに先立つ再審開始決定を検討してみると，有罪の立証ができなかった主な理由は二つあると思われる。一つは，原確定判決の内容あるいはその基礎となった捜査及び裁判の手続に不備があったことであり，訴訟関係者に反省を迫る幾多の問題が見出される。検察官の活動についていえば，犯行現場における証拠の保全は十分であったか，被疑者の自白が重要部分において変遷した理由を解明し尽くしたか，自白と他の証拠（略）との矛盾を放置しなかったか，公判における立証は適切であったかなどの問題がある。……いま一つは，事件の発生及び原判決の確定後，10年，20年あるいはそれ以上の年月が過ぎた場合，証拠に対する的確な評価とこれに基づく正確な事実認定を行うことはほとんど不可能であるという事実である。被告人の自白や関係者の供述はもちろん，犯行現場や遺体の状況も，書面という形でしか残されていない。関係者の多くは死亡したり正確な記憶を失ったりしているし，事件当時とは違って真実を語る切実さを欠いていることも少なくない。被告人は，かつての自白の任意性を否定したり，取調官の押付けに迎合したにすぎないと主張するが，それを肯定することも否定することもほとんどできない。……このように長年月を経た後における

事実認定が著しく困難であるという事情は，再審制度のあり方を検討する
にあたって特に留意すべきところであると思われる。」64)

という。

森本和明検事は，通常審において，事件との関連性，証拠能力の有無，信用
性の有無・程度，関係者のプライバシーの保護等を考慮して証拠開示に対応し
ていることを勘案すると，再審請求審において，全面的な証拠開示は許容でき
ないという。すなわち，

「通常の刑事訴訟手続においても，検察官手持ちの証拠をすべて開示すべ
きであるとの見解もあるが，検察官手持ちの証拠といっても，事件との関
連性，証拠能力，信用性等において様々なものがあるところ，事件との関
連性がない，証拠能力がない，あるいは信用性が乏しいといったような証
拠で公判提出に適しない証拠については，関係者の名誉，プライバシー等
の保護等の必要性を考えると，それをみだりに開示することは妥当でない。
しかも，299条1項により，検察官が公判廷で取調べを請求する証拠書類
等については，あらかじめ弁護人等に閲覧の機会を与えなければならない
とされており，また検察官は，個々の事件の審理の中で，被告人の防御の
ために必要であると合理的に認められる証拠については，その時期，範囲
等を検討した上，適正に開示することとしている。さらに，一定の場合に
は，裁判所は，検察官に対し，訴訟指揮権に基づいて，証拠開示を命ずる
ことができるものとされており（最決昭 44. 4. 25 刑集 23 巻 4 号 275 頁，同号
248 頁），そのような証拠開示命令が出された場合には，検察官は，適正
に対応している。したがって，被告人や弁護人には，公判の準備をするた
めに必要な証拠の開示を受ける機会が十分に保障されているものといえる
であろう。このように，通常の刑事訴訟手続において，検察官の手持ち証
拠をすべて開示すべきものとは考えられないことからすれば，例外的な非
常救済手続である再審を請求するに当たり，あるいは，再審請求の審判手
続において，検察官の手持ち証拠をすべて開示すべきものではない。」65)

という。

各論者は，みだりに証拠開示をすることには多くの問題があることを指摘し

ており，その指摘には，相当の理由があるといえよう。

4．判　　例

さいたま地裁平成 21 年 11 月 2 日決定 [66]

　事案は，被害者にトリカブトを混入したパンを食べさせ，被害者を殺害したというものである。弁護人は，再審請求審において，証拠開示命令の発付を求める申立てをした。

　さいたま地裁は，以下のように判示して，弁護人の申立てを棄却した。

　　「証拠開示命令の発付に関する明文の規定は存しないところ，所論は，訴訟指揮権に基づく証拠開示命令の発付を認める最高裁判所の判例（最二小決昭和 44 年 4 月 25 日・刑集 23 巻 4 号 248 頁）や，近時改正された刑訴法で弁護人から検察官に対する証拠開示請求が認められたこと（同法 316 条の15，316 条の 20 等）との衡平の見地等から，本件申立ては認められるべきであると主張する。しかしながら，上記判例や刑訴法の規定は，通常の第 1 審訴訟手続に関するものであるから，再審請求手続について，上記刑訴法の規定が適用されず，上記判例の射程も及ばないことは明らかである。そして，所論は，訴訟指揮権に基づく証拠開示命令の発付を求めるものであるが，再審請求は，既に確定した判決に対して再審を請求するものであり（刑訴法 435 条），その請求に際して，請求人は，その主張する再審理由を基礎付けるべき証拠を差し出すことが義務付けられており（刑訴規則283 条），裁判所は，その証拠に基づき当該再審請求に理由があるかどうかを審理することになる。このような再審請求手続の構造に照らすと，再審請求の審理を担当する裁判所が，請求人による新たな証拠の発見に資するべく，訴訟指揮権に基づいて，検察官に対し弁護人への証拠開示を命ずることは，現行法令上，許容されていないものと解される。」

　弁護人は，同さいたま地裁決定に対し，抗告を申し立てたが，東京高裁平成 21 年 12 月 4 日決定は，以下のとおり判示して，弁護人の抗告を棄却した。

　　「訴訟指揮権に基づく証拠開示命令について，弁護人等に申立権があるわ

けではないところ，原決定は，このような本来応答義務がない申立てに対
して，職権を発動しない趣旨を弁護人に明示する意味で，決定という裁判
形式をとったと解されるのであり，実質的に裁判があったとはいえない。
　したがって，刑訴法419条所定の抗告の対象には該当せず，本件抗告の申
立ては不適法である。」
　さて，通常審であろうと再審請求審であろうと，訴訟指揮権に基づく証拠開
示命令，同勧告等は，当事者の請求権に裏付けられたものではなく，職権発動
に係るものであり，職権発動をするか否かの判断が裁判（決定）の形式で示さ
れることはないはずである。
　前記さいたま地裁決定は，たまたま，決定の形式によって弁護人の申立てを
棄却したため，その判断理由が明確に示された珍しいケースである。
　同さいたま決定の示した判断は，再審請求審の審判対象論，構造論等を踏ま
えたものであり，その内容は相当である。

5．私　　　見

　私見では，再審請求審において，請求人が開示を求める特定の証拠について，
検察官に開示を勧告するか否かの判断基準としては，請求人が提出した証拠の
新規性・明白性（刑訴法435条6号）を判断するために関連性と必要性が認めら
れ，かつ，開示した場合における関係人の権利，名誉，プライバシーの保護や，
今後の捜査・公判における影響等を考慮して判断すべきものと解する。
　その理由は，以下のとおりである。
　これまで見てきたとおり，再審請求審における審判対象は，請求人の主張す
る再審理由の有無であり，再審請求審は，当事者主義ではなく，職権主義なの
であり，事実の取調べは，再審理由の有無を判断するのに必要な範囲で実施さ
れるべきものである。請求人は，無罪を言い渡すべき明らかな証拠をあらたに
発見したときに，再審請求をなし得るのであり，新規・明白な証拠を提出でき
ていないのに，具体的な再審理由の有無と無関係に，検察官の手持ち証拠の開
示を請求することを認めるべきではない。ましてや，請求人に証拠開示請求権，

検察官に証拠開示義務があるという主張を基礎付ける法的根拠は，見出し難い。

したがって，請求人が開示を求める証拠を特定していることのほか，再審請求審において，請求人が提出したいわゆる新証拠の新規性・明白性の有無を判断するために，関連性・必要性・相当性が認められる場合でなければ，証拠開示の勧告をすべきではない。

さて，再審請求審における証拠開示の当否については，通常審における証拠開示ルールの趣旨との関係や，通常審における各種の立証制限の趣旨との関係について検討しないわけにはいかないであろう。

まず，通常審においては，平成16年導入の公判前整理手続における証拠開示ルール（刑訴法316条の15，316条の20）が適用されない場合，現在でも，最高裁昭和44年4月25日決定[67]の証拠開示ルールが適用されることになるが，同ルールの趣旨は，再審請求審にも及ぼされ得るのか。

同決定は，証拠開示を命ずるための一般的要件として，必要性，重要性，相当性等をあげている。すなわち，

> 「裁判所は，その訴訟上の地位にかんがみ，法規の明文ないし訴訟の基本構造に違背しないかぎり，適切な裁量により公正な訴訟指揮を行い，訴訟の合目的的進行をはかるべき権限と職責を有するものであるから，本件のように証拠調の段階に入った後，弁護人から，具体的必要性を示して，一定の証拠を弁護人に閲覧させるよう検察官に命ぜられたい旨の申出がなされた場合，事案の性質，審理の状況，閲覧を求める証拠の種類および内容，閲覧の時期，程度および方法，その他諸般の事情を勘案し，その閲覧が被告人の防禦のため特に重要であり，かつこれにより罪証隠滅，証人威迫等の弊害を招来するおそれがなく，相当と認めるときは，その訴訟指揮に基づき，検察官に対し，その所持する証拠を弁護人に閲覧させるよう命ずることができるものと解すべきである。」

という。

同決定のいう重要性とは，特定の証拠を開示することが「被告人の防禦のため特に重要」であることを指している。つまり，同決定は，通常審における被告人の防御活動（主張・立証活動）のために，証拠開示を命ずべき場合があるこ

とを判示しているのである。

　したがって，検察官と被告人・弁護人の攻撃・防御活動（主張・立証活動）が終わり，通常審における事実認定が確定した後の再審請求審においては，同決定の証拠開示ルールを適用すべき実質的な根拠が存しないことになる。

　次に，平成 16 年導入の公判前整理手続における証拠開示ルールについてであるが，同ルールの趣旨も，再審請求審に及ぼすべき実質的な根拠はない。すなわち，同ルールは，通常審において「充実した公判の審理」を行うためのものであり（刑訴法 316 条の 3），通常審における公判審理が終了した後の再審請求審においては，同ルールを適用すべき実質的な根拠が存しないのである。

　最後に，再審請求審における証拠開示の当否を判断する上で，通常審における各種の立証制限との関係をみていく。

　まず，通常審の第一審において，検察官と被告人・弁護人による攻撃・防御活動が尽くされ，それを踏まえた事実認定がなされたとき，仮に，第一審の事実認定に誤りがあるのであれば，その事実誤認は，原則として，控訴審・上告審という三審制度の枠内で是正されるべきものである。

　すなわち，第一審判決に影響を及ぼすことが明らかな事実誤認がある場合，控訴審で破棄されるが（刑訴法 382 条，397 条），そこでいう事実誤認とは，第一審の事実認定が論理則・経験則に照らして不合理であることを指すのであり [68]，控訴審は，事後審であるから，原則として，第一審において取り調べられた証拠だけを検討するのであり，例外として，第一審において証拠調べ請求されなかった証拠を取り調べることができるのは，第一審において証拠調べ請求できなかったことについて，やむを得ない事由がある場合に限られる（同法 382 条の 2）。

　仮に，再審請求審において，みだりに証拠開示を許容し，これを新証拠（刑訴法 435 条 6 号）として援用することが可能になるならば，控訴審における立証制限の趣旨が没却されることになりかねず，相当ではない。

　次に，通常審において，公判前整理手続に付された事件については，やむを得ない事由によって同手続において請求することができなかったものを除き，同手続が終わった後には，新たな証拠調べを請求することができない（同法

316 条の 32）。

　仮に，再審請求審において，みだりに証拠開示を許容し，これを新証拠として援用することが可能になるならば，公判前整理手続における立証制限の趣旨が没却されることになりかねず，これまた相当ではない。

　以上のとおり，再審請求審においては，通常審で適用される証拠開示ルールの趣旨を適用べき実質的な根拠がないことから，被告人の防御に必要であるという理由でみだりに証拠開示を容認することはできないし，また，通常審における各種の立証制限の趣旨を没却させないためにも，控訴審・上告審でもできないような証拠調べを実現するための証拠開示を安易に許容するわけにもいかないということになる。

第6節　再審請求審の決定に対する即時抗告審，異議審及び特別抗告審

1．問題の所在

　例えば，実務上，請求人が，再審請求棄却決定に対する即時抗告審，異議審及び特別抗告審において，再審理由を基礎付ける新証拠を追加的に提出することがあるが，このような追加提出が許容されるのか否かが問題となる。

　以下，検討する。

2．広義の抗告一般について

　再審請求審の決定に対する即時抗告審，異議審及び特別抗告審について，これを詳細に論じた文献が乏しいため，まずは，広義の抗告（抗告，異議申立及び準抗告）一般について整理する。

　古田佑紀検事＝河村博検事は，一般論として，抗告（通常抗告・即時抗告・特別抗告），異議申立及び準抗告について，これらが上告の一種であり，事後審であるから，原則として，原裁判以後の事情を考慮すべきでないとしながらも，

例外的に，これを考慮できる場合もあるという。

すなわち，

「本章（引用者注▷刑訴法第4章　419条～434条）は固有の意味での抗告のほ
か，抗告に代わる異議申立て及び準抗告について規定している。抗告には
通常抗告，即時抗告，特別抗告の3種類がある。……抗告は上告の一種で
あるので，上級の裁判所に対してしなければならない。」，「抗告審は事後
審，続審又は覆審のいずれの性格を持つかであるが，一般には事後審的な
ものと理解されている（略）。……事後審的なものであるならば，原裁判
以後の事情は考慮されないのが原則である。」，「これらの点を総合的に考
慮すると，抗告審は，基本的には原裁判の当否を判断する事後審的なもの
としながらも，合理的な範囲で原裁判後の事情や原裁判後に明らかになっ
た資料も考慮に入れることができるものとする考えが最も現実的と思われ
る。その場合の合理的な範囲の判断基準については，抗告の対象が様々で
あることから画一的に決することは困難であるが，原裁判後に生じた事情
については，①抗告が一般的には申立期間の制限がないことから（略），
原裁判後に接着して生じた事情で，原裁判の合理的な範囲内での遅速いか
んによっては原裁判時に考慮される蓋然性があるものかどうか，②関係者
の重大な利害に関するもので，できるだけ早期に紛争解決が必要な事項に
関するものかどうか，③必要な事実取調べが容易に行われるものかどうか，
④関係者に再度の請求等をさせることが単に形式的に手続を繰り返させる
だけの結果になるものかどうか等の点を考慮して決するべきものと思われ
る。」[69]

という。

以上の古田佑紀検事＝河村博検事の見解は，広義の抗告の対象が，例えば，
勾留決定，勾留請求却下決定，勾留取消決定，勾留取消請求却下決定，勾留場
所指定，保釈決定，保釈請求却下決定等，様々であることを踏まえ，最大公約
数的に原則論・例外論を整理したものである。

古田佑紀検事＝河村博検事の整理に従い，再審請求審の決定に対する広義の
抗告について検討するに，

① 再審請求審の決定（再審請求棄却決定・再審開始決定）に対する即時抗告・異議申立の提起期間は，3日であり（刑訴法422条，428条），特別抗告の提起期間は，5日である（同法433条）というように，申立期間が厳しく制限されており，原裁判から長期間経過後に不服申立されることは，想定されていないと考えられるから，再審請求審の決定後の事情を考慮すべき必要性は乏しい。

② 再審開始・再審請求棄却の判断は，請求人の重大な利害に関するものであるが，請求人は，再審請求棄却決定前に提出できた新証拠については，同決定前に提出すべきであるし，同決定後に新たに発見した新証拠については，それを根拠として新たな再審請求をなし得るのであり，また，広義の抗告審において，追加的な新証拠の提出を許容することが，早期の紛争解決に資する保障もなく，かえって無制限な追加提出を許容することにより，抗告審の審判が無制限に長期化し，争点も証拠関係も混迷する事態が容易に想定されるから，再審請求審の決定後の事情を考慮することは，相当でないことが通常であろう。

③ 再審請求に関する新証拠については，その新規性・明白性の判断が容易でないケースが多いと思われ，広義の抗告審において，追加的な新証拠の提出を許容すれば，新規性・明白性の判断は，容易には行われないと考えられる。

④ 再審請求棄却決定後に新たな新証拠を発見した場合に，請求人に再度の再審請求をさせることは，争点整理・証拠整理の意味から大きな意味があるはずであり，単なる二度手間ではない。往々にして，再審請求審及びこれに続く広義の抗告審では，審理が過度に長期化し，争点・証拠関係が不分明となりかねないのであり，かかる事態を回避することには，相当の理由がある。

したがって，古田佑紀検事＝河村博検事の整理に従って検討すれば，再審請求審の決定に対する抗告審，異議審及び特別抗告審において，追加的な新証拠を提出することについては，消極に解することになろう。

3．通常審での控訴・上告について

　再審請求審は，前記第1章第2節記載のとおり，通常審の確定判決に対する事後審ではないが，再審請求審の決定に対する広義の抗告審は，再審請求審に対する事後審であるから，ここでの検討の参考とするため，次に，通常審での控訴について整理する。

　原田國男判事は，以下のとおり，控訴審が事後審であり，控訴審の審判対象は，控訴理由であるが，控訴審においても，訴因変更は可能であるという。

　　「控訴審における審判の対象について，原判決対象説と控訴理由対象説とがある。」，「控訴理由対象説　控訴審における審判の対象は，控訴理由であるとする説である（略）。」，「ここでいう控訴理由というのは，当事者が主張するものに限られず，職権調査の結果認められる刑訴各条に定める破棄事由（397条ないし399条及び403条に規定する各事由），言い換えれば控訴理由たるべき理由（田宮）も含まれると解することになる（香城）。……控訴理由対象説によれば，控訴理由及び控訴理由たるべき理由の全体にわたって審判をしなければならない……そして，392条は，明らかに当事者の主張する控訴理由のすべてについて調査することを義務づけているから（略），前記の意味での控訴理由対象説（略）をとるべきであると考える。」[70]

　　「控訴審における訴因変更が認められることは，今や通説・判例である。これを否定する少数説は，訴因変更を認めることは，新訴因につき原判決の当否を審査することになって，事後審の構造を破壊することになり，新訴因につき当事者の弁論を認めなければならないが，それではもはや400条ただし書の『直ちに』とはいえないというのである。この批判に対しては，事後審査の場合は，もちろん訴因の変更は許されないが，審理の途中で自判を見越して訴因を変更することは許される（平野），控訴審における訴因変更は，破棄を停止条件として効力を生ずるものである（松尾）といった指摘があり，肯定説が広く支持されるに至ったといえる。」[71]

　原田國男判事は，第一審で取調べ請求できた証拠は，控訴審で立証制限がか

かり，控訴審で追加的に証拠の取調べ請求ができるのは，第一審で取調べ請求できなかったやむを得ない事由がある場合に限られるという現行法（刑訴法382条の2）について，以下のとおりいう。

　「『やむを得ない事由』……の意味は，当事者に，取調べを請求できなかったことに過失がないことをいうものと解される（略）。証拠を知らなかったことに過失がある場合には，この事由に当たらないというべきである（略）。知らなかったことに過失がある場合でも，請求を認める前記見解（略）は，広すぎる。」[72]

　以上の原田國男判事の見解は，控訴審について述べたものである。

　これを再審請求審の決定に対する広義の抗告審（即時抗告審，異議審及び特別抗告審）に当てはめて考えた場合，抗告審は，事後審であり，抗告審の審判対象は，再審請求審の決定に対する抗告理由ということになり，原則として，抗告審において，追加的な新証拠の取調べ請求は許されないことになる。この場合の抗告理由は，明文の規定がないものの，控訴審と同様に考えれば，再審請求審の事実誤認を理由とする場合であれば，再審請求審の事実認定が論理則・経験則に照らして不合理であるか否かということになろう[73]。

　そして，原審で提出できなかったことについてやむを得ない事由があれば，再審請求審に対する抗告審においても，追加的に新証拠を提出することができることになりそうである。

　ただし，再審請求審に対する抗告審は，通常審である控訴審・上告審と異なる点がないかをさらに検討すべきように思われる。

　通常審の場合，第一審判決後に新たな証拠が発見されたのに，それを控訴審で取調べ請求できないとすれば，真相の解明という刑訴法の目的（同法1条）を達成できないまま，誤った事実認定が確定してしまうことになりかねないから，かかる不都合を回避する制度を確保する必要性は高い。

　これに対し，再審請求審は，既に有罪判決が確定していることが前提となっており，その事実認定は，当事者が主張・立証活動を尽くし，第三者的な裁判所が公正に判断したものであり，これを真実とみなすべき合理的な理由があるから，この確定判決の事実認定を覆すことは，例外的なケースである。

したがって，例えば，再審開始決定がなされたものの，確定判決の事実認定について，合理的な疑いが生じていないことを証する証拠資料が存在するのであれば，再審公判を開いて事実認定をやり直す必要はないはずであるから，検察官において，抗告審で当該証拠資料を提出することには合理性がある。

逆に，例えば，再審請求棄却決定がなされたものの，同決定後，確定判決の事実認定について，合理的な疑いが生じていることを証する新証拠が新たに発見されたとしても，これをもって新たな再審請求をなし得るのであるから，請求人において，抗告審で当該新証拠を提出しなければならない必然性はない。むしろ，実務上，前記２記載のとおり，抗告審における追加立証を認めることにより，争点・証拠関係が不分明になって審理が長期化するなどの問題があることからすれば，追加的な新証拠の提出は，新たな再審請求の理由として利用してもらい，改めて争点・証拠関係を整理して仕切り直してもらう方が相当であろうと思われる。

4．判　　　例

最高裁昭和 50 年 5 月 20 日決定 [74] —— 白鳥事件

最高裁は，以下のとおり，抗告審は，再審請求審の判断の当否を審査するものであり，請求人が新たな事実を主張して原決定を論難することは許されない旨判示した。

「記録によると，申立人の本件再審請求は，刑訴法 435 条 6 号所定の再審理由にあたるものとしてなされたことが明らかであるところ，再審請求受理裁判所は，再審請求の理由の有無を判断するにあたり，再審請求者の主張する事実に拘束され，原裁判所も右再審請求受理裁判所の判断の当否について審査することができるにとどまるから，右の事実以外のあらたな事実を主張して原決定の判断を論難することは許されないものというべく，結局，所論は，原決定の説示に副わない事実を前提として原決定の違憲を主張するものに帰し，同法 433 条所定の適法な抗告理由にあたらない。」

最高裁平成 17 年 3 月 16 日決定 [75] —— 狭山事件

最高裁は，以下のとおり，再審請求棄却決定に対する異議審において，再審理由を基礎付けるための追加的な新証拠を提出することは不適法である旨判示した。

「なお，異議審において，F作成の平成 12 年 2 月 18 日付け鑑定書（略），L作成の平成 12 年 3 月 17 日付け鑑定書（略）が提出されているが，異議申立ての趣意の理解に資する参考資料とする趣旨であるならばともかく，これらを再審事由として追加的に異議審で主張する趣旨であるとすれば，再審請求審の決定の当否を事後的に審査する異議審の性格にかんがみ，不適法といわざるを得ない。これらの鑑定書についての原決定の説示は，前者の趣旨の資料であることを前提とした上で，所論にかんがみ，その証拠価値について付言したにすぎないものとみるべきである。」

5. 私　見

私見では，再審請求棄却決定に対する広義の抗告審（即時抗告審，異議審及び特別抗告審）において，請求人が，確定判決の事実認定に合理的な疑いが生じていることを証する追加的な新証拠を提出することは認めるべきではないと解する。ただし，再審開始決定に対する抗告審において，検察官が，確定判決の事実認定に合理的な疑いが生じていないことを証する資料を提出することは認めるべきであると解する。

その理由は，以下のとおりである。

まず，再審請求審に対する広義の抗告審は，事後審であり，その審判対象は，再審請求審の事実認定が論理則・経験則に照らして合理的か否かであるから，基本的には，控訴審と同様に，原審に現れた証拠関係を前提にすべきである。請求人は，再審理由を明示して再審請求すべきなのであり，原審の決定前に提出できた新証拠は，原審の決定前に提出すべきであり，抗告審での提出を認めるべきではない。とりわけ，通常審における立証制限に関する諸制度の趣旨を，再審請求審以後の審判手続で骨抜きにすべきではない。すなわち，通常審の第

一審において提出できた証拠は，控訴審で提出することができないのであるから（刑訴法 382 条の 2），再審請求審以後の手続でも，当該証拠を提出できないことは，自明である。また，通常審で公判前整理手続を経た場合であれば，やむを得ない事由がない限り，その後の公判手続において，新たな証拠調べを請求できないのであるから（同法 316 条の 32），再審請求審以後の手続でも，当該証拠を提出できないことは，自明である。

次に，再審請求棄却決定に対して請求人が抗告し，かつ，原審で証拠提出できなかったことにつきやむを得ない事由がある場合であるが，この場合，一見すると，抗告審において，請求人から追加的に新証拠を提出することには，合理性がありそうにみえる。しかし，抗告審での追加提出を認めると，実務上，争点・証拠関係が複雑化して不分明となり，審理が不当に長期化する一因となりかねない。その一方で，請求人は，当該新証拠をもって，改めて再審請求をなし得るのであり，その方が，争点・証拠関係の整理に資する。よって，この場合，抗告審において，請求人から追加的に新証拠を提出するのを認めるのは相当でない。

他方，再審請求事件は，確定判決の存在を前提としており，確定判決の事実認定は，検察官と被告人・弁護人という当事者が主張・立証活動を尽くし，裁判所が第三者的な立場から公正に判断した結果なのであるから，これを真実とみなすことは合理的であり，逆に，これを覆すことは，例外的な事象である。再審開始決定に対して検察官が抗告し，かつ，確定判決の事実認定につき合理的な疑いが生じていないことを証する資料がある場合，再審公判を開始して審理をやり直すのは，無用のことである。よって，この場合，抗告審において，検察官から追加的に資料を提出するのを認めるのは合理的である。

以上が私見の理由である。

注

1）安倍治夫『刑事訴訟法における均衡と調和』（昭和 38 年，一粒社）201 〜 203 頁。
2）前掲注 1 の安倍治夫（昭和 38 年）234 〜 235 頁。
3）臼井滋夫『再審』90 〜 91 頁。藤井一雄ほか『総合判例研究叢書　刑事訴訟法

（14）』（昭和 38 年，有斐閣）所収。

4）井戸田侃『再審』191 ～ 192 頁。日本刑法学会『刑事訴訟法講座　第 3 巻』（昭和 39 年，有斐閣）所収。

5）光藤景皎『再審証拠法』20 頁。法律時報 37 巻 6 号 20 頁（昭和 40 年）所収。

6）藤永幸治ほか『大コンメンタール刑事訴訟法　第 7 巻』（平成 12 年，青林書院）7 頁［光藤景皎執筆部分］。

7）大出良知『再審の理論的現状と課題』52 頁。法律時報 61 巻 9 号 52 頁（平成元年）所収。

8）岡部保男『再審―弁護の立場から』520 ～ 521 頁。三井誠ほか『新刑事手続Ⅲ』（平成 14 年，悠々社）所収。

9）藤野英一『刑事再審理由の分析』826（69）～ 827（70）頁。法曹時報 15 巻 6 号 64 頁（昭和 38 年）所収。

10）鴨良弼『再審の理論的基礎』4 頁。法律時報 37 巻 6 号 4 頁（昭和 40 年）所収。

11）平場安治ほか『注解刑事訴訟法　下巻［全訂新版］』（昭和 58 年，青林書院新社）311 頁［高田卓爾執筆部分］。

12）鈴木義男『再審理由としての証拠の明白性』6 頁。研修 444 号 3 頁（昭和 60 年）所収。

13）米澤慶治『再審―検察の立場から』1029 ～ 1030 頁。三井誠ほか『刑事手続　下』（昭和 63 年，筑摩書房）所収。

14）小西秀宣『再審判例の現状と展望』371 ～ 372 頁。原田國男ほか『刑事裁判の理論と実務　中山善房判事退官記念』（平成 10 年，成文堂）所収。

15）藤永幸治ほか『大コンメンタール刑事訴訟法　第 1 巻』（平成 7 年，青林書院）56 ～ 57 頁［中山善房執筆部分］。

16）藤永幸治ほか『大コンメンタール刑事訴訟法　第 4 巻』（平成 7 年，青林書院）333 頁［高橋省吾執筆部分］。

17）前掲注 9 の藤野英一（昭和 38 年）65 ～ 66 頁。

18）前掲注 4 の井戸田侃（昭和 39 年）205 頁。

19）臼井滋夫『再審事由としての証拠の明白性（その二）』55 頁。研修 327 号 47 頁（昭和 50 年）所収。

20）青柳文雄ほか『註釈刑事訴訟法（第 4 巻）』（昭和 56 年，立花書房）418 頁［臼井滋夫執筆部分］。

21）岡部保男『再審請求はどのように行うか』102 頁。竹澤哲夫ほか『刑事弁護の技術（下）』（平成 6 年，第一法規）所収。

22）岸盛一『刑事訴訟法要義（新版）』（昭和 37 年，廣文堂書店）402 頁。

23）前掲注 5 の光藤景皎（昭和 40 年）24 頁。

24）竹澤哲夫『再審―弁護の立場から』1036 ～ 1037 頁。三井誠ほか『刑事手続　下』（平成 6 年，筑摩書房）所収。

25）藤永幸治ほか『大コンメンタール刑事訴訟法　第 7 巻』（平成 12 年，青林書院）

72 〜 73 頁［川崎英明執筆部分］。

26）最高裁平成 24 年 2 月 13 日判決・刑集 66 巻 4 号 482 頁。

27）本江威憙『再審請求手続における審判の対象』74 頁。研修 353 号 71 頁（昭和 52 年）所収。

28）前掲注 12 の鈴木義男（昭和 60 年）6 〜 7 頁。

29）森本和明『再審―検察の立場から』516 頁。三井誠ほか『新 刑事手続Ⅲ』（平成 14 年，悠々社）所収。

30）最高裁昭和 50 年 5 月 20 日決定・刑集 29 巻 5 号 177 頁（白鳥事件）。
　　　証拠の明白性について，本決定を論評したものとしては，松岡正章・ジュリスト 593 号 42 頁，能勢弘之・判例タイムズ 325 号 97 頁，小田中聡樹・法学セミナー 246 号 22 頁，臼井滋夫・研修 326 号 41 頁，同 327 号 47 頁がある。

31）日本弁護士連合会『続・再審』（昭和 61 年，日本評論社）350 〜 351 頁。

32）藤永幸治ほか『大コンメンタール刑事訴訟法　第 7 巻』（平成 12 年，青林書院）131 〜 133 頁［高田昭正執筆部分］。

33）前掲注 21 の岡部保男（平成 6 年）102 〜 103 頁。

34）青柳文雄ほか『註釈刑事訴訟法［第 4 巻］』（昭和 56 年，立花書房）471 頁［臼井滋夫執筆部分］。

35）前掲注 9 の藤野英一（昭和 38 年）862 頁（105 頁）。

36）前掲注 4 の井戸田侃（昭和 39 年）205 頁。

37）前掲注 27 の本江威憙（昭和 52 年）76 頁。

38）小西秀宣『再審―裁判の立場から』508 頁。三井誠ほか『新 刑事手続Ⅲ』（平成 14 年，悠々社）所収。

39）最高裁昭和 33 年 5 月 27 日決定・刑集 12 巻 8 号 1683 頁。

40）最高裁昭和 42 年 7 月 5 日決定・刑集 21 巻 6 号 764 頁。

41）前掲注 3 の臼井滋夫（昭和 38 年）201 頁。

42）前掲注 34 の臼井滋夫（昭和 56 年）474 頁。

43）前掲注 4 の井戸田侃（昭和 39 年）205 頁。

44）前掲注 11 の高田卓爾（昭和 58 年）357 頁，358 頁。

45）前掲注 32 の高田昭正（平成 12 年）140 〜 141 頁。

46）前掲注 3 の臼井滋夫（昭和 38 年）202 頁，203 頁。

47）前掲注 11 の高田卓爾（昭和 58 年）357 〜 358 頁。

48）前掲注 9 の藤野英一（昭和 38 年）862（105）〜 864（107）頁。

49）最高裁昭和 28 年 11 月 24 日決定・刑集 7 巻 11 号 2283 頁。

50）最高裁昭和 29 年 11 月 22 日決定・刑集 8 巻 11 号 1857 頁。

51）最高裁昭和 51 年 10 月 12 日決定・刑集 30 巻 9 号 1673 頁（財田川事件）。
　　　証拠の明白性について，本決定を論評したものとしては，福井厚・法律時報 49 巻 3 号 43 頁，同・ジュリスト 627 号 89 頁，横山晃一郎・ジュリスト昭和 51 年度重要判例解説 186 頁，田中輝和・刑事裁判の理論・鴨古稀祝賀論文集 369 頁，

第1章　再審請求審における審理手続　67

　　　石川才顕・別冊ジュリスト・刑事訴訟法の争点 278 頁，川崎英明・法律時報 51
　　　巻 11 号 40 頁がある。

52）東京高裁平成 21 年 6 月 23 日決定・東京高等裁判所（刑事）判決時報 60 巻 91 頁
　　　（足利事件）。

53）河上和雄ほか『大コンメンタール刑事訴訟法　第二版　第 7 巻』（平成 24 年，青
　　　林書院）630 〜 631 頁，641 〜 642 頁［中山善房執筆部分］。

54）最高裁平成 22 年 4 月 5 日決定・裁判所時報 1505 号 16 頁（名張事件）。
　　　　名張事件については，後掲注 55 の最高裁平成 25 年 10 月 16 日決定及び後掲注
　　　153 の最高裁平成 9 年 1 月 28 日決定も参照のこと。

55）最高裁平成 25 年 10 月 16 日決定・平成 24 年（し）第 268 号（名張事件）。

56）最高裁昭和 29 年 10 月 8 日決定・刑集 8 巻 10 号 1588 頁，最高裁昭和 33 年 4 月
　　　18 日決定・刑集 12 巻 6 号 1109 頁等。

57）前掲注 31 の日本弁護士連合会（昭和 61 年）374 〜 375 頁。

58）前掲注 24 の竹澤哲夫（平成 6 年）1044 〜 1045 頁。

59）前掲注 32 の高田昭正（平成 12 年）140 頁。

60）座談会『刑事再審の理論的課題』77 頁［光藤景皎発言部分］。法律時報 61 巻 9 号
　　　77 頁（平成元年）所収。

61）前掲注 60 の座談会（平成元年）77 頁［大出良知発言部分］。

62）最高裁昭和 44 年 4 月 25 日決定・刑集 23 巻 4 号 275 頁。

63）藤永幸治『再審法の新展開』294 〜 295 頁。石原一彦ほか『現代刑罰法体系　第
　　　6 巻　刑事手続Ⅱ』（昭和 57 年，日本評論社）所収。

64）前掲注 12 の鈴木義男（昭和 60 年）3 〜 5 頁。

65）前掲注 29 の森本和明（平成 14 年）514 頁。

66）さいたま地裁平成 21 年 11 月 2 日決定・平成 21 年（た）第 1 号。

67）前掲注 62 の最高裁昭和 44 年 4 月 25 日決定。

68）前掲注 26 の最高裁平成 24 年 2 月 13 日判決。

69）河上和雄ほか『大コンメンタール刑事訴訟法　第二版　第 9 巻』（平成 23 年，青
　　　林書院）657 頁，659 頁，662 頁［古田佑紀＝河村博執筆部分］。

70）河上和雄ほか『大コンメンタール刑事訴訟法　第二版　第 9 巻』（平成 23 年，青
　　　林書院）412 頁，413 頁，415 頁［原田國男執筆部分］。

71）前掲注 70 の原田國男（平成 23 年）450 頁。

72）前掲注 70 の原田國男（平成 23 年）308 頁。

73）前掲注 26 の最高裁平成 24 年 2 月 13 日判決。

74）前掲注 30 の最高裁昭和 50 年 5 月 20 日決定（白鳥事件）。

75）最高裁平成 17 年 3 月 16 日決定・判例時報 1887 号 15 頁・判例タイムズ 1174 号
　　　228 頁（狭山事件）。

第2章

再審請求審における実体要件〔その1〕
証拠の新規性について

第1節　新規性の意義

1．問題の所在

　再審請求をすることができる者は，有罪の言渡を受けた者等であり（刑訴法439条），再審理由は，無罪を言い渡すべき明らかな証拠を新たに発見したことなのである（同法435条6号）から，ここでいう新たに証拠を発見した者とは，文理上，再審請求人のことを指すというのが，自然な帰結であろう。

　しかしながら，新たに証拠を発見した者とは，裁判所のことを指すという見解もある。

　以下，検討する。

　なお，各見解中には，証拠方法・証拠資料という用語が用いられているが，武村二三夫弁護士に従い，証拠方法とは，証拠の存在形式をいい，証拠資料とは，証拠の意義内容をいうものと理解しておく[76]。

2．新たな証拠とは再審請求人がその存在を知らなかった証拠をいうとする見解

　岸盛一判事は，請求人がその存在を知っていた証拠は新たな証拠に該当しないという。すなわち，

　　「『あらたに』とは，証拠の発見があらたなことをいい，請求者がその存在を知っていたときは，これにあたらない（昭29. 10. 19最）。この事案は他人の罪責を引きうけるために，ことさらにその証拠を提出しなかった場合のものである。この場合でも，検察官からの再審請求を妨げない（同説団藤）。しかし，証拠方法として存在していた場合でも，あらたに供述し，または供述を変更した場合は，あらたな証拠といい得る（平野）。」[77]

という。

　臼井滋夫検事は，新たな証拠とは請求人がその存在を知らなかった証拠，又

はその存在を知ってはいたが証拠として提出できなかった証拠のことであると
いう。すなわち,

「『証拠をあらたに発見した』というのは,原判決を言い渡した裁判所に知
られなかった証拠が,その言渡し後にいたって,裁判所にとって認識可能
になったことを必要とすることはいうまでもないが,再審を請求する当事
者にとっても,右の意味において,あらたであることを必要とするかどう
か,という問題がある。……みずから他人の罪を背負って,虚偽の自白を
し,ことさら証拠を秘匿して提出しなかった者自身の手による再審の請求
を認めることは,衡平の精神にもとるばかりでなく,刑訴435条の文理に
反するであろう。」,「過失によって自己に有利な証拠を提出し得なかった
ため有罪の言渡しを受けた者に対してまで,再審請求の道を閉ざすことは
厳格に失するのではあるまいか。ちなみに,わが刑訴法435条6号に相当
するドイツ刑訴法359条5号に定める新規性(Neuheit)の要件は,わが国
におけるよりも緩やかに解されている。すなわち,前述(略)のような
1950年の改正後においては,新規性は裁判所に対する関係においてのみ
判断せられるべきものであり,したがって,有罪の言渡しを受けた者が
知っていたか,または知り得べかりしものであった事実または証拠方法を,
怠慢によって原審で提出し得なかった場合であっても,新たなものとして
提出し得ると解されている(略)。」,「あらたな証拠といい得るのは,原判
決の言渡し前に,当該証拠方法が客観的に存在していたが,原審において
裁判所および再審を請求する当事者がその存在を知らなかった場合に限ら
れず,その存在を知っていても,それを証拠として顕出することが不可能
であった場合を含む(略)。」[78]

という。

　高田卓爾教授は,臼井滋夫検事の見解と同旨である。すなわち,

「いわゆる証拠の『新規性』が必要とされる(略)。……問題は,発見があ
らたといいうるためには,裁判所にとってあらたに発見されたことをもっ
て足りるのか,それとも再審請求者にとって(略)あらたに発見されたこ
とを要するか,という点である(略)。思うに,本条が『再審の請求は,

右の場合において……することができる』と規定しているところからみて，請求者にとって『あらたに発見された』ことを要すると解するのが文理的に素直な解釈であろう（略）。もっとも，これはいわば形式論的な根拠であって，より重要なのは，すでに述べたところの再審制度の目的（略）からする実質論であろう。……被告人の主体的観点に立った具体的救済が第一義的な目的だとする見地からすれば，具体的事案として被告人を救済するにふさわしいかどうかという評価が必要とされる。すなわち，被告人が原判決前にすでにその存在を知っておりながら裁判所に対して指摘もせずまたは取調を請求しなかった証拠を後になってから持ち出して再審を求めた場合に，これを取りあげることがはたして真に被告人の主体性に基づいた救済といえるかどうか，という問題となるのである。私は，一般論としてこれを否定的に解すべきものと考える。……(1)いわゆる身代わり犯人の場合。……前述の私見からすれば，身代わり犯人の場合は，当人を救済するにふさわしいかどうかの問題が最も典型的にあらわれる場合であって，少なくとも当人からの再審請求を認めないでも，それが常に正義に反するものとは思われない。……(2)原判決前にその存在を知っていたが，それが事実上提出不能であった場合。たとえば，所在不明のため喚問できなかった証人の所在を原判決後に知りえた場合は，『あらたに発見した』場合に当たると解してよいであろう（略）。けだし，『あらたに発見した』とは文理的に証拠方法の存在自体のみならずその所在をあらたに発見した場合をも含むと解することができるのみならず，再審による救済という観点からみて両者を区別すべき実質的な理由はないと考えられるからである。……(3)過失によって当該証拠を提出しなかった場合。……過失によるにせよその存在を知らなかった以上，現実にはやはりあらたに発見したことに変わりはないのであるから，このような場合を排除するのは正当でないと思われる（略）。これに反して，所在も知っており提出しようと思えばできたのに不要だと考えて提出しなかった場合は，もはや『あらたに発見した』とはいえないであろう（略）。……(4)原判決以前に捜査機関側に収集されていた証拠が，被告人側には知られていなかった場合。……臼井検事の指

摘するように（略），現行法では検察官の収集にかかる証拠がすべて裁判所に送られるわけではないから，裁判所に知られていない限り，有罪判決を受けた者も知らないときは，再審請求の理由となりうるものと解すべきである。」[79]
という。

藤野英一判事は，趣旨が判然としないところもあるが，臼井滋夫検事及び高田卓爾教授の見解と概ね同旨と思われる。すなわち，

「交通事犯，即ち業務上過失傷害，道路交通法違反等の事犯にあっては，真犯人に頼まれて虚偽の自白をし，これにもとづき確定の有罪判決をうけた者が，その後に至り，自白は虚偽であったとして，真犯人に関する証拠を提出し，再審請求をすることが縷々ある。……私は，前掲のごとく，新刑訴の再審規定は確定判決の安定性，実体的真実主義の要求，人権の保障及び確定判決前の事実審理における当事者主義の帰結尊重の4要素の妥結点として解釈されねばならないと述べたが，この場合のごとき不徳義な請求人のために再審を許容することは，実体的真実の要求を過度に強調するものであって，賛成しえない。」，「有罪の言渡をうけた者が，原判決前の審理の際，虚偽の自白をしていたが，誰か真犯人があると思っても，住所氏名が判明しないため，ないし真犯人の確認を怠ったため，真犯人に関する証拠の提出をせず，或いは真犯人の住所氏名を確知していても，法廷に証人として召喚することに恐怖を感じたり，召還しても真犯人が否認するので，無駄だと考えて真犯人に関する証拠提出の必要がないと信じて，提出しなかった場合でも，原判決の確定後，その証拠方法が無罪の言渡をうけるべく明確のものであることを覚知したときは，これを新たに発見したと解すべきである。」[80]
という。

以上，各論者において，趣旨が判然としないところもあり，また，見解が一致しているわけではないが，いずれも文理解釈を基本とした見解である。各論者の見解によれば，身代わり犯人からの再審請求を許容できるかという著名な論点については，これを特別な問題として捉えるのではなく，原則どおり，再

審請求人が知りながらあえて請求しなかった証拠は，再審請求人が新たに発見した証拠には該当しないという。

再審請求人が過失によりその存在を把握できなかった証拠についても，その存在を知らなかったことには変わりがないので，文理解釈どおり，証拠の新規性を肯定する。

再審請求人がその存在を知っていても，証拠として提出できなかった証拠についても，証拠の新規性を肯定する。これは，控訴審における立証制限（刑訴法382条の2）や公判前整理手続を経た事件の立証制限（同法316条の32）と同様に，やむを得ない事由により証拠として提出できなかったものについては，立証制限をすべきではないという理由によるものであろう。

3．新たな証拠とは裁判所が未だその証拠価値を判断していない証拠をいうとする見解

安倍治夫検事は，新たな証拠とは裁判所がその存在を知らなかった証拠をいうが，再審請求人がその存在を知っていた証拠，又は過失により提出しなかった証拠は新たな証拠に該当しないという。すなわち，

「証拠を『新たに発見する』とは，原審において裁判所に知られなかった証拠が，審理終結後において，裁判所にとって認識可能の状態になったことを云うものと解されている。審理終結後に新しい証拠方法が発生した場合は勿論，証拠方法が客観的には，原審当時から存在したが，審理終結後に至ってはじめて発見され，または利用可能になった場合をも含む。」，

「裁判所が原審当時において知らなかったとしても，被告人が問題の証拠の存在を当時知っていたか，または，知り得たであろうと思われる場合はどのように解すべきであろうか。……わが国における判例の立場はおおむね折衷的であり，再審事由として新証拠を援用するためには，原審における当該証拠の利用不能状態が，被告人の責に帰すべき事情に由らないことを必要とするもののようである。したがって，被告人が有利な証拠を故意に秘匿した場合は，後にこれを再審理由として援用できない。いわゆる

『身代わり』事件はその典型的なものである。……同様にして，被告人が，有利な証拠を怠慢や過失によって提出しなかった場合にも，後に，これを再審事由として援用できないと解すべきであろう。」[81]

という。

井戸田侃教授は，新たな証拠とは裁判所がその存在を知らなかった証拠のことであるという。すなわち，

「その証拠の存在を裁判所は知らなかったが，被告人には知りえたか，知っていた場合，さらには検察官が知りえたか，知っていた場合についてはどうであろうか。……この問題を考えるにあたって，何よりもまず，わが法は（消極的）実体的真実主義を刑事訴訟法の基本的な原理としていることを想起しなければならない（刑訴1条）。いかなる理由があろうと，無実の者を処罰することはとうてい許されまい。もっともこの点において，『当事者主義的構造の強化された新刑訴法の下においては』当事者は，（ハ）のような場合（引用者注▷被告人がその事実又は証拠を秘匿した場合）には，『当然にその責任を負うのが原則ではなかろうか』（高田義文・〔刑事判例研究〕警察研究29巻3号98頁）という見解がある。しかし身代わり犯人などの場合においては，その行為に対して，別に刑法等による刑罰その他の不利益を加えるのが本筋である。国家機関が，無実の者であることを認識しながらそれに刑罰を科することは，何としても耐えることはできまい。このことは，不当に重い罪に処せられた場合も同様であろう。かくしておよそ裁判所がその証拠の存在を知らなかった場合には，すべて新規性ありとすべきである。」[82]

という。

光藤景皎教授は，井戸田侃教授の見解と同旨である。すなわち，

「一層重要な点は，『証拠をあらたに発見した』というのは，原判決を言い渡した裁判所に知られなかった証拠が，その言渡後になって，裁判所に知られることが可能になったことをいうのか，それとも，再審の請求をする当事者にとっても，右の意味において，あらたであることを必要とするのかである。……わが国の判例は，再審請求当事者に知られていなかったと

いうことも新規性の要件に加わり，ドイツ・フランス法におけるよりも新規性の要件が厳しくなっている。……しかし，法律的判断・証明の方法においておとる被告人の原審における過失あるいは怠慢に責を帰することによって再審による救済の道を閉ざすことは被告人に酷であるに止まらず，原確定判決の後訴訟記録によって原審での不提出を判断するのであるから，多くの場合，被告人が当該証拠の存在を知っていた限りで（その証拠の価値について的確な判断をよくなしえない場合でも），過失ありということになってしまうであろう。……私は一応ドイツの通説にしたがって，新規性は裁判所との関係においてのみ考察すべきであるという見解をとりたいと思う。」[83]

という。

　鴨良弼教授は，

　　「新たな証拠とは，当該の証拠が先の判決では事実認定の基礎としてなんら考慮されなかった証拠を意味する。」[84]

という。

　日本弁護士連合会は，鴨良弼教授の見解と同旨である。すなわち，

　　「証拠の新規性については，白鳥決定以前から一定の前進が見られた。刑訴法447条2項の問題——同一理由による再審請求の禁止——も，白鳥決定後克服された。以上を含めて新規性について，裁判所の大勢は次のような見解をとっている。① 確定判決に至る審理において事実認定に供されなかった資料，すなわち，裁判所にとって新たに発見されたものは，証拠価値のある限り，証拠方法として同一であっても，証拠資料としての内容に『新たな』ものがあるかぎり（例えば，偽証の告白など），新規性が認められるなど，新規性が相当広く認められている。②『新た』とは，証拠が新たなことをいい，原判決前から存在していたものでもよい。……③ 従来の再審請求が棄却された請求審で新証拠として提出された資料でも，その証拠価値が認められるものは，少なくとも『（当該請求審での）新証拠との関係で再度全体的心証形成の素材として右判断の資料となしうる』（免田事件についての福岡高裁54. 9. 27決定。同旨，加藤事件についての広島高裁51.

9. 18 決定）とされているのである。」[85]
という。

武村二三夫弁護士は，鴨良弼教授の見解と同旨を述べた上で，請求人が真犯人を秘匿して身代わりになった場合でも再審請求は許されるという。すなわち，
「新規性は，裁判所にとって新たであれば足りる。つまり，裁判所によって証拠価値の判断がなされていない場合は，新規性が肯定される。したがって，確定審で裁判所に提出されていない証拠は当然新規性が肯定される。……真犯人を知りながら，あえて秘匿した身代わり犯人からの再審請求については，見解が対立する（略）。新規性を否定する見解は，真犯人を秘匿しみずからを犯人と供述して誤った判決をみずから招来させた点をとらえて，そのような者は再審請求による利益を与えなくてもしかたないとするのであろう。しかし，それは裁判所の証拠価値の判断の有無とは無関係で，禁反言の原則が無辜の不処罰に優越すべき理由はないのであって，右の場合も新規性が肯定されるべきである。」，「再審請求において重要なことは，確定判決の事実認定に合理的疑いがあるかどうかである（すなわち明白性）。新証拠はいわば起爆剤でありさえすれば足りる（略）。したがって新規性については，『既に判断済の証拠は除外するが，そうでない限りできるだけ広く許容する』という観点で広くこれを認め（略），そのような新証拠が確定審の審理中に投入され，旧証拠のすべてとともに総合判断したならば，はたして確定判決の事実認定に動揺を生じさせたかどうか，という態度で検討すべきである。」[86]
という。

川崎英明教授は，鴨良弼教授及び武村二三夫弁護士の見解と同旨である。すなわち，
「再審制度は確定有罪判決の事実誤認からの救済制度であるから，再審を開始するには，確定有罪判決の事実認定とは異なった事実認定を導くような新証拠が判決確定後に発見されたという意味での，事情変更がなければならない（略）。……このような新規性の趣旨からみれば，新規性とは『証拠の未判断資料性』であり，新証拠とは『裁判所がそれにつき実質的な証

拠価値の判断を経ていない証拠』である（略）。」、「本条（引用者注▷刑訴法
435条）は再審請求の要件ではあるが同時に再審開始の要件でもあるから，
『あらたに発見した』という文言を再審請求人が『あらたに発見した』と
解すべき積極的理由はない。また，再審制度は確定有罪判決の誤った事実
認定からの救済制度であるから，この救済を『被告人の主体性に基づいた
救済』に限定する積極的理由もない。したがって，新規性は端的に裁判所
にとっての新規性と捉えれば足り，当該証拠について請求人の事実上の提
出不可能性や過失の有無を問う必要はない。……もっとも，裁判所にとっ
て新規性があれば足りるとする見解の中にも，身代わり犯人からの再審請
求の場合については，エストッペル（禁反言）の考慮をいれて新規性を否
定する（ただし検察官からの請求は認める）見解がある（略）。……しかし，
……請求人に再審請求を認めて誤判を救済したうえで，身代わり犯人を処
罰することで不合理さを解消すべきである（略）。いかなる場合でも無辜
を処罰することは許されないのであって（略），かりに消極的真実主義と
当事者主義との選択が問われる場合があるとしても，前者にこそ賽を振ら
なければならない（略）。公訴時効が完成したような場合には真犯人の処
罰ということはありえなくなるが，真犯人の不処罰と無辜の処罰という二
つの弊害を放置するよりも，無辜を救済することによって真犯人の不処罰
という一つの弊害を残す方がましである（略）。」[87]
という。

　以上，各論者において，趣旨が判然としないところもあり，また，見解が一
致しているわけではないが，最終的には，川崎英明教授が整理されたとおり，
新たな証拠とは，裁判所が未だ証拠価値の判断をしていない証拠のことである
（証拠の未判断資料性）ということになろう。

　井戸田侃教授，武村二三夫弁護士，川崎英明教授らの見解によれば，請求人
がその存在を知っていた証拠であっても，裁判所が未だその証拠価値を判断し
ていない証拠であれば，新たな証拠に該当するのであり，例えば，請求人が身
代わり犯人であったとしても，再審請求をすることが許容されるということに
なる。その理由は，消極的実体的真実主義が刑訴法の基本原理になっていると

いう理解を前提に，無辜を救済する道をできる限り広げるべきだからであるという。また，請求人が真犯人を秘匿した身代わり犯人であったとしても，そのことは，別途，処罰の対象として検討すればよいことであって，禁反言の法理などを持ち出すべきではないという。武村二三夫弁護士は，証拠の新規性要件については，再審のための「起爆剤」でありさえすればよく，その要件としての意義はできる限り小さくみるべきであるという。

　しかしながら，かかる見解は，刑訴法 435 条 6 号の文理にそぐわない上，通常審において，検察官と被告人・弁護人とが主張・立証を尽くし，第三者的な裁判所が公正・厳正に事実認定をするという当事者主義による営為を否定するものであって，相当とは思われない。昭和 23 年制定の現行刑訴法は，第一審の公判審理を充実させることを目指したものであり，さらに，平成 16 年の法改正も，争点及び証拠の整理手続制度を設け，第一審の公判審理を一層充実させることを目指したものである。したがって，被告人・弁護人において，通常審で，その存在を知りながらあえて提出しなかった証拠について，再審請求審で，これを新証拠として提出することを許容するのは相当でない。通常審であれば，控訴審における追加立証が制限され（刑訴法 382 条の 2），公判前整理手続を経た場合にも立証制限がある（同法 316 条の 32）のに，再審請求審において，かかる立証制限を撤廃して，通常審での未判断資料について，広く証拠の新規性を認めるのは，相当ではない。

　なお，安倍治夫検事の見解は，理解困難である。

　安倍治夫検事は，裁判所がその存在を知らなかった証拠は新たな証拠に該当するといいながら，同時に，再審請求人がその存在を知りながらあえて提出しなかった証拠は新たな証拠に該当しないという。これでは，再審請求人がその存在を知っていた証拠は新たな証拠に該当しないという見解（臼井滋夫検事ら）と同様の結論になってしまうのであり，裁判所の未判断資料性は，新規性判断の要件と無関係ということになってしまう。

　しかも，請求人が過失によりその存在を知らなかった証拠について，臼井滋夫検事らが証拠の新規性を認めるのに対し，安倍治夫検事は，証拠の新規性を否定するかのようであるが，かかる結論は，刑訴法 435 条 6 号の文理解釈より

も制限的な解釈になっており，相当とは思われない。

4．判　　例

最高裁昭和29年10月19日決定 [88]

　事案は，請求人が，無資格で，米穀生産者Aから玄小麦を買い受け，これを運搬し，法定の米麦買受機関でないBに売り渡したというものである。請求人は，通常審において，犯人は自分ではなく，Cである旨無罪を主張していたが，Aの検察官調書（内容は，Aから玄小麦を買い受けた人物が請求人であるというもの）等の関係証拠により有罪判決を受けた。請求人は，再審請求審において，A作成の証明書（内容は，検察官調書の供述内容を撤回し，Aから玄小麦を買い受けた人物がDであるというもの）を提出し，犯人はDである旨無罪を主張した。

　最高裁は，以下のとおり，証拠の新規性を否定した。

　　「原審の確定した事実によれば，<u>抗告人はその援用にかかる証拠があることを知りながら且つこれを提出することができたのに，他人の罪を背負うためことさらこれを提出しないで判決確定後再審の請求をするに際し始めてこれを主張し提出したのであるから，本件の場合は『証拠をあらたに発見したとき』に該当するものでないこと原決定の説明するとおりである。</u>」

　最高裁の判示内容は簡略であり，その趣旨が判然としないところがあるが，新たな証拠とは請求人がその存在を知らなかった証拠のことであるという見解と矛盾していないようである。

最高裁昭和31年2月2日決定 [89]

　事案は，通常審における業務上横領被告事件である。弁護人は，無罪を言い渡すべき明らかな証拠をあらたに発見した場合に該当するから，上告理由がある旨主張した。

　最高裁は，以下のとおり判示して，上告を棄却した。

　　「所論のAは第一審においてB社長の就任した事情を立証するため，証人申請があったが，却下されたものであり，また所論のCは，すでに証人

第2章　再審請求審における実体要件〔その1〕証拠の新規性について　81

として採用されたものであり，両人の供述書は原審の判決後の作成にかか
るものであって，刑訴435条6号の無罪を言い渡すべき明らかな証拠をあ
らたに発見したときというのに当たらない」
旨判示した。

　同決定は，証人Aの供述書については，既に下級審で証人尋問請求が却下
された者の供述書であり，証人Cの供述書については，既に証人尋問が終わ
っている者の供述書であるという理由だけで，刑訴法435条6号に該当しない旨
判示しているところ，その判示内容は簡略であり，その趣旨が判然としないと
ころがあるが，証人らの供述の変遷経過，変遷内容等について検討しないまま
結論を導き出しているところが注目される。

最高裁昭和33年4月23日決定 [90]

　事案は，通常審における窃盗被告事件である。弁護人は，無罪を言い渡すべ
き明らかな証拠をあらたに発見した場合に該当するから，上告理由がある旨主
張した。

　最高裁は，以下のとおり判示して，上告を棄却した。

　「所論上申書は，その作成者であるAが既に第一審において証人および共
同被告人としてまた第二審においても証人として供述したその供述内容に
関するものであって，刑訴435条6号にいう『明らかな証拠をあらたに発
見したとき』に該当しない。」

　同決定は，証人Aの上申書について，既に下級審で証言した者の上申書で
あるという理由だけで，刑訴法435条6号の要件に該当しない旨判示している
ところ，これは，先の最高裁昭和31年2月2日決定と同趣旨のものと理解し
てよさそうである。

最高裁昭和35年3月29日決定 [91]

　事案は，被告人が，その実弟である被害者といさかいがあった後，自宅に
帰って就寝したが，その後，被害者が2階窓から室内に侵入しようとして手す
りに足をかけているのを認めたため，日本刀を取り出して被害者の腹部を突き

刺し，被害者を路上のリヤカーの上に転落させたという殺人未遂事件である。
第一審は，被害者供述（内容は，被害者が，事件当時，刺身包丁を新聞に包んで背広のポケットに入れていたものの，これを被告人に示したことはないというもの）等の関係証拠により，正当防衛の主張を排斥し，控訴審も，第一審の判断を是認した。弁護人は，正当防衛を主張して上告し，被害者の告白書（内容は，被害者が，第一審の証言を撤回し，自分は刺身包丁を持って2階の手すりをまたいだとき，兄である被告人が日本刀を持ち出したので，自分はその日本刀を奪って2階からリヤカーに落ち，自分で傷を負ったのであって，被告人に刺されたのではないというもの）を提出し，再審事由があるときに該当する旨主張した。

　最高裁は，以下のとおり判示して，上告を棄却した。

　　「既に第一審において証人として供述したその供述内容に関する申立は刑訴435条6号にいう『明らかな証拠をあらたに発見したとき』にあたらないこと当裁判所の判例の趣旨とするところである（昭和33年（あ）第261号，同年4月23日第二小法廷判決）。」

　同決定は，被害者の告白書について，既に下級審で証言した者の告白書であるという理由だけで，刑訴法435条6号の要件に該当しない旨判示しているところ，これは，先の最高裁昭和31年2月2日決定及び同昭和33年4月23日決定と同趣旨のものと理解してよさそうである。

最高裁昭和37年10月30日決定 [92] ── 日本厳窟王事件

　原々決定である名古屋高裁昭和36年4月11日決定[93] は，刑訴法437条にいう新たな証拠について，以下のとおり判示して，再審開始決定を出した。

　　「再審事由の証明がつねにあらたな証拠を必要とすることは前記のとおりであって，右の第437条の場合もその例外をなすものと解すべきではないから，あらたな証拠によってその虚偽の事実が証明されなければならないものとおもわれるが，ここにいわゆる『あらたな証拠』というのは新事実を証する証拠方法に限るのではなく，あらたな訴訟資料，すなわち新事実，新証拠の一切を包含するものと解する。本件についてこれをみるに，原判決の有罪の証拠となった証言をしたAやBが判決確定後前言を翻し，偽

第2章　再審請求審における実体要件〔その1〕証拠の新規性について　83

証をしたことを自白したのであるから，この両証人は証拠方法としては原審において取調べずみであるけれども，その偽証自白そのものはなおここにいうあらたな証拠にあたるものといわねばならない。」

同名古屋高裁決定は，刑訴法437条にいう確定判決に代わる証明の意義を判示したものであるが，これを同法435条6号に置き換えれば，新たな証拠とは，証拠方法又は証拠資料が新たなことをいい，証人が前の証言を覆した場合も，新たな証拠に該当するという。

検察官は，同名古屋高裁決定に対して異議申立てをし，異議審である名古屋高裁昭和37年1月30日決定は，再審開始決定を取り消した。

本件最高裁決定は，本件再審請求事件について，旧刑訴法が適用される旨判示し，これと異なる前提のもとで再審開始決定を取り消した異議審の決定を取り消し，検察官の異議申立てを棄却したものであるが，証拠の新規性については，判断を示さなかった。

最高裁昭和45年6月19日判決 [94]

事案は，被告人が，交通事故を起こしたAの身代わりになって，業務上過失致死罪の有罪判決を受けたが，上告審において，真犯人はAである旨主張するに至り，検察官も，有罪判決を破棄されたい旨無罪弁論をしたものである。この間に，真犯人のAは，自分が真犯人である旨警察に自首し，起訴されて，本件業務上過失致死罪の犯人として有罪判決を受けていた。

最高裁は，以下のとおり，証拠の新規性を認めて，被告人に無罪を言い渡した。

「各証拠（略）によれば，……昭和42年9月7日軽四輪自動車（略）を運転して過失により死亡事故を発生させるに至ったのは，被告人ではなくAであったこと，……Aは，右のように事故を引き起こした直後，自分が無免許運転であるため重く処罰されることを恐れ，運転免許を有する被告人に身代わり犯人となってくれるよう依頼し，被告人においてこれを結局承諾し，そのころ事故現場において警察官に対し事故を起こした犯人は自分である旨虚偽の申立をしたこと……以上の諸事実を明らかに認めるこ

とができる（略）。以上の諸点によって考えると，本件被告人については，
原判決後において，刑訴435条6号にいわゆる『有罪の言渡を受けた者に
対して無罪を言い渡すべき明らかな証拠をあらたに発見した』場合に該当
するものといわなければならない。とすれば，本件については，同法411
条4号にいわゆる再審の請求をすることができる場合にあたる事由がある
ことになり，かつ原判決を破棄しなければ著しく正義に反するものと認め
られるから，原判決ならびにその認容する第一審判決はともに破棄を免れ
ない。」

　千葉裕調査官は，以下のとおり，身代わり犯人からの再審請求の可否という
論点について，A説，B説及びC説に整理して解説し，本件最高裁決定が，
いずれの見解を採用したものか明らかでないという[95]。

　「本判決は刑訴法435条6号を原判決破棄の理由としているのであるが，
　……問題は新規性の点にある。本件の被告人はみずから承知の上で他人の
　身代わりとなったものであり，一，二審の段階で自己の無実であることを
　主張，立証しようと思えばできた筈であるのにそれをしないで有罪判決を
　うけたわけである。……A　右の再審請求を否定する見解の代表的なもの
　として挙げられる判例に，昭和29年10月19日第三小法廷決定・刑集8
　巻10号1610頁がある。……B　これに対し，身代わり犯人からの再審請
　求をも許容してよいとする見解も多い。……C　右両説の中間的見解とし
　て，故意に身代わりとなった被告人の側からは再審請求が許されないが，
　検察官からの再審請求は許されるとの見解もある。……さて，以上の諸見
　解や実務例は，有罪判決確定後の再審請求に関するものであるが，本件は
　判決確定前の上告審段階における原判決破棄理由としての再審請求事由の
　存否が問題となるものである。……まずA説であるが，……本件の場合
　についても原判決を破棄すべき理由はないということになろう。しかし，
　判決確定の前と後とにおいては，当事者に禁反言を要求すべき程度が異な
　ると考えれば，確定後においては身代わり犯人の再審請求を認めないが，
　本件の場合は原判決破棄を認めるとの結論も考えられないではない。次に，
　B説をとるならば，本件の場合も当然に原判決を破棄すべき理由を認め

第2章　再審請求審における実体要件〔その1〕証拠の新規性について 85

てよいということになるであろう。C説は，本件の場合をどう考えるのか
明らかではないが，少なくとも検察官からの再審請求を認めるのであるか
ら，職権破棄としての411条4号の適用をも肯定することになるのではな
いかと推測される。本判決は，本件における証拠の明白性と新規性とを肯
定する結論を示しているだけであるから，以上に述べた諸見解のいずれを
とったものか明らかでない。前記のとおり，本件においては，原判決を破
棄すべきことにつき，被告人，検察官の双方とも全く異論のないところで
あったから，あえて理論的な問題にまで踏み入る必要はないと考えられた
ものと思われる。」

　確かに，本件は，検察官が無罪弁論をしている事案であるから，検察官が再
審請求した事案と同様に考えることが可能であり，前記A説からC説までの
いずれの見解に立っても，新規性を認めることが可能な事案であり，最高裁が
いずれの見解を採用したものか明らかでないといえるものであった。

最高裁昭和47年12月12日判決 [96)]

　事案は，交通事故の身代わり事件である。
　最高裁は，以下のとおり，証拠の新規性を認めて，被告人に無罪を言い渡し
た。

「(一)……第一審裁判所は，右公訴事実にそう事実を認定したうえ，これ
は，刑法211条前段の業務上過失致死傷罪にあたるものとして，被告人を
禁錮6月に処し，原裁判所は，過失の点についての事実誤認および量刑不
当の主張に対し，いずれも理由がないとして，被告人の控訴を棄却した。
(二)　これに対し被告人から上告を申し立てられたのが本件であるが，そ
の上告趣意によりあらためて本件事故の捜査がなされ，昭和46年8月24
日，Aにつき業務上過失致死傷，道路交通法違反の各罪，被告人につき
犯人隠避の罪により，名古屋地方裁判所に公訴が提起され（同裁判所昭和
46年（わ）第1311号事件），同裁判所は，審理のすえ，昭和47年6月7日，
Aが本件事故の犯人であると認め，無免許運転の罪とともに同人を懲役
1年2月に，被告人を犯人隠避の罪で懲役6月に処し，同月22日右判決

は確定した。（三）右名古屋地方裁判所昭和46年（わ）第1311号事件に
おいて取り調べられた各証拠によれば，（一）に前記した公訴事実のよう
に，昭和45年2月20日大型貨物自動車を運転してBらを死傷させたのは，
被告人ではなく，被告人方の従業員Aであること，被告人は，……警察
官に対し事故を起こした犯人は自己である旨虚偽の申立をしたこと，……
以上の諸事実を明らかに認めることができる。以上の諸点によって考える
と，本件被告人については，原判決後において，刑訴法411条4号，435
条6号にいわゆる再審の請求をすることができる場合にあたる事由がある
ことになり，しかも，原判決を破棄しなければ著しく正義に反するものと
認められるから，原判決およびその認容する第一審判決はともに破棄を免
れない。」

同判決は，前記最高裁昭和45年6月19日判決と同趣旨のものである。

前記千葉裕調査官の解説に従えば，最高裁がいかなる見解を採用したものか
判断できないということになる。

最高裁昭和50年5月20日決定 [97] —— 白鳥事件

原決定である札幌高裁昭和44年6月18日決定 [98] は，新規性の意義につい
て，以下のとおり判示した。

「本件再審請求は刑事訴訟法435条6号（以下「本号」という。）を根拠とす
るものであるところ，同号にいう『あらた』（以下「新規性」ともいう。）と
は，証拠の発見の『あらた』なことをいい，その存在が原判決の以前より
継続するとその以後新たに発生したとを問わない趣旨と解するのが相当で
ある。以下，本件の判断に必要な限度で，これを若干補足すると，（一）
『あらた』に当たるとするためには，単に裁判所に対する関係のみでなく，
再審請求者に対する関係でも右の要件を備えていることを要すると解すべ
きである。したがって，再審請求者が原訴訟手続において提出することに
つき法律上ないし事実上何ら障害のなかった証拠を，その内容を認識予見
しながらあえて提出しなかった場合はこれを『あらた』な証拠として援用
することはできない。」

「（二）原審においてすでに証拠調請求がなされた証拠は，それが実際には取り調べられなかったとしても，その内容を『あらた』な証拠に当たるとして援用することは原則として許されない。なぜなら，裁判所としては証拠調請求がなされた段階で，当該証拠の証拠方法としての存在のみならず，その立証趣旨ならびに訴訟の経過等によって，その証拠資料としての内容も一応予測したうえ，これを取り調べなかったと認められるから，原判決確定後その内容が明らかにされたからといってそれが当然に裁判所にとって『あらた』なものになるとは考えられないからである。」

「（三）証拠の発見は原判決の確定以前であっても，それを原訴訟手続において提出することが法律上又は事実上不能ないしは著しく困難であったときは，なお当該証拠は新規性を持つと解すべきである。……なお，本件において，所論引用のいわゆる新証拠のいくつかは，本件上告審判決がそれに対して判断を示した上告趣意書ないし補充書に添付されて上告審に提出されており，そのことは事実上，上告趣意に関係する証拠方法の存在を上告審に認識させる作用を有したものと認められるけれども，上告審としては，これに，単に上告趣意の内容を理解させあるいはこれをふえんするという以上の意味を持たせなかったと理解する余地がある以上，当裁判所としては，右各証拠は，この事実があるからといって新規性を失うものではないとして取り扱うこととした。」

以上の札幌高裁決定には，問題がある。というのは，同決定は，請求人にとって新たな証拠でなければ新規性は認められないという一方で，請求人が上告趣意書に添付した証拠であっても新規性は認められるとしているからである。これでは，新規性の意義が不分明となってしまう。

同札幌高裁決定は，上告趣意書に添付していた証拠であっても，上告審が当該証拠を証拠と見ず，上告趣意を補足する資料としてのみ取り扱ったもの（あるいはそのように理解できるもの）については，証拠の新規性が否定されないとしているのであるから，結局，新たな証拠とは裁判所が未だその証拠価値を判断していない証拠のことをいうとする見解とあまり変わらないものと理解してよさそうである。

本件最高裁決定は，適法な抗告理由に当たらないとして請求人の特別抗告を
棄却した上，なお書きで，証拠の明白性について，原決定を是認する旨判示し
たが，証拠の新規性については，原決定を是認する旨の判示をしなかった。原
決定は，新たな証拠とは証拠の未判断資料性のことをいうとする見解に近いも
のと理解する余地があるものであったが，最高裁は，かかる原決定を是認でき
なかったのではないかと推察される。

最高裁昭和 55 年 12 月 11 日決定 [99] ── 免田事件

事案は，犯人が，熊本県人吉市内の被害者方に侵入し，夫婦を殺害し，娘二
人に重傷を負わせたという強盗殺人・同未遂等の事件である。

原審である福岡高裁昭和 54 年 9 月 27 日決定 [100] は，新規性の意義について，
以下のとおり判示した。

> 「証拠の新規性について述べれば，<u>証拠の新規性とは，証拠の発見があら
> たなことをいうのであって，それが原判決以前に既に存在していたか，又
> はその後に存在するに至ったかを問わないが，あらたにと言いうるために
> は裁判所にとってのみならず，再審請求権者にとってもあらたに発見した
> ものでなければならない</u>。また，『証拠』には証拠方法と証拠資料の両者
> を含むと解すべきであるから，証拠方法として同一であっても，証拠資料
> としてその内容に変化のある場合には，その新規性は肯定すべきであり，
> 逆に証拠方法を異にしても，同一供述主体でその内容が同一趣旨のもので
> あれば，新規性を欠くことになる。」

旨判示した。

最高裁は，

> 「記録によれば，請求人提出にかかる証拠の新規性及び明白性を認めて本
> 件再審請求を認容すべきものとした原決定の判断は，正当として是認する
> ことができる。」

旨判示した。

本件に先立つ最高裁昭和 29 年 10 月 19 日決定は，新たな証拠とは請求人が
その存在を知らなかった証拠のことであるという見解と矛盾するものではな

かったが，その判示内容が簡略であり，趣旨が判然としないところがあった。

それに続く最高裁昭和31年2月2日決定，同昭和33年4月23日決定及び同昭和35年3月29日決定は，既に証人尋問請求が却下された者の新たな供述書等や，既に証人尋問が終わった者の新たな供述書等が，刑訴法435条6号の再審事由に該当しない旨判示していたが，これまた判示内容が簡略であり，趣旨が判然としないところがあった。

最高裁昭和37年10月30日決定は，再審事由についての判示を示さなかった。

身代わり犯人事件に関する最高裁昭和45年6月19日判決及び同昭和47年12月12日判決は，被告人がその存在を知っていた証拠について，再審事由を認めたものであるが，検察官が無罪意見を表明していた事例でもあったことから，最高裁がいかなる見解を採用したものか明らかにはならなかった。

最高裁昭和50年5月20日決定（白鳥事件）は，証拠の明白性について，原決定を是認しながら，証拠の新規性については，原決定を是認する旨の判示をしなかった。これは，原決定が，新たな証拠とは証拠の未判断資料性のことをいうとする見解を採用したとも理解できそうなものであったため，これを是認できなかったのではないかと推察できた。

以上の最高裁決定・判決が続いていたところ，本件最高裁決定（免田事件）は，新たな証拠とは請求人がその存在を知らなかった証拠のことをいうとする原決定を是認したものである。

最高裁昭和60年5月27日決定 [101] —— 狭山事件

原々審である東京高裁昭和55年2月5日決定 [102] は，以下のとおり判示して，新証拠（スコップ付着の土壌に関する新証拠，足跡に関する新証拠，筆跡に関する新証拠等）の新規性を否定した。

　「所論は，上告裁判所が同裁判所に提出された右各資料について証拠調又は事実の取調をしていないこと及びその決定の説示中に『訴訟記録並びに第一審及び原審裁判所が取調べた証拠に基づいて，原判決の事実認定の当否を調査した』とある点をとらえて，上告審においてこれらの資料に対する判断を拒否されたというのであるが，控訴及び上告各論旨の内容及び控

訴審以来の審理の経過に徴すれば，これらの資料は，いずれも請求人が本件の犯人であるか否かの中心となる問題点にかかわるものとして上告裁判所に提出されたのであって，単に上告趣意書等に添付又は付随して提出されたというだけでなく，その内容が右問題点について論じている上告論旨の構成のなかに組み込まれるかたちで上告裁判所に提示されていたものであることを各関係書類の記載から知ることができる。……これを本件の場合についてみると，訴訟記録の示すとおり，被告人と犯人との同一性（略）の点が最も重要な問題として各審級を通じて激しく争われ，前記のようにして上告裁判所に提出された資料も，その殆どすべてが窮極においてこの問題に帰一すべき論点にかかわるものであって，しかも，上告裁判所の決定において，特に刑法411条による職権調査を行う旨の言明のもとに，上告趣意中に主張されている各論点についての審査の経過が克明に説示されているところからすれば，その説示の中で提出にかかる資料に触れている部分がなくても，右各論点について提出された関係資料が同裁判所の判断の過程で審査の対象とされていたことは，おのずから明白なことがらであると考えざるをえない。かようにして，右各資料の提出された上告裁判所において，これらに関する証拠調又は事実の取調の行われた事跡がみられなくても，右各資料の関連する論点及び問題の重要性とこれに対する上告裁判所の判示の内容に照らして，上告裁判所がその判断の過程で右各資料の内容を了知し，これらについての審査を行ったうえで結論を導いているものとみなされる本件のような場合においては，右各資料は，確定判決が確定するより前にすでに本案裁判所の判断を経由したものとして，刑訴法435条6号にいわゆる新たに発見した証拠には該当しないものと認めるのが相当といわなければならない。なお，この点については，上告趣意書等に添付されて上告裁判所に提出されたにとどまる資料は，単に上告趣意の内容を理解させ又はこれをふえんするという以上の意味をもたせなかったと理解する余地があること等を理由に，右上告裁判所への提出によって前記法条にいわゆる新たに発見した証拠としての性格を失うものではないとした裁判例（札幌高等裁判所昭和44年6月18日決定参照）もみられるけれど

第2章　再審請求審における実体要件〔その1〕証拠の新規性について｜91

も，右のような資料を新たに発見した証拠と認めるかどうかは，その資料の関連する論点及び問題の重要性，審理の経過，上告論旨の構成，上告裁判所の判示内容等に徴し，それぞれの事案毎に考察されるべきことがらであるから，本件についてかかる取扱いを相当としえないことは前示のとおりである。」
旨判示した。

同東京高裁決定（狭山事件）は，通常審の上告審が当該証拠の内容を審査した上で上告を棄却した場合，当該証拠については，通常審の判断を経由しているから，証拠の新規性が否定されるとしており，通常審の判断を経たか否かの判断基準としては，当該証拠の関連する争点及びその重要性，審理の経過，上告趣意の構成，上告審の判示内容等を斟酌して，個別事案ごとに判断すべきであるという。

すなわち，同東京高裁決定は，請求人が知っていた証拠であっても，裁判所が未だその証拠価値を判断していない証拠であれば，証拠の新規性が認められるという見解に立ったものと理解できそうであり，同決定は，判示内容に混乱が見られた札幌高裁昭和44年6月18日決定（白鳥事件）の趣旨を発展させたものと理解してよいと思われる。

しかし，既に，最高裁昭和55年12月11日決定（免田事件）は，新たな証拠とは請求人がその存在を知らなかった証拠のことをいうとする見解を是認していたところである。

本件最高裁決定（狭山事件）は，適法な抗告理由に当たらないとして請求人の特別抗告を棄却したため，証拠の新規性について何ら判断を示さなかった。

最高裁昭和62年2月5日決定 [103] —— 江津事件

事案は，殺人，死体遺棄，詐欺未遂事件である。

原審である広島高裁昭和57年12月25日決定 [104] は，以下のとおり判示して証拠の新規性を認めつつ，証拠の明白性を否定して，異議申立を棄却した。「もっとも，A，Bの前記各供述調書は，いずれも請求人にかかる本件被告事件が上告審に係属中に作成され，本件確定前に上告審宛ての事実取調請求書に

添付されていたものであるが，上告審において右各供述調書を証拠調していないのであるから，新規性あるものとして取り扱った原審の判断は相当である。」

同広島高裁決定（江津事件）は，東京高裁昭和 55 年 2 月 5 日決定（狭山事件）と同趣旨のものと理解できそうである。すなわち，新たな証拠とは，裁判所が未だその証拠価値を判断していない証拠のこと（証拠の未判断資料性）をいうとする見解である。

本件最高裁決定は，適法な抗告理由に当たらないとして，請求人の特別抗告を棄却したが，なお書きにおいて，「なお，記録によれば，申立人提出にかかる証拠の明白性を否定して本件再審請求を棄却すべきものとした原決定の判断は，正当として是認することができる。」旨判示した。

本件最高裁決定（江津事件）は，証拠の明白性について，原決定を是認したものの，証拠の新規性については，原決定を是認する旨の判示をしていない。これは，新たな証拠とは裁判所の未判断資料をいうとする見解の原決定をあえて是認しなかったものと理解してよさそうである。

仙台高裁平成元年 3 月 8 日決定 [105]

同仙台高裁決定は，以下のとおり判示して，証拠の新規性を認めた。

「（一）まず，原決定は証拠の新規性について，同法条（引用者注▷刑訴法 435 条 6 号）所定のあらたな証拠とは『原判決前に存在していたか否かを問わず，確定判決後に裁判所があらたに発見したもの』を言うと解釈しているが，右は，新規性を専ら裁判所の側からのみ考えている点において広きに失し，再審を請求する当事者において，裁判所の判断を誤らせるために殊更に意図的に証拠を秘匿したような場合をも含む結果を来す点において相当でないが（最高裁判所昭和 29 年（し）第 40 号，同年 10 月 19 日第三小法廷決定，刑集 8 巻 10 号 1610 頁参照），実体的真実主義の観点を重視すると，明白性がありながら，それが提出されなかった当事者側の事情等によって再審請求の可否が決せられるとすることも又容認しがたく，単に当該証拠の存在を知っており，確定審の公判に提出が可能であったからといって直ちに新規性が失われるものではないと解するのが相当である（東京高等裁

判所昭和 51 年（く）第 23 号，同 55 年 10 月 16 日決定，刑裁月報 12 巻 10 号 1124 頁。なお，最高裁判所昭和 44 年（あ）第 1384 号，同 45 年 6 月 19 日第二小法廷判決，刑集 24 巻 6 号 299 頁参照）。」

「（二）また，新規性は，確定審で判断を経ていない証拠であるか否かとの観点から考察されるべきものであるから，当該証拠が内容的に確定審において取調済の証拠と同一立証事項に向けられたものとして証拠資料が同一でも，証拠方法が異なれば，原則として新規性は肯定されるが，証拠方法が異なる場合でも，供述主体が同一で内容が同趣旨の場合には新規性は否定され，他方，証拠方法が同一でも，証拠の内容に変化があれば肯定されるものと解するのが相当である。」

「（三）更に，前項と同様の観点からして，確定審において既に証拠調請求がなされたが，必要性がないとして却下され，実際に取り調べられなかった証拠については，裁判所としては証拠調請求がなされた段階で，当該証拠方法としての存在のみならず，その証拠資料としての内容も一応予測したうえ，これを取り調べなかったものと認められるから，判決確定後においてその内容が明らかにされたからといってそれが当然に新規性を有するものになるとは考えられず，当該証拠の内容が，確定審の予測を超えるものと認められる場合以外は，その内容をあらたな証拠に当たるとして援用することは原則として許されないものと解される。」

同仙台高裁決定は，新たな証拠とは裁判所の未判断資料のことをいうとする見解を採用したものと理解できる。

同仙台高裁決定は，特別抗告されたようであるが，それに対する最高裁決定は，公刊物未登載であり，その判断内容は確認できなかった。

高松高裁平成 5 年 11 月 1 日決定 [106]

同高松高裁決定は，以下のとおり判示して，証拠の新規性を認めた。

「証拠の新規性（あらたな証拠）とは，要するに，証拠の未判断資料性（実質的な証拠価値の判断を経ていない証拠）を意味するものと解するのが相当である。したがって，同一人のあらたな供述など，証拠方法としては同じで

あっても，証拠資料として内容にあらたなものがあれば，新規性が認められるべきであり，また，当該確定判決前から存在していたものでも，新規性が肯定されるべきである。」

同高松高裁決定は，特別抗告されずに，そのまま確定しているため，最高裁の判断はない。

最高裁平成 21 年 12 月 14 日決定 [107] —— 布川事件

原決定である東京高裁平成 20 年 7 月 14 日決定 [108] は，以下のとおり判示して，証拠の新規性を認めた。

「原決定が，証拠の新規性について，刑訴法 435 条 6 号にいう『あらたに発見したとき』とは，証拠の未判断資料性（裁判所の実質的な証拠価値の判断を経ていない証拠であるということ）を意味するものと解するのが相当であるとした上，それに基づき，前記の各証拠につき，新規性を認めたことも，新証拠 102，103 に対する判断を除いて，正当というべきである（略）。検察官の所論は，前記各証拠それぞれについて新規性に疑問がある旨種々主張するが，新証拠 102，103 に関する主張を除いて，採用できない。同所論は，新規性の判断に際し，『確定判決の認定事実と異なる判断を導くことができる証拠』という要件を設定するのであるが，新規性と明白性の判断を混同するものであり賛同できない（略）。」

「新証拠（物色行為）は，確定審に提出されていた上記検証調書中の写真を拡大するなどして作成されたものであるため，新たに発見した証拠といえるかどうかが問題となり得るが，写真を拡大するなどして，上記検証調書を検討しただけでは解明しにくい点を明らかにしているもので，犯人による物色状況の検討に新たな視点を提供するものと認められるのであり，新規性を認めてよいと判断される。」

「上記のテープ（引用者注▷請求人 A・B の自白を録音したテープ）は，各請求人が，本件犯行に至る経緯，犯行状況及び犯行後の状況等について自白しているものであるが，これらのテープは，自白の経緯・状況を明らかにするものとして提出された。なお，検察官の所論は，A テープ 1 とその反

訳書につき新規性を認めた原決定に対し，原決定は，『いずれも確定審で
取り調べられた A の供述調書等と相反する部分を含んでいるから』（180
頁）という理由で上記新証拠に新規性を認めているが，当日の録音にかか
る供述内容は，A の 10 月 18 日付け警察官調書にほとんどそのまま録取
されており，相反するところはなく，原決定が新規性を認めたのは不当で
あるという。しかしながら，上記新証拠は，この録音テープに録音を中断
した箇所があり，その間に，A に対する供述の誘導があった旨を立証す
ることを主眼として提出されているのであり，原決定もそのような観点を
中心として，上記新証拠につき証拠価値を判断しているものである。その
ような立証趣旨との関係においては，上記新証拠は，裁判所による実質的
な判断を経ていないものであるから，新たに発見した証拠に該当すると
いってよいと判断される。」

同東京高裁決定は，新たな証拠とは裁判所の未判断資料のことをいうとする
見解を採用したものと理解できる。しかも，個別具体的な証拠判断において，
通常審で取り調べられた検証調書の写真を拡大するなどしただけの証拠であっ
ても，証拠の新規性が認められる旨判断するなど，再審請求を広く認める方向
での運用をしているように見える。

最高裁は，

「記録によれば，所論引用の証拠の新規性及び明白性を認めて本件各再審
請求をいずれも認容すべきものとした原々決定を正当とした原判断に誤り
があるとは認められない。」

旨判示した。

本件最高裁決定には，問題がある。

というのは，本件に先立つ最高裁昭和 29 年 10 月 19 日決定は，新たな証拠
とは請求人がその存在を知らなかった証拠のことであるという見解と矛盾する
ものではなく，それに続く最高裁昭和 31 年 2 月 2 日決定，同昭和 33 年 4 月
23 日決定及び同昭和 35 年 3 月 29 日決定は，既に証人尋問請求が却下された
者の新たな供述書等や，既に証人尋問が終わった者の新たな供述書等が，刑訴
法 435 条 6 号の再審事由に該当しない旨判示していたところ，最高裁昭和 55

年 12 月 11 日決定（免田事件）は，新たな証拠とは請求人がその存在を知らなかった証拠のことをいうとする原決定を是認し，その後の最高裁昭和 62 年 2 月 5 日決定（江津事件）においても，新たな証拠とは裁判所の未判断資料のことをいうとする原決定を是認しなかったのである。

　すなわち，最高裁は，これまで具体的な論旨を展開していないものの，新たな証拠とは請求人がその存在を知らなかった証拠のことをいうとする見解を採用したものと理解できたところである。

　ところが，本件最高裁決定（布川事件）は，新たな証拠とは裁判所の未判断資料のことをいうとする原決定を是認している。

　仮に，最高裁が判例変更するというのであれば，判例変更の趣旨を明示し，その具体的な理由を明らかにすべきであり，それをしないでいては，判例変更があったのかどうかも判然としなくなってしまう。そして，最高裁が判例変更するというのであれば，現行法において，再審請求できる者が有罪の言渡を受けた者であり（刑訴法 439 条），再審請求は無罪を言い渡すべき明らかな証拠をあらたに発見したときにできる（同法 435 条 6 号）とされていることと矛盾しない文理解釈ができるのか，具体的な説明をすべきであろう。

　本件最高裁決定（布川事件）がいかなる見解を採用したかについては，判然としないというべきであろう。

5．私　　　見

　私見では，高田卓爾教授の見解と概ね同旨である。

　その理由は，以下のとおりである。

　法律上，再審請求権者は，有罪の言渡を受けた者等であり（刑訴法 439 条），再審理由は，無罪を言い渡すべき明らかな証拠を新たに発見したことである（同法 435 条 6 号）から，新たに発見した証拠とは，再審請求人が新たに発見した証拠をいうものと解するのが文理に適った法解釈である。

　実質的にみても，通常審においては，当事者主義のもと，検察官と被告人・弁護人とが主張・立証活動を尽くし，第三者的な裁判所が公正・厳正に事実認

定をすることにより，真実を解明することとしているのであり，被告人・弁護人において，通常審で提出が可能だった証拠を，再審請求審になってから新証拠として提出することを許容するのは，相当でない。ましてや，昭和23年制定の現行刑訴法においては，第一審の公判審理を充実することが目指され，さらに，平成16年の法改正において，争点及び証拠の整理手続制度が設けられて更なる第一審の公判審理の充実を目指すことにしたのであるから，被告人・弁護人において，その存在を知りながらあえて提出しなかった証拠について，証拠の新規性を肯定するのは，相当ではない。

　しかも，通常審であれば，公判前整理手続を経た場合，追加立証が制限され（同法316条の32），控訴審においても，追加立証が制限される（刑訴法382条の2）のであるから，再審請求審においては，かかる立証制限の趣旨が一層強く当てはまるはずである。

　そもそも，再審請求審は，再審理由の有無を審判する主体であり，その客体である審判対象は，無罪を言い渡すべき明らかな証拠を新たに発見したか否かなのであるから，再審請求審自身が当該証拠を新たに発見したか否かを問うというのは，背理である。再審請求審の審判手続は，職権主義であるが，再審請求審は，証拠の新規性・明白性を審判するにすぎないのであって，無罪を言い渡すべき明らかな証拠を職権で探知する役割を負っているわけでもない。

　新たな証拠とは裁判所が未だその証拠価値を判断していない証拠のことである旨の見解は，事実上，新規性の要件を軽視し，武村二三夫弁護士が端的に主張するとおり，この要件を単なる再審開始の「起爆剤」くらいに見ているのであるが，かかる見解は，法律の建前からかけ離れている。かかる見解は，再審の理念について，消極的実体的真実主義を過度に強調するものであるが，それが不当であることは，前記第1章第1節で論じたとおりである。

　なお，公判前整理手続又は第一審弁論の終結前に証拠調べ請求できなかったことにつきやむを得ない事由がある証拠については，証拠の新規性を否定すべきではない。かかる証拠について，証拠の新規性を否定すれば，請求人の責めに帰すべからざる事由により，真相解明の道を断つことになり，無理を強いる結果となるからである。

したがって，新たに発見した証拠とは，再審請求人がその存在を知らなかった証拠，又はその存在を知ってはいたが通常審で証拠調べ請求できなかったことにつきやむを得ない事由がある証拠のことをいうものと解するのが相当である。

第2節　証人の供述変更と証拠の新規性

1．問題の所在

有罪判決の確定後，証人が，以前の供述を撤回し，供述内容を変更するに至った場合，新たな証拠（刑訴法435条6号）といえるのか。

これを肯定する見解が通説と思われるが，消極説も考えられる。

以下，検討する。

2．証人が供述内容を変更した場合には 新たな証拠に該当するという見解

岸盛一判事は，証人が供述内容を変更した場合には新たな証拠に該当するという。すなわち，

　　「証拠方法として存在していた場合でも，あらたに供述し，または供述を変更した場合は，あらたな証拠といい得る（平野）。あらたに発見した証拠として証人の取調を求めている場合でも，再審の請求が理由あるかどうかを判断するためには，必ずその証人の取調をしなければならないものではない（昭29.11.22集）」[109]

という。

安倍治夫検事は，共犯者が供述内容を変更した場合には新たな証拠に該当するという。すなわち，

　　「共犯者（共同正犯）として訴追された者が，その後訴訟外で前言をひるがえし，原審認定の基礎となった供述とは異なった供述をはじめた場合が，

『あらたな証拠』の発見にあたるか否かが問題となる。この点については，わが国およびドイツにおける判例がいずれも積極の見解をとっている。わが国の代表的判例としては，昭和27年11月22日大阪高裁刑事部判決（高裁刑事判決特報23号130頁）をあげることができる。この判決は，共犯者（共同被告人）たる実兄が，主犯者と認定された実弟に対する死刑の判決が確立した後に，『実は自分がほんとうの主犯者であった』旨の告白供述を記載した葉書を獄中から実弟に送った事案について『新に発見された証拠である以上は，その存在が原判決の以前から継続するものたると，又原判決以後新に発生したものたるとを問わないものと解すべく，従って原判決以後に同一供述者が訴訟外において前の供述を翻した告白をすれば，それは本号の『証拠を新に発見したる』に当るものと認められるのである。』と判示した。」110)

という。

臼井滋夫検事は，共犯者や被告人が供述を変更した場合には新たな証拠に該当するという。すなわち，

「本号（引用者注▷刑訴法435条6号）にいう『証拠』には，証拠方法のみならず，証拠資料も含まれるし，新規であるか否かは，その証拠の証拠方法としての存在，証拠資料としての内容とそれについての裁判所および再審請求者の認識との相関関係において判断されなければならない問題である」，「【39】（引用者注▷大阪高判昭27.11.22特23.130）は，原判決以後に同一供述者が訴訟外において前の供述を翻した告白をすれば，それはあらたな証拠であるとする（略）。本件は，共同被告人がその共犯者として有罪の確定判決を受けた者にとって有利に供述を変更した事案に関するものであるが，証人が供述を変更した場合も，もとより同様に解される。有罪の言渡しを受けた者本人が，供述を翻した場合，とくに原審においてした自白を撤回した場合はどうであろうか。被告人の任意の供述も証拠となるのであるから，理論的には，やはり同様に解すべできあろう（略）。もとより，この場合は有罪の言渡しを受けた者自身が，原判決の言渡し前に，変更された供述内容を知らなかったか，知っていてもその供述をすることが不可

能であった場合でなければならないから，従前の自白が錯誤（略）とか強
制に基づくなど，きわめて特殊な場合に限られるであろう。」，「証拠方法
としては，あらたに獲得された場合であっても，常に必ずしも証拠をあら
たに発見したときに当たるとは限らない。これは主として，供述書または
供述録取書面について問題になる。たとえば，すでに原審において人証と
して供述した内容と同一趣旨の事項が供述書または供述録取書面に記載さ
れた場合の如きである。」[111]

という。

藤野英一判事は，岸盛一判事の見解と同旨である。すなわち，

「昭和35年3月29日最高第三小法廷決定（「法曹時報」12巻5号「判例解説」
133頁）は『既に証人として供述した者がその供述内容の虚偽である旨記
載した書面を提出しても，刑訴435条6号にいう『明らかな証拠をあらた
に発見したとき』にあたらない』と述べ，消極説のようであるが，最近の
通説及び下級審判例は，右は『あらたに発見したとき』に当たるから，更
に証拠の明白性の検討に進むべきだとしている。相被告人の供述は，435
条2号の定める『証言・鑑定・通訳又は翻訳』には当たらないから，その
供述の変更は，6号の事由に含ましめうるが，証言等の変更を6号事由に
含ましめるとの解釈は，2号事由において証言等が確定判決により虚偽で
あったことが証明されたことを条件としていること，437条において右の
確定判決をうることができないときは，その事実を証明して再審の請求を
するように定めていること，6号事由は限定的な他の事由に準じて制限的
に解釈せられる必要があることに徴して，無理であるとの非難も加えられ
よう。しかし，6号事由が再審による救済の途を拡げるために設けられた
こと，証人の供述を偽証であると告訴しても，検察庁が採り上げないこと
があるので，2号事由にもとづく再審請求の途が塞がれる場合があること
を考えるとき，証言の変更があった場合は，6号にいう『あらたに発見し
たとき』に該当すると解し，証拠の明白性に関する判断に帰趨を託さしめ
るべきであろう。」[112]

という。

井戸田侃教授は，岸盛一判事の見解と同旨である。すなわち，

「かくして証拠自体がここで意味を有するわけではなく，それが新しい事
実を証明するに足りるか否かという点に重要性を有するのであるから，こ
こでいう『証拠』とは，事実認定の資料となりうる一切の事実認定資料を
すべて含む。と同時に，それが別の理由により，有罪の言渡をうけた者の
利益のために，かつ当該事実認定の資料として使用しえないものは排除さ
れる。しかしそれはなにも事実誤認をみとめさせるような証拠方法に限定
する理由はない。これには証拠資料をも含むと考えるべきである。した
がってあらたな証人，書証などによって事実誤認を認めさせる場合のみな
らず，すでに調べられた証人が別の事実を述べ，あるいはあらたな鑑定に
よって原手続とは異なる評価が生ずることなどによって，原手続の事実誤
認を認めさせる場合をも含む（大阪高判昭和 27. 11. 22 判決特報 23 号 130 頁，
安倍・前掲論文 211 頁・216 頁）。」[113]

という。

光藤景皎教授は，臼井滋夫検事の見解と概ね同旨である。すなわち，

「われわれはまず，刑訴法にいう『証拠をあらたに発見したとき』とは証
拠方法として新たである場合に限るか，それとも証拠資料として新たであ
る場合も含むかを明らかにしておかねばならない。……当該証拠はそれに
よって証明されるべき事実との関連においてのみ，あらたであるかどうか
が問題となるのである（略）から，後者が正しいといわねばならない。
……したがって新たな証人とは，ただ単に原訴訟手続に凡そ証人として出
頭しなかった者に限られない。証人として証言拒絶権を行使した者が，新
たに供述しようとする場合は，新たな証人である（略）。原訴訟手続にお
いて証言した証人の場合はどうか。この場合も，新規性の問題は，彼が何
か『新たな事実』（Neuheit）を供述するか否かにかかっているといってよ
い（略）。被告人および共同被告人の供述は『証拠』であるし，『新たな証
拠』でもありうる。……もちろん共同被告人の被告人に有利な供述，被告
人の自白の撤回がなされたというだけで，再審を許す必要はなく，それは
むしろ原確定判決の事実認定を動揺せしめるに足るかどうかにかかってい

ることはいうまでもないが，この明白性の判断を先取りして，新規性まで
否定することはゆるされないといわねばならない。証人が供述を変更した
場合にも同様に解せられる」[114]
という。

　高田卓爾教授は，岸盛一判事の見解と同旨である。すなわち，
　「本号（引用者注▷刑訴法435条6号）にいう『証拠』は，証拠方法と証拠資
　料の両者を含むと解すべきことは先に一言したところであるが，これは，
　たとえば，原判決で証拠とされた供述をした同一の者が判決確定後にその
　供述をひるがえしたごとき場合に，そのあらたな供述も本号にいう『証
　拠』に含まれる，ということである。けだし，刑事訴訟法の諸規定にいう
　『証拠』は必ずしも証拠方法に限られていないのであるし（略），また，証
　拠資料としての新規性が含まれると解しても再審制度の本旨に反するとは
　考えられないからである（略）。」[115]
という。

　武村二三夫弁護士は，岸盛一判事及び安倍治夫検事の見解と同旨である。す
なわち，
　「証拠の新規性については，証拠方法（証拠の存在形式）と証拠資料（証拠
　の意義内容）の双方にわたって検討すべきである。まず確定審の証人や共
　同被告人の供述について，その証人や共同被告人自身がこれを虚偽であっ
　たとしてひるがえす供述をする場合は，証拠方法が同一であっても証拠資
　料が異なり，新たな供述は裁判所が証拠価値の判断をしていないので，新
　規性が肯定される。確定審の証人の供述と同じ内容の供述をする別の証人
　が新たに発見された場合，証拠方法が異なり新規性が肯定される。ただし，
　同一人の同内容の供述であれば，検面調書と法廷における供述のように証
　拠方法が異なっても，通常は証拠資料としては相違が認められないために，
　新規性は認められない。」[116]
という。

　川崎英明教授は，臼井滋夫検事の見解と概ね同旨である。すなわち，
　「新規性が再審請求の要件とされた趣旨からみて，新規性とは証拠資料と

第2章　再審請求審における実体要件〔その1〕証拠の新規性について | 103

しての新規性であるという点には異論をみない（神戸地決昭 42. 4. 14 下集 9
巻 4 号 525 頁，徳島ラジオ商事件〈第 4 次〉・徳島地決昭 45. 7. 20 刑裁月報 2 巻 7
号 760 頁，徳島ラジオ商事件〈第 5 次〉・徳島地決昭 55. 12. 13 刑裁月報 2 巻 7 号
760 頁，榎井村事件・高松高決平 5. 11. 1 判時 1509 号 146 頁）。したがって，確
定審には登場しなかった証人の証言に新規性が認められることはむろんで
あるし，確定審で証言した証人がその証言を変更した場合にも新規性が認
められる。被告人が確定審での自白を翻した場合も同様である。」[117]
という。

3．証人が供述内容を変更しただけでは 新たな証拠に該当しないという見解

　戦後の学術文献上，証人が供述内容を変更しただけでは新たな証拠に該当し
ないという見解は，見受けられないようである。

　ただし，後記 4 記載の判例及びその判例解説記載のとおり，前の証言が虚偽
であることを証明しない限り再審理由は認められないという見解は，あり得る
ところであり，これを証拠の新規性の問題として取り扱うべきか，証拠の明白
性の問題として取り扱うべきか，検討する余地はある。

4．判　　　例

最高裁昭和 29 年 10 月 19 日決定 [118]

　前記第 2 章第 1 節 4 記載のとおり，同決定は，参考人が検面調書の内容を撤
回して新たな供述をした事例において，請求人がその存在を知りながら真犯人
の罪を背負うためにあえて通常審で請求しなかったとして，刑訴法 435 条 6 号
の再審事由に該当しない旨判示した。

最高裁昭和 31 年 2 月 2 日決定 [119]

　前記第 2 章第 1 節 4 記載のとおり，同決定は，証人 A の供述書について，

既に下級審で証人尋問請求が却下された者の供述書であるとして，また，証人
Cの供述書について，既に下級審で証言済みの者の供述書であるとして，い
ずれの供述書についても，刑訴法 435 条 6 号の再審事由に該当しない旨判示し
た。

最高裁昭和 33 年 4 月 23 日決定 [120]

　前記第 2 章第 1 節 4 記載のとおり，同決定は，証人 A の上申書について，
既に下級審で証言した者の上申書であるとして，刑訴法 435 条 6 号の再審事由
に該当しない旨判示した。

最高裁昭和 35 年 3 月 29 日決定 [121]

　前記第 2 章第 1 節 4 記載のとおり，同決定は，被害者の告白書について，既
に下級審で証言した者の告白書であるとして，刑訴法 435 条 6 号の再審事由に
該当しない旨判示した。

　高橋幹男調査官は，以下のとおり解説する。

　　「判示引用の判例（引用者注▷最高裁昭和 33 年 4 月 23 日決定）は集不登載の
　　 もので（裁判例集 124 号 550 頁登載）その内容は，窃盗の共犯者が相被告の
　　ため，本件盗犯は自己の単独犯であって，相被告は単に情を知らずして贓
　　物を買い受けたにすぎない旨の上申書を作成提出した事案であり，判旨は
　　『所論上申書はその作成者……が既に第一審において証人及び共同被告人
　　として又第二審においても証人として供述したその供述内容に関するもの
　　であって刑訴 435 条 6 号にいう『明らかな証拠をあらたに発見したとき』
　　にあたらない』としたものである。証言については，確定判決によってそ
　　の虚偽の証明あるときを再審事由とする（刑訴 435 条 2 号，437 条）ことか
　　らみても判旨は当然であろう。」[122]

　海老原震一調査官も，同決定を肯定的に取り上げ，

　　「偽証の確定判決を得て来ない限り，再審を申し立てることは不可能とな
　　るであろう。」[123]

という。

第2章　再審請求審における実体要件〔その1〕証拠の新規性について　105

　本件最高裁決定及び同決定が引用する最高裁昭和33年4月23日決定並びに高橋幹男調査官及び海老原震一調査官の各解説によれば，既に法廷で証言した者が，その後，前の証言内容を撤回し，新たな内容の供述をするに至ったとしても，前の証言が虚偽であることの証明がない限り，再審請求は認められないということになろう。

　両解説の理由付けについて推察するに，現行法は，有罪判決の証拠となった証言が確定判決により虚偽であったことが証明されたとき再審請求が認められる旨規定しているところ（刑訴法435条2号，437条，448条），前の証言が虚偽であることの証明がないのに，前の証言と異なる内容の証言が得られたというだけで同法435条6号の再審事由を認めてしまえば，同法435条2号の存在意義が没却されかねないという趣旨と思われる。

　両最高裁決定及び両解説は，このような場合，刑訴法435条6号の再審理由に該当しないと述べるだけであるが，これは新規性の問題なのか，明白性の問題なのか，あるいは別の含意があるのか。

　両解説によれば，前の証言が虚偽であることを証明できれば再審事由に該当するという趣旨にも理解できそうであり，これを刑訴法435条6号の問題として考えれば，証拠の明白性を問題にしているものと理解してもよさそうである。

　しかし，最高裁は，証言の変遷経過・変遷内容について実質的な判断をしないまま，前に通常審で対応済み（証人尋問請求の却下，証人尋問の実施等）であるという理由により，後の再審請求審での新たな供述が再審事由に該当しない旨形式的に判断しているようであり，前の証言の虚偽性だとか，後の供述の真実性だとかについて，これを問題にしている様子は窺えない。

　すなわち，証拠の明白性ではなく，新規性を問題にしているようにも見える。仮に，形式的な判断として，前に証言した者の新しい供述については証拠の新規性が否定されるのだとした場合，前の証言の虚偽性や，後の供述の真実性を証明したとしても，決して刑訴法435条6号の要件は満たさないことになり，前の証言の虚偽性は，同条2号の問題としてのみ処理すべきことになる。

　いずれにしても，最高裁の判示内容は簡略であり，その趣旨は判然としないところがある。

仙台高裁平成元年3月8日決定 [124)]

　同仙台高裁決定は，以下のとおり判示して，証拠の新規性を認めた。

　　「(二) また，新規性は，確定審で判断を経ていない証拠であるか否かとの観点から考察されるべきものであるから，当該証拠が内容的に確定審において取調済の証拠と同一立証事項に向けられたものとして証拠資料が同一でも，証拠方法が異なれば，原則として新規性は肯定されるが，証拠方法が異なる場合でも，供述主体が同一で内容が同趣旨の場合には新規性は否定され，他方，証拠方法が同一でも，証拠の内容に変化があれば肯定されるものと解するのが相当である。」

　　「請求人作成の昭和62年4月18日付上申書は，……昭和58年11月10日夕方，請求人がA方に20万円を置いて帰宅した際の警察官とのやりとりを，当時来宅していた娘のB子が聞いていたことを忘れていたという点及び請求人が警察での取調べの翌日C弁護士に相談した詳細並びに請求人がAからの名刺を受領していた事情については確定審においても触れられておらず，後記B子の上申書やC弁護士作成の陳述書と相まって新規性自体は有するものと解される。」

　同仙台高裁決定は，請求人が供述を変更した場合に証拠の新規性を認めたものであるが，その趣旨を踏まえれば，証人が供述を変更した場合でも証拠の新規性を認めることになろう。

　同仙台高裁決定は，特別抗告されたようであるが，それに対する最高裁決定は，公刊物未登載であり，その判断内容は確認できなかった。

高松高裁平成5年11月1日決定 [125)]

　前記第2章第1節4記載のとおり，同決定は，新たな証拠とは裁判所が未だその証拠価値を判断していない証拠のことをいい，供述人が新たな供述をした場合，証拠の新規性が認められる旨判示した。

　同高松高裁決定は，特別抗告されずに，そのまま確定しているため，最高裁の判断はない。

第 2 章　再審請求審における実体要件〔その 1〕証拠の新規性について　107

最高裁平成 21 年 12 月 14 日決定 [126] —— **布川事件**

前記第 2 章第 1 節 4 記載のとおり，原決定である東京高裁平成 20 年 7 月 14 日決定 [127] は，新たな証拠とは裁判所が未だその証拠価値を判断していない証拠のことをいうとして，検証調書，録音テープ等の証拠について，その新規性を認め，最高裁は，同東京高裁決定の新規性判断を是認した。

仮に，最高裁が，証拠の新規性とは証拠の未判断資料性のことをいうとする見解を採用したのだとしても，証人の供述と検証調書・録音テープとでは，別様に取り扱う余地がある上，前記最高裁昭和 31 年 2 月 2 日決定，同昭和 33 年 4 月 23 日決定及び同昭和 35 年 3 月 29 日決定が未だ明示的に変更されていない現状に照らすと，最高裁が，証人の供述変更の場合に証拠の新規性を認める立場を採用したか否かは，明らかでないというべきであろう。

なお，前記第 2 章第 1 節 4 記載のとおり，本件最高裁決定には，問題がある。すなわち，最高裁は，これまで具体的な論旨を展開していないものの，新たな証拠とは請求人がその存在を知らなかった証拠のことをいうとする見解を採用したものと理解できたところである。仮に，最高裁が判例変更するというのであれば，判例変更の趣旨を明示し，その具体的な理由を明らかにすべきであろう。

最高裁は，この点について詳細な判示をしておらず，いかなる見解を採用したか判然としないというべきであろう。

5．私　　見

私見では，結論は通説と同旨である。

その理由は，以下のとおりである。

第 2 章第 1 節 5 記載のとおり，新たな証拠とは，再審請求人がその存在を知らなかった証拠，又はその存在を知ってはいたが通常審で証拠調べ請求できなかったことにつきやむを得ない事由がある証拠のことをいうものと解するのが相当である。有罪判決の確定後，証人が，前の供述を撤回し，新たな内容の供述をするに至ったような場合，請求人としては，有罪判決の確定前に，当該新

しい証言内容自体を知らなかったのであれば，新たな証拠の要件に該当することになる。そして，前の供述と後の供述とが相反しているとき，いずれの供述が信用できるかについては，証拠の明白性の問題として判断すればよい。

　以上の結論を導くに当たり，証拠方法（証拠の存在形式）又は証拠資料（証拠の意義内容）が異なれば新たな証拠に該当するという判断手法を用いるのは，適切とは思われない。

　というのは，例えば，Ａの証言とＡの供述書では，証拠方法が異なっているが，仮に，証言内容・供述内容が同一なのであれば，証拠の新規性を認めるべき実質的な理由が認められない。また，日付の異なる二つの供述調書において，内容が異なっていたとしても，有罪判決の確定前に，いずれの供述調書についても証拠調べ請求できたのに，一方の供述調書しか証拠調べされなかったという場合，他方の供述調書については，立証制限（刑訴法382条の2。場合によっては，さらに同法316条の32）がかかるのが当然であり，その立証制限の趣旨は，再審請求審にも当てはまるから，証拠資料が異なるというだけでは，証拠の新規性を認めるべき理由にならない。結局，重要なことは，「新たに発見したとき」という要件に該当するか否かなのであって，証拠方法・証拠資料という用語は，証拠の新規性を判断するための道具概念として熟したものとは思われないのである。

　さて，最高裁は，証人が前の証言を撤回して新たな供述をしたような場合，刑訴法435条6号の再審事由に当たらない旨判示しており，理解の仕方によっては，このような場合，同条2号の問題として取り扱うべき趣旨を含意しているようにも見える。

　しかし，前述のとおり，有罪判決の確定後に新たな供述が得られたような場合，請求人にとって「新たに発見したとき」に該当するというのが同条6号の文理に適った解釈であり，同条2号があるからといって，同条6号該当性を形式的に否定すべき理由はないと思われる。

　なお，この点につき，藤野英一判事は，同条6号が再審請求を広く認めるための一般的条項である旨主張し，最高裁判例を批判しているが，文理上，同条6号にそのような趣旨まで読み込むことは困難と思われる。

第3節　請求人の供述変更と証拠の新規性

1．問題の所在

　有罪判決の確定後，請求人（元被告人）が，以前の供述を撤回し，供述内容を変更するに至った場合，証人による供述変更の場合と同様に証拠の新規性（刑訴法435条6号）を認める見解と，証人による供述変更の場合より制限的に証拠の新規性を認める見解とがある。

　以下，検討する。

2．請求人が供述内容を変更した場合，前の供述が錯誤又は強制によるものであったときに限り，新たな証拠に該当するという見解

　臼井滋夫検事は，請求人（元被告人）が前の供述内容を変更したとき，前の供述が錯誤又は強制によるものであったなどの例外的な場合に限り，新たな証拠に該当するという。すなわち，

　　「本号（引用者注▷刑訴法435条6号）にいう『証拠』には，証拠方法のみならず，証拠資料も含まれるし，新規であるか否かは，その証拠の証拠方法としての存在，証拠資料としての内容とそれについての裁判所および再審請求者の認識との相関関係において判断されなければならない問題である」，「【39】（引用者注▷大阪高判昭27. 11. 22特23. 130）は，原判決以後に同一供述者が訴訟外において前の供述を翻した告白をすれば，それはあらたな証拠であるとする（略）。本件は，共同被告人がその共犯者として有罪の確定判決を受けた者にとって有利に供述を変更した事案に関するものであるが，証人が供述を変更した場合も，もとより同様に解される。有罪の言渡しを受けた者本人が，供述を翻した場合，とくに原審においてした自白を撤回した場合はどうであろうか。被告人の任意の供述も証拠となるの

であるから，理論的には，やはり同様に解すべきであろう（略）。もとより，この場合は有罪の言渡しを受けた者自身が，原判決の言渡し前に，変更された供述内容を知らなかったか，知っていてもその供述をすることが不可能であった場合でなければならないから，従前の自白が錯誤（略）とか強制に基づくなど，きわめて特殊な場合に限られるであろう。」，「証拠方法としては，あらたに獲得された場合であっても，常に必ずしも証拠をあらたに発見したときに当たるとは限らない。これは主として，供述書または供述録取書面について問題になる。たとえば，すでに原審において人証として供述した内容と同一趣旨の事項が供述書または供述録取書面に記載された場合の如きである。」[128]

という。

臼井滋夫検事は，証人が供述を変更した場合には直ちに証拠の新規性を認めるが，請求人（元被告人）が供述を変更した場合には限定的にしか証拠の新規性を認めない。

その理由は，以下のようなものであろう。

すなわち，第2章第1節2記載のとおり，臼井滋夫検事によれば，新たな証拠とは，請求人がその存在を知らなかった証拠，又はその存在を知ってはいたが証拠として提出できなかった証拠のことである。証拠方法が請求人自身の場合，請求人は，通常審の段階で，後に開陳することになる供述内容をあらかじめ熟知しており，有罪判決の確定後に新たに発見した証拠には該当しないから，後の供述は，原則として，証拠の新規性が認められない。例えば，交通事件の身代わり犯人のような場合がそうである。しかし，錯誤，強制等により虚偽の供述をしていた場合，錯誤，強制等が残っている限り，真実の供述をなし得ないことにつきやむを得ない事由があるから，錯誤，強制等が消失した段階で，証拠を新たに発見したものと認めるのが相当であるということなのであろう。

3. 請求人が供述内容を変更した場合，それだけで新たな証拠に該当するという見解

　光藤景皎教授は，請求人（元被告人）が前の供述内容を変更した場合，新たな証拠に該当するという。すなわち，

　　「われわれはまず，刑訴法にいう『証拠をあらたに発見したとき』とは証拠方法として新たである場合に限るか，それとも証拠資料として新たである場合も含むかを明らかにしておかねばならない。……当該証拠はそれによって証明されるべき事実との関連においてのみ，あらたであるかどうかが問題となるのである（略）から，後者が正しいといわねばならない。……したがって新たな証人とは，ただ単に原訴訟手続に凡そ証人として出頭しなかった者に限られない。証人として証言拒絶権を行使した者が，新たに供述しようとする場合は，新たな証人である（略）。原訴訟手続において証言した証人の場合はどうか。この場合も，新規性の問題は，彼が何か『新たな事実』（Neuheit）を供述するか否かにかかっているといってよい（略）。被告人および共同被告人の供述は『証拠』であるし，『新たな証拠』でもありうる。……もちろん共同被告人の被告人に有利な供述，被告人の自白の撤回がなされたというだけで，再審を許す必要はなく，それはむしろ原確定判決の事実認定を動揺せしめるに足るかどうかにかかっていることはいうまでもないが，この明白性の判断を先取りして，新規性まで否定することはゆるされないといわねばならない。証人が供述を変更した場合にも同様に解せられる」[129]

という。

　川崎英明教授は，光藤景皎教授の見解と同旨である。すなわち，

　　「新規性が再審請求の要件とされた趣旨からみて，新規性とは証拠資料としての新規性であるという点には異論をみない（神戸地決昭42. 4. 14下集9巻4号525頁，徳島ラジオ商事件〈第4次〉・徳島地決昭45. 7. 20刑裁月報2巻7号760頁，徳島ラジオ商事件〈第5次〉・徳島地決昭55. 12. 13刑裁月報2巻7号760頁，榎井村事件・高松高決平5. 11. 1判時1509号146頁）。したがって，確

定審には登場しなかった証人の証言に新規性が認められることはむろんで
あるし，確定審で証言した証人がその証言を変更した場合にも新規性が認
められる。被告人が確定審での自白を翻した場合も同様である。」[130]
という。

　川崎英明教授らは，請求人（元被告人）が前の供述内容を変更した場合，直
ちに新たな証拠に該当するという。

　その理由は，以下のようなものであろう。

　すなわち，第2章第1節3記載のとおり，川崎英明教授らによれば，新たな
証拠とは，裁判所が未だその証拠価値の判断をしていない証拠のことである。
請求人は，有罪判決の確定前に，後に開陳する供述内容を事前に熟知し，供述
しようと思えば供述できたのだとしても，消極的実体的真実の要請は絶対的な
ものであり，無辜を救済するという理念の下では，再審請求審において，新た
な供述を制限されるべきではなく，証拠資料が異なる以上，裁判所の未判断資
料性は肯定できるということなのであろう。例えば，請求人が真犯人を庇うた
めに身代わり犯人になったような場合でも，証拠の新規性を否定する理由はな
いということになる。

　しかしながら，前記第2章第1節5記載のとおり，この見解は，相当とは思
われない。

4．判　　例

最高裁昭和29年10月19日決定 [131]

　前記第2章第1節4記載のとおり，同決定は，参考人が検面調書の内容を撤
回して新たな供述をした場合についてではあるが，請求人がその存在を知りな
がら真犯人の罪を背負うためにあえて通常審で請求しなかったとして，刑訴法
435条6号の再審事由に該当しない旨判示した。

　同決定の趣旨を敷衍すれば，請求人が通常審での供述内容を撤回し，再審請
求審で新たな供述をしたとしても，後の供述内容は，請求人が知っていた証拠
にすぎないから，証拠の新規性は否定されるということになろう。

最高裁昭和45年6月19日判決 [132)]

　前記第2章第1節4記載のとおり，同決定は，請求人が身代わり犯人の事例において，別人が真犯人であることを立証する別事件記録について，証拠の新規性を肯定したものである。

　ただし，同決定の事例は，検察官にとって新たに証拠を発見したときに該当する事例であったことから，最高裁が，新たな証拠とは請求人がその存在を知らなかった証拠のことであるという見解を否定したものとまでは言い切れず，判例の採用する見解がいかなるものか明らかになっていない上，同事例は通常審の上告審であるところ，再審請求審においても同様の結論が導かれることになるのか明らかでなく，先の最高裁昭和29年10月19日決定の判例を変更したとも断言できないなど，その趣旨が判然としないところがある。

　そのため，請求人が，再審請求審において，通常審での供述を撤回して新たな供述をした場合，証拠の新規性が認められることになるのかどうかを，本件最高裁決定から判断することは困難である。

最高裁昭和47年12月12日判決 [133)]

　前記第2章第1節4記載のとおり，同決定は，請求人が身代わり犯人の事例において，別人が真犯人であることを立証する別事件記録について，証拠の新規性を肯定したものである。

　同決定については，最高裁昭和45年6月19日決定と同様に，その趣旨が判然としないところがある。

仙台高裁平成元年3月8日決定 [134)]

　同仙台高裁決定は，以下のとおり判示して，請求人が供述変更した場合について，証拠の新規性を認めた。

　　「(二) また，新規性は，確定審で判断を経ていない証拠であるか否かとの観点から考察されるべきものであるから，当該証拠が内容的に確定審において取調済の証拠と同一立証事項に向けられたものとして証拠資料が同一でも，証拠方法が異なれば，原則として新規性は肯定されるが，証拠方法

が異なる場合でも，供述主体が同一で内容が同趣旨の場合には新規性は否定され，他方，証拠方法が同一でも，証拠の内容に変化があれば肯定されるものと解するのが相当である。」

「請求人作成の昭和62年4月18日付上申書は，……昭和58年11月10日夕方，請求人がA方に20万円を置いて帰宅した際の警察官とのやりとりを，当時来宅していた娘のB子が聞いていたことを忘れていたという点及び請求人が警察での取調べの翌日C弁護士に相談した詳細並びに請求人がAからの名刺を受領していた事情については確定審においても触れられておらず，後記B子の上申書やC弁護士作成の陳述書と相まって新規性自体は有するものと解される。」

同仙台高裁決定は，請求人の供述変更の場合に証拠の新規性を認めたものであるが，その際，他の新証拠と「相まって」証拠の新規性を認めている。

確かに，通常審での請求人の自白が虚偽であったことが事後的に判明することはあり得る。

しかしながら，請求人が無実であることが明らかな場合，これまでも検察官から再審請求しているし，再審理由の有無について請求人と検察官との間で争いがある場合でも，請求人の供述変更以外の新証拠により再審理由の有無が判断されてきたはずである。例えば，本件でも，仙台高裁は，B子の上申書等を踏まえて，請求人の前の供述・後の供述を証拠評価しているのである。

一般に，被告人（被疑者）の自白の信用性は，供述内容自体の合理性，供述内容の変遷の有無，客観的証拠との整合性，関係者供述との整合性等を吟味することにより判断されるものであるが，請求人は，通常審において，自由に発言する権利を有し，十分な防御活動をする機会が与えられ，充実した公判が図られるべきなのであって，再審請求審において，通常審での供述を変更したからといって，それが新たな証拠になるというのは，現行法の制度趣旨に照らし，相当とは思われない。控訴審での立証制限（刑訴法382条の2），公判前整理手続による立証制限（同法316条の32）を思えば，請求人の供述変更の場合に証拠の新規性を認めるのは一層問題である。

再審請求審において，請求人の前の供述が事実でなく，新たな供述が真実で

あるというのであれば，それを裏付ける新たな客観的証拠・新たな関係者供述を提出すべきであり，その新規性の有無を判断することで足りよう。

したがって，請求人が供述変更したからといって，それだけで証拠の新規性を認めるのは，相当ではない。

なお，同仙台高裁決定は，特別抗告されたようであるが，それに対する最高裁決定は，公刊物未登載であり，その判断内容は確認できなかった。

最高裁平成 21 年 12 月 14 日決定 [135] —— 布川事件

前記第2章第1節4記載のとおり，原決定である東京高裁平成20年7月14日決定 [136] は，新たな証拠とは裁判所が未だその証拠価値を判断していない証拠のことをいうとして，検証調書，録音テープ等の証拠について，その新規性を認め，最高裁は，同東京高裁決定の新規性判断を是認した。

仮に，最高裁が，証拠の新規性とは裁判所の未判断資料性のことをいうとする見解を採用したのだとしても，通常審での供述変更と再審請求審での供述変更とは別様に取り扱う余地があり，前記最高裁昭和29年10月19日決定が未だ明示的に変更されておらず，身代わり犯人事件に関する最高裁昭和45年6月19日判決及び同昭和47年12月12日判決の射程も判然としない現状において，最高裁が，請求人（元被告人）の供述変更の場合に証拠の新規性を認めるのか否か，いかなる立場に立つのかは明らかでないというべきであろう。

5．私　　見

私見では，結論は臼井滋夫検事の見解と同旨である。

その理由は，以下のとおりである。

第2章第1節5記載のとおり，新たな証拠とは，再審請求人がその存在を知らなかった証拠，又はその存在を知ってはいたが通常審で証拠調べ請求できなかったことにつきやむを得ない事由がある証拠のことをいうものと解するのが相当である。請求人が，有罪判決の確定後，前の供述を撤回し，あるいは前の供述で触れていなかった事項について追加的な供述をするに至ったような場合，

請求人は，通常審の段階において，当該供述内容を知っていたのであるから，原則として，新たな証拠には該当しないが，例外的に，請求人が，通常審の段階において，当該供述をすることができなかったことにつきやむを得ない事由がある場合，再審請求審において，前の供述を撤回し，あるいは前の供述で触れていなかった事項について追加的に供述することを許容すべきであり，証拠の新規性を認めるべきである。やむを得ない事由があるのに証拠の新規性を否定すれば，請求人の責めに帰すべからざる事由により，真相解明を阻害することになり，相当ではない。

臼井滋夫検事は，請求人が，通常審において，錯誤，強制等により真相を語れなかったが，再審請求審において，真相を語れるに至ったというような場合，請求人の新たな供述について，証拠の新規性を認めるべきであるという見解であるが，私も，臼井滋夫検事の見解に賛成である。

ただし，証拠の新規性の判断基準としては，請求人がその存在を知らなかったか，あるいは，その存在を知ってはいたが通常審において証拠として提出できなかったことについてやむを得ない事由があったかどうかで判断すれば足りるのであって，証拠方法又は証拠資料が異なれば原則として証拠の新規性が認められるという臼井滋夫検事の総論的説明部分は，適切とは思われない。

第4節　新鑑定と証拠の新規性

1．問題の所在

請求人が，再審請求審において，いわゆる新鑑定を提出することがある。

通常審での旧鑑定と，再審請求審での新鑑定との関係については，例えば，以下の二つの場合が想定できる。

第1は，通常審において，検察官の主張内容に沿う鑑定人Aの鑑定のみが存在し，被告人の主張内容に沿う鑑定が存在しなかったところ，再審請求審において，請求人（元被告人）の主張内容に沿う鑑定人Bの鑑定が提出されたという場合である。

第2章 再審請求審における実体要件〔その1〕証拠の新規性について 117

　第2は，通常審において，検察官の主張内容に沿う鑑定人Aの鑑定の信用性が認められ，被告人の主張内容に沿う鑑定人Bの鑑定の信用性が否定されたところ，再審請求審において，鑑定人Bの鑑定と同一結果の鑑定人Cによる鑑定が提出されたという場合である。

　かかる新鑑定について，証拠の新規性（刑訴法435条6号）は認められるのだろうか。

　以下，検討する。

2．鑑定結果並びに鑑定資料若しくは経験法則のいずれも異なっている場合に限り，証拠の新規性が認められるという見解

　高田卓爾教授は，通常審での旧鑑定と再審請求審での新鑑定とを比較し，両者の鑑定結果が異なっていて，かつ，新鑑定の鑑定資料又は経験法則が旧鑑定のそれより新しい場合に限り，証拠の新規性が認められるという。すなわち，

　　「証拠方法としても同一でありかつ証拠資料としてもその内容に形式上の変化はないが，当該証拠の証拠価値に対する評価を異にするに至った場合に，証拠の新規性が認められるか。この問題に関する判例として，原判決前に検察官から取調請求のあった参考人供述調書に不同意であったため取調が行われなかった場合に，同人のその後の供述に変遷があったため被告人の利益な証拠に利用することが十分に可能であったと認められる以上，現実には当時はこれを利用することに思い及ばなかったとしても，『証拠をあらたに発見したとき』に当たらないとするものがある（東京高決昭46. 7. 27高刑集24巻3号473頁。（略））。この判旨によれば，もし当該供述に対する評価の変動が原判決後の事情によって生じたものであるときは，証拠の新規性が肯定されうるとの趣旨に解される。この場合には，当該供述自体が独立して『あらたな証拠』になるかどうかではなく，当該供述の評価を変動させるに足りるあらたな資料と一体としてあらたな証拠に当たるかどうかという問題として考えるべきである（略）。鑑定についても右に述べた考え方が適用されるものというべく，新証拠といいうるためには，原

判決の基礎となった鑑定と結論が異なるのみでは足らず，あらたな基礎資料に基づくかあらたな経験法則を適用するものでなければならないとする判例（千葉地決昭 39. 11. 25 下刑集 6 巻 11 ＝ 12 号 1584 頁，東京高決昭 40. 4. 8 下刑集 7 巻 4 号 582 頁）は，その意味で支持されるべきである。」[137]

という。

　論者に従えば，問題の所在で提示した第 1 の場合，通常審での旧鑑定 A と再審請求審での新鑑定 B の鑑定結果が異なっていても，鑑定資料又は経験法則が新しくなければ，新鑑定 B の新規性は認められないということになり，また，第 2 の場合，通常審での旧鑑定 B と再審請求審での新鑑定 C の鑑定結果が同一であるならば，鑑定資料又は鑑定方法が新しくなっていても，新鑑定 C の新規性は認められないということになろう。

　しかし，かかる見解は，相当とは思われない。

　確かに，鑑定とは，特別の知識経験を有する第三者が，その専門的知識経験により事物の法則を認識し，これに関連する意見を形成することを意味し[138]，科学的検証可能性が通用するはずであるから，鑑定資料及び鑑定方法が同一であれば，同一の鑑定結果が得られるはずであり，鑑定人には代替性があるから，鑑定人が異なるだけでは新たな証拠に該当しないという説明には，相当の合理性がある。例えば，通常審において，検察官から A を鑑定人とすべき旨意見が述べられ，弁護人から B を鑑定人とすべき旨意見が述べられても，裁判所は，A・B のいずれか，あるいは第三の C に鑑定を命じてもよいのであり，同じ鑑定事項であれば，鑑定は 1 回実施すれば足りるのであるから，再審請求審において，鑑定人が異なるからといって，直ちに新たな証拠として証拠価値を判断しなければならないわけではないはずである。すなわち，証拠方法が異なっていても，証拠の新規性は認められないのが原則的に正しいはずである。

　しかしながら，第 1 の場合で，例えば，請求人（元被告人）の責任能力について，新旧両鑑定の鑑定資料及び鑑定方法が同じようであっても，旧鑑定 A が責任能力を肯定し，新鑑定 B が責任能力を否定するというように新旧両鑑定の鑑定結果が異なる場合があり，この場合，鑑定資料及び鑑定方法が同様であるからといって，直ちに新鑑定 B の新規性を否定することには，躊躇を覚

える。新鑑定Bにおいて，旧鑑定Aが信用できないという相当な理由が説明されている限り，新鑑定Bの新規性を認めた上で，その証拠価値（明白性の有無）をさらに判断することには一応の合理性があるし，仮に，新旧いずれの鑑定が信用できるのか直ちに判断できないまでも，新鑑定Bが無罪を言い渡すべき明らかな証拠に該当する相当の可能性がある場合には，さらに再鑑定を実施するのが相当であると思う。したがって，鑑定資料及び鑑定方法が同様であるからといって直ちに証拠の新規性を否定するのは，相当とは思われない。

　また，第2の場合で，例えば，請求人（元被告人）の着衣に付着した血痕が被害者の血痕か否かに関するDNA鑑定につき，通常審において，被害者の血痕である旨の旧鑑定Aの信用性が認められ，被害者の血痕ではない旨の旧鑑定Bの信用性が否定されたが，再審請求審において，新たな鑑定資料又は新たな鑑定方法により，やはり被害者の血痕ではない旨の新鑑定Cが提出された場合，鑑定の証拠価値は，鑑定資料及び鑑定方法にかかっているのであるから，旧鑑定Bと新鑑定Cの鑑定結果が同じだとしても，新鑑定Cの鑑定資料又は鑑定方法の方が新しい科学的水準を反映したものであるならば，新鑑定Cの新規性を認め，引き続きその証拠価値（明白性の有無）を判断すべきであろう。

　以上を整理すると，鑑定については，原則として，鑑定資料又は鑑定方法が新しいか否かにより，新規性を判断すべきであるが，第1の具体例の新鑑定Bについては，仮に，旧鑑定Aと鑑定資料及び鑑定方法が同様にみえても，旧鑑定Aが誤っていることの相当な理由を説明しているのであれば，かかる科学的知見は，請求人にとって新たに発見した証拠に該当するというべきであり，第2の具体例の新鑑定Cについては，旧鑑定Bより新しい科学の水準を反映した鑑定資料又は鑑定方法に基づいているのであれば，請求人にとって新たに発見した証拠に該当するのであり，いずれの場合も，さらにその証拠価値（明白性の有無）を判断すべきである。

3. 鑑定結果又は鑑定方法若しくは鑑定資料のいずれかが異なっている場合，証拠の新規性が認められるという見解

臼井滋夫検事は，通常審での旧鑑定と再審請求審での新鑑定とを比較して，①鑑定結果が異なっている場合か，又は，②鑑定結果は同一であるものの，鑑定方法又は鑑定資料が異なっている場合に，証拠の新規性が認められるという。すなわち，

「鑑定のように代替性のある証拠について新規性の要件をどのように考えるべきかは，一つの問題であって，見解の対立がある。その一は，ある鑑定が新規性のある証拠とみなされるためには，鑑定の代替性の故にその鑑定がある問題について原判決の基礎となった鑑定と結論において相異なる鑑定であるということだけでは不十分であって，新鑑定が従前の鑑定結果を覆すに足るあらたな基礎資料又はこれまで規準的とみなされている経験法則を動揺せしめるに足る新しい経験法則を有することを要するとの趣旨の見解（千葉地決昭 39.11.25 下刑集 6・11＝12・1584，東京高決昭 40.4.8 下刑集 7・4・582，〔略〕）である。その二は，鑑定の証拠としての新規性は，鑑定人の代替性の故に，証拠方法としての鑑定人についてではなく，もっぱら証拠資料としての鑑定内容によって決せられるべきであるが，右の第一の見解によると鑑定の新規性につき他の証拠の場合よりも厳格な要件を要求することになるので不当であると批判し，鑑定の新規性については，あらたな鑑定の内容が従前の鑑定と結論を異にするか，あるいは結論を同じくする場合であっても鑑定の方法又は鑑定に用いた基礎資料において異なるなど証拠資料としての意義・内容において異なると認められることをもって足りるとする見解（札幌高決昭 44.6.18 判時 558・14，京都地決昭 46.11.9 刑裁月報 3.11.1573）である。……実際問題としては，類似の条件を第一説においては新規性の問題としてとらえるのに対し，第二説にあっては明白性の問題として考察するという差異にすぎないので，そのいずれによっても実質的な結論はほとんど異ならないと思われる。しかし，新規性が再審証拠の形式的要件であるのに対し，明白性はその実質的要件であるとの

基本的理解に立脚し，かつ，前述の人証による供述証拠の内容の変動の場合等と対比して考えると，新旧両鑑定の証拠価値の上での優劣を再審証拠のいわば証明力ともいうべき明白性の問題としてとらえる第二説の方が，理論的にすぐれているように思われる（略）。したがって，再審請求の趣意を裏づけるため，原判決の認定事実とは異なる事実を要証事実として新しい鑑定が提出され，あるいは鑑定人があらたに申請されるならば，当該鑑定又は当該鑑定人のいずれもが，新規性のある証拠と一応言えるであろう（略）。」[139]

という。

　論者に従えば，前記2記載の具体例において，第1の場合，通常審での旧鑑定Aと再審請求審での新鑑定Bの鑑定結果が異なっているので，鑑定資料又は経験法則が新しくなくても，新鑑定Bの新規性は認められるということになり，また，第2の場合，通常審での旧鑑定Bと再審請求審での新鑑定Cの鑑定結果が同一であっても，鑑定資料又は鑑定方法が異なっていれば，新鑑定Cの新規性は認められるということになろう。

　しかし，臼井滋夫検事の見解には，賛成できない。

　前記第2章第1節5記載のとおり，証拠の新規性は，証拠方法又は証拠資料の異同により判断すべきものではなく，請求人にとって新たな証拠と認められるか否かにより判断すべきところ，鑑定人には代替可能性があり，鑑定で重要なのは鑑定資料及び鑑定方法なのであるから，鑑定の新規性は，原則として，鑑定資料又は鑑定方法の新しさにより判断すべきものと解するのが相当である。ただし，第1の具体例の新鑑定Bについては，旧鑑定Aが誤っていることの相当な理由を説明しているのであれば，かかる専門的知見は，例外的に請求人にとって新たに発見した証拠に該当するというべきであろう。

　なお，臼井滋夫検事は，証拠方法とは鑑定人のことをいい，証拠資料とは鑑定内容のことをいう旨の趣旨を述べているが，別のところでは，鑑定資料又は鑑定方法の異同が証拠資料の異同になるという趣旨の判例も引用しており，証拠資料とは鑑定結果のことなのか，鑑定資料又は鑑定方法のことなのか，証拠資料の定義が混乱気味である。

4．鑑定人が異なる場合，証拠の新規性が認められるという見解

　武村二三夫弁護士は，通常審での旧鑑定と再審請求審での新鑑定とを対比して，両者の鑑定結果並びに鑑定方法若しくは鑑定資料が同じであっても，鑑定人が異なっていれば，証拠の新規性が認められるという。すなわち，

　　「確定判決で鑑定がなされていない判断過程についての鑑定は，当然新証拠である。旧鑑定が存在する場合につき，右の白鳥事件札幌高裁決定（引用者注▷昭和44年6月18日・判時558号14頁）は，鑑定人の代替性ゆえに，『あらた』であるか否かは証拠方法としての鑑定人についてではなく，もっぱら証拠資料としての鑑定内容によって決せられるべきとし，『その鑑定内容が従前の鑑定と結論を異にするか，あるいは鑑定の方法又は鑑定に用いた基礎資料において異なる等証拠資料の意義内容において異なると認めるときは新規性を認める』とする。しかし鑑定人には代替性があるといっても，鑑定人がだれであるかが鑑定結果やその信用性に大きな影響を及ぼす。鑑定結果を同じくし，鑑定の方法および基礎資料が同一であっても，鑑定の累積によってそれだけ証拠価値が増大することは明白である。したがって鑑定人が異なれば，それだけで鑑定の新規性が認められるべきである（略）。」[140]

という。

　川崎英明教授は，武村二三夫弁護士の見解と同旨である。すなわち，

　　「非代替的な証人とは違って代替性のある鑑定人の場合はどうか。……鑑定結果や鑑定手法あるいは鑑定資料に違いがない場合には，鑑定人が異なっていても新規性は認められないのであろうか。この点では，鑑定結果に鑑定人の価値観が決定的影響を及ぼすことも稀ではないこと，鑑定人が誰であるかは鑑定の信用性判断に大きな影響を及ぼすこと，同種鑑定の累積はこれと結論を異にする鑑定に依存した確定有罪判決の事実認定に疑問を生ぜしめることが少なくないこと等の理由から，『証人のみならず鑑定人の場合にも，証拠方法が異なれば，証拠資料としては同一であっても新規性を認める』べきである（略）。このことは，鑑定人の姿勢や鑑定能力

が重要な誤判原因となっている実状に照らしても，首肯される（略）。」[141]
という。

論者に従えば，前記１記載の具体例において，第１の場合，通常審での旧鑑定Ａと再審請求審での新鑑定Ｂとでは，鑑定人（証拠方法）が異なっているので，鑑定資料又は経験法則が新しくなくても，新鑑定Ｂの新規性が認められるということになり，また，第２の場合，通常審での旧鑑定Ｂと再審請求審での新鑑定Ｃとでは，鑑定結果が同じであるが，鑑定人（証拠方法）が異なっているので，仮に，鑑定資料又は鑑定方法が新しくなくても，新鑑定Ｃの新規性が認められるということになろう。

この見解は，証拠方法又は証拠資料が異なれば証拠の新規性が認められるという見解である。

しかしながら，論者の見解は，相当とは思われない。

すなわち，前記２及び３記載のとおり，証拠の新規性は，証拠方法又は証拠資料の異同により判断すべきものではなく，請求人にとって新たな証拠と認められるか否かにより判断すべきところ，鑑定人には代替可能性があり，鑑定で重要なのは鑑定資料及び鑑定方法なのであるから，鑑定の新規性は，原則として，鑑定資料又は鑑定方法の新しさにより判断すべきなのである。

第１の具体例の新鑑定Ｂにおいて，仮に，鑑定資料及び鑑定方法が旧鑑定Ａと同様であるように見えても，旧鑑定Ａが誤っていることの相当な理由を説明しているのであれば，かかる専門的知見は，例外的に，請求人にとって新たに発見した証拠に該当するというべきであろうが，仮に，鑑定資料及び鑑定方法が同一である上に，旧鑑定Ａが誤っていることについて相当な理由が説明されていないのであれば，たとえ鑑定人（証拠方法）が異なっていたとしても，当該鑑定事項については，旧鑑定Ａの信用性判断を通じて，既に通常審で判断済みの範囲なのであり，証拠の新規性を認めるべきではない。

また，第２の具体例の新鑑定Ｃにおいて，仮に，旧鑑定Ｂよりも新しい鑑定資料又は新しい鑑定方法によっているのであれば，その専門的知見は，請求人にとって新たに発見した証拠に該当するというべきであるが，仮に，鑑定資料及び鑑定方法が同一であるならば，たとえ鑑定人（証拠方法）が異なってい

たとしても，当該鑑定事項については，旧鑑定Bの信用性判断を通じて，既に通常審で判断済みの範囲なのであり，証拠の新規性を認めるべきではない。

5．判　　例

東京高裁昭和40年4月8日決定 [142]

　同東京高裁決定は，以下のとおり，新鑑定について，その鑑定結果が旧鑑定と異なっていても，その基礎資料及び経験法則が旧鑑定と同一であれば，新たな証拠に該当しない旨判示した。

　　「札幌医科大学教授Aが作成した昭和38年2月2日付，同年3月26日付及び同年6月26日付の各B弁護人宛の書簡各1通並びに昭和39年1月28日付の『三里塚事件における凶器についての意見書』と題する書面1通は，原決定も指摘しているとおり，請求人に対する強盗殺人，窃盗被告事件の第一審訴訟記録の写四冊，控訴審訴訟記録の写三冊，B弁護人が所蔵している多数の写真及び市販の和裁用の鏝等を基礎資料とし，前記各鑑定人と同様の一般的な法医学的経験法則に従って，被害者が受けた創傷及び骨折の部位，形状及び程度等から使用された可能性がある凶器を推定したものであって，その基礎資料及び適用された経験法則には異なるところはないが，ただその結論を異にしているにすぎない。しかし，鑑定人がした鑑定の結果及び当該鑑定人に対する鑑定証人としての尋問は，その性質上証人の証言とは違って代替性があり，且つ請求人に対する強盗殺人被告事件に使用された凶器が竹割ではなく，鏝ではないかという点について，再三にわたり，詳細に鑑定及び鑑定証人の尋問が行われ，この点に関し十分の究明がなされている場合であることを考慮すれば，右各鑑定と同一の基礎資料及び経験法則によって引き出された前記A作成の各書面が，たまたま前記各鑑定及び鑑定人証人尋問の結果とその結論を異にするというだけの理由で，これを刑事訴訟法435条6号にいう証拠を『あらたに発見した』ものとすることは相当でない。」，「Aが作成した『三里塚事件における凶器についての意見書』と題する書面は，格別納得できるような説明

第2章　再審請求審における実体要件〔その1〕証拠の新規性について | 125

もしないまま，右各創傷及び骨折について，右鑑定書の記載と異なる所見を示し，これを前提として，請求人に対する強盗殺人被告事件に使用された凶器を推定しているが，被害者が受けた創傷の形状が右凶器を推定する極めて有力な資料であることを考慮すれば，その証拠価値は極めて低く，右書面をもって刑訴訴訟法435条6号にいう『明らかな証拠』に当たるとすることもできない。」

同東京高裁決定に対して特別抗告なされたか否かは，確認できなかった。

最高裁昭和50年5月20日決定 [143] —— 白鳥事件

原決定である札幌高裁昭和44年6月18日決定 [144] は，以下のとおり，新鑑定について，その鑑定結果が前の鑑定と異なるか，あるいは鑑定資料又は鑑定方法が前の鑑定と異なれば，新たな証拠に該当する旨判示した。

「(四)『あらた』であるかどうかは，証拠方法および証拠資料の両面から考察されるべきであるが，問題となる証拠が鑑定人の鑑定であり，しかも原審においてすでに同一事項についての鑑定が存する場合は，鑑定人の代替性の故に，『あらた』であるか否かは証拠方法としての鑑定人についてでなく，もっぱら証拠資料としての鑑定内容によって決せられるべきである。そして，その鑑定内容が従前の鑑定と結論を異にするか，あるいは結論を同じくする場合であっても鑑定の方法又は鑑定に用いた基礎資料において異なる等証拠資料としての意義，内容において異なると認められるときは，『あらた』な証拠に当たると解するのが相当である。」

「(五) なお(四)に関連して述べると，原審において有罪判決の基礎となったA鑑定とこれと同一事項に関し結論の異なるB鑑定と2個の鑑定が提出されており，新鑑定の結論がBに合致するときは，当該鑑定はAに対する関係では(四)に述べた要件を備えるけれども，それだけでは当然に本号の『あらた』な証拠には該当せず，同時にBに対する関係でも，(四)に述べた要件，即ち，『鑑定の方法又は鑑定に用いた基礎資料において異なる等』ということに合致する場合にのみ，『あらた』の要件を満たすことになる。」

最高裁は，適法な抗告理由に当たらないとして請求人の特別抗告を棄却した
上，なお書きで，証拠の明白性の意義について，原決定を是認する旨判示した
が，証拠の新規性の意義については，何ら判示しなかった。

最高裁昭和 55 年 12 月 11 日決定 [145] ── 免田事件

　原審である福岡高裁昭和 54 年 9 月 27 日決定 [146] は，以下のとおり，新鑑定
について，鑑定結果が前の鑑定と異なるか，あるいは鑑定資料又は鑑定方法が
前の鑑定と異なれば，証拠の新規性が認められる旨判示した。

　　「鑑定についても，その鑑定内容が前の鑑定と結論を異にするか，又は結
　　論が同旨であっても，鑑定の方法や鑑定に用いた基礎資料が異なるなど，
　　証拠資料としての意義内容が異なるときは証拠の新規性を認めるべきであ
　　る。」

　　「証拠の新規性について述べれば，証拠の新規性とは，証拠の発見があら
　　たなことをいうのであって，それが原判決以前に既に存在していたか，又
　　はその後に存在するに至ったかを問わないが，あらたにと言いうるために
　　は裁判所にとってのみならず，再審請求権者にとってもあらたに発見した
　　ものでなければならない。また，『証拠』には証拠方法と証拠資料の両者
　　を含むと解すべきであるから，証拠方法として同一であっても，証拠資料
　　としてその内容に変化のある場合には，その新規性は肯定すべきであり，
　　逆に証拠方法を異にしても，同一供述主体でその内容が同一趣旨のもので
　　あれば，新規性を欠くことになる。」

　最高裁は，

　　「記録によれば，請求人提出にかかる証拠の新規性及び明白性を認めて本
　　件再審請求を認容すべきものとした原決定の判断は，正当として是認する
　　ことができる。」

旨判示した。

　本件最高裁決定は，鑑定の新規性の意義について，これまでの東京高裁昭和
40 年 4 月 8 日決定及び札幌高裁昭和 44 年 6 月 18 日決定（白鳥事件）における
判示内容を是認したものと理解できる。

最高裁平成 2 年 10 月 17 日決定 [147] —— 山本老事件

同決定の原審である広島高裁昭和 62 年 5 月 1 日決定 [148]（山本老事件）は，以下のとおり，新鑑定について，鑑定方法が前の鑑定と異なれば，証拠の新規性が認められる旨判示した。

> 「弁護士は，B 鑑定書の信用性を否定するものとして C，D，E 作成の各鑑定書，意見書を提出したが，これらはいずれも判決の確定後に B 鑑定書控の内容を検討し法医学の立場から B 鑑定書の信用性について鑑定あるいは意見を述べたものであるところ，<u>鑑定の方法を異にし証拠方法としての意義内容が異なるものであるから</u>，いずれも再審事由である『あらたな証拠』と言うことができる。」

旨判示した。

同広島高裁決定は，東京高裁昭和 40 年 4 月 8 日決定，札幌高裁昭和 44 年 6 月 18 日決定（白鳥事件），福岡高裁昭和 54 年 9 月 27 日決定（免田事件）等の判示を是認した最高裁昭和 55 年 12 月 11 日決定（免田事件）に従ったものと理解できそうである。

本件最高裁決定は，以下のとおり，適法な抗告理由に当たらない旨判示して，請求人の特別抗告を棄却しており，証拠の新規性について，判断を示していない。

> 「所論のうち，被告人の自白に関し憲法 36 条，38 条 1 項違反をいう点の実質は，原決定の判断遺脱及び原審の職権による事実の取調べに関する違法をいう単なる法令違反の主張であり，その余は，憲法 31 条，32 条違反をいう点を含め，その実質は，すべて弁護人提出の証拠書類及び証拠物につき原決定が旧刑訴法 485 条 6 号（引用者注 ▷ 現行刑訴法 435 条 6 号に相当）の『明確なる証拠』に当たらないとした判断を争い，又は原決定の判断遺脱をいう単なる法令違反の主張及び事実誤認の主張であって，いずれも刑訴応急措置法 18 条の適法な抗告の理由に当たらない。」

最高裁平成 21 年 12 月 14 日決定 [149] —— 布川事件

原決定である東京高裁平成 20 年 7 月 14 日決定 [150] は，以下のとおり，新鑑

定について，その基礎資料及び鑑定方法が前の鑑定と異ならないが，前の鑑定
の鑑定事項の一部分を特化して新たな鑑定人の知見に基づいて詳細な検討を加
え，結論が前の鑑定と異なっているとして，証拠の新規性を認めた。

「前記死体検案書（新証拠56）は，8月30日に死体検案の結果に基づき作
成した書面であり，解剖の主要所見欄に『頚部に絞痕あり，右胸鎖乳様筋
に出血あり，眼球，眼瞼，結膜下出血，肺のうっ血，充血（口腔内衣類を
つめこんである）』と記載され，直接死因欄に『窒息死』，直接死因の原因
欄中に『絞殺（推定）』，外因死の追加事項中の手段及び状況欄に『絞殺並
びに衣類を口の中につめて窒息せしめた。推定』との記載がある。なお，
検察官の所論は，鑑定のような代替性のある証拠について，『あらたに』
発見されたというためには，新鑑定が旧鑑定を覆すに足る新たな基礎資料
またはこれまで規準的とみなされている経験法則を動揺せしめるに足る新
しい経験法則を有することが必要であるところ，A鑑定は，新たな基礎
資料に基づくものとは認められないのみならず，新しい鑑定方法や法医学
における新たな経験則に基づくものではない。したがって，A鑑定を『あ
らたな』証拠と認めることはできず，新規性を否定すべきであると主張す
る。確かに，A鑑定は，新たな基礎資料に基づく鑑定とはいい難いし，
その鑑定手法に特段の新規性があるともいえないように思われる。しかし
ながら，A鑑定の上記（鑑定事項1）（同2）（同3）は，B鑑定が鑑定事項と
したもののうち，（鑑定事項3）の『死因，自他殺の別』の鑑定部分を特化
し，その中で十分に検討されてないと考えられる部分を取り出して新たな
鑑定人の知見に基づき詳細に検討を加えたものである。そして，その結論
もB鑑定とは異なるものとなっている。以上の次第であり，A鑑定には，
新規性を認めるのが相当であり，所論は採用できない。」

同東京高裁決定は，新鑑定について，その基礎資料及び鑑定方法に新規性が
認められないものの，前の鑑定の鑑定事項の一部分を特化して新たな鑑定人の
知見に基づいて詳細な検討を加えている旨判示するが，その趣旨は，判然とし
ないところがある。結局，「新たな鑑定人の知見」に基づいた鑑定というのは，
鑑定結果が前の鑑定と異なっているという趣旨に収斂されそうである。そうで

あれば，同東京高裁決定は，東京高裁昭和40年4月8日決定，札幌高裁昭和44年6月18日決定（白鳥事件），福岡高裁昭和54年9月27日決定（免田事件）等の判示を是認した最高裁昭和55年12月11日決定（免田事件）と同じ立場に立ったものと理解できる余地がある。

本件最高裁決定（布川事件）は，「記録によれば，所論引用の証拠の新規性及び明白性を認めて本件各再審請求をいずれも認容すべきものとした原々決定を正当とした原判断に誤りがあるとは認められない。」旨判示しているところ，これは，最高裁昭和55年12月11日決定（免田事件）を踏襲したものと理解できよう。

6. 私　　　見

私見では，鑑定の新規性については，原則として，鑑定資料又は鑑定方法の新しさにより判断すべきものと解する。ただし，新鑑定において，鑑定資料又は鑑定方法が旧鑑定と同じであったとしても，鑑定結果が異なり，かつ，旧鑑定が誤っていることについて相当の理由を説明しているのであれば，かかる専門的知見は，請求人にとって新たに発見したものと認めるのが相当である。

その理由は，以下のとおりである。

すなわち，前記第2章第1節5記載のとおり，証拠の新規性は，証拠方法又は証拠資料の異同により判断すべきものではなく，請求人にとって新たな証拠と認められるか否かにより判断すべきところ，前記第2章第4節2記載のとおり，鑑定人には代替可能性があり，鑑定で重要なのは鑑定資料及び鑑定方法なのであるから，鑑定の新規性は，原則として，鑑定資料又は鑑定方法の新しさにより判断すべきなのである。

したがって，鑑定人が異なる，あるいは鑑定結果が異なるというだけの理由で鑑定の新規性を認めるべきではない。形式的に証拠方法（鑑定人）又は鑑定結果が異なっていても，鑑定資料及び鑑定方法が同一であるならば，当該鑑定事項については，既に通常審で判断済みなのであって，請求人にとって実質的に新たに発見した証拠とは認められないからである。なお，鑑定人が異なって

いれば鑑定の新規性を肯定するという立場を採ると，同じ鑑定資料及び同じ鑑定方法による同じ鑑定結果であったとしても，鑑定人さえ別人ならば，すべて新規性が認められ，永久に再審請求が可能になってしまうことになり，一層不合理である。

　ただし，新鑑定において，鑑定資料又は鑑定方法が旧鑑定と同じであったとしても，鑑定結果が異なり，かつ，旧鑑定が誤っていることについて相当の理由を説明している場合，かかる説明は，新たな証拠として評価するに値するといえよう。その場合，旧鑑定と新鑑定とのいずれが信用できるのか，さらに証拠価値（明白性の有無）の判断にまで踏み込むべきであり，新規性の判断に止めるのは相当ではない。

注

76) 武村二三夫『証拠の新規性とは何か』122 頁。竹澤哲夫ほか『刑事弁護の技術（下）』（平成 6 年，第一法規出版）所収。
77) 前掲注 22 の岸盛一（昭和 37 年）404 頁。
78) 前掲注 3 の臼井滋夫（昭和 38 年）118 〜 119 頁，122 頁，125 頁。
79) 前掲注 11 の高田卓爾（昭和 58 年）327 〜 330 頁。
80) 前掲注 9 の藤野英一（昭和 38 年）76 〜 77 頁，78 頁。
81) 前掲注 1 の安倍治夫（昭和 38 年）212 頁，212 〜 213 頁。
82) 前掲注 4 の井戸田侃（昭和 39 年）199 頁。
83) 前掲注 5 の光藤景皎（昭和 40 年）21 〜 22 頁。
84) 前掲注 10 の鴨良弼（昭和 40 年）7 頁。
85) 前掲注 31 の日本弁護士連合会（昭和 61 年）323 〜 324 頁。
86) 前掲注 76 の武村二三夫（平成 6 年）123 頁，128 頁。
87) 前掲注 25 の川崎英明（平成 12 年）39 〜 40 頁，44 〜 45 頁。
88) 最高裁昭和 29 年 10 月 19 日決定・刑集 8 巻 10 号 1610 頁。
89) 最高裁昭和 31 年 2 月 2 日決定・最高裁判所裁判集刑事 112 号 223 頁。
90) 最高裁昭和 33 年 4 月 23 日決定・最高裁判所裁判集刑事 124 号 549 頁。
91) 最高裁昭和 35 年 3 月 29 日決定・刑集 14 巻 4 号 479 頁。
92) 最高裁昭和 37 年 10 月 30 日決定・刑集 16 巻 10 号 1467 頁（日本巌窟王事件）。
93) 名古屋高裁昭和 36 年 4 月 11 日決定・高等裁判所刑事判例集 14 巻 9 号 589 頁（日本巌窟王事件）。
94) 最高裁昭和 45 年 6 月 19 日判決・刑集 24 巻 6 号 299 頁。

判例時報 595 号 40 頁，判例タイムズ 251 号 262 頁。

95）最高裁判例解説・刑事篇・昭和 45 年度・100 ～ 103 頁［千葉裕執筆部分］。

96）最高裁昭和 47 年 12 月 12 日判決・裁判集刑事 185 号 623 頁。

　　　判例時報 687 号 99 頁，判例タイムズ 286 号 307 頁。

97）前掲注 30 の最高裁昭和 50 年 5 月 20 日決定（白鳥事件）。

98）札幌高裁昭和 44 年 6 月 18 日決定（白鳥事件）。

　　　判例時報 558 号 14 頁，判例タイムズ 237 号 89 頁。

99）最高裁昭和 55 年 12 月 11 日決定・刑集 34 巻 7 号 562 頁（免田事件）。

　　　本決定を論評したものとしては，長沼範良『刑訴法四三五条六号による再審請
　　　求を認めた抗告審の再審開始決定が是認された事例』警察研究 53 巻 11 号 70 頁
　　　等がある。

100）福岡高裁昭和 54 年 9 月 27 日決定・高等裁判所刑事判例集 32 巻 2 号 186 号（免
　　　田事件）。

101）最高裁昭和 60 年 5 月 27 日決定・最高裁判所裁判集刑事 240 号 57 頁（狭山事件）。

102）東京高裁昭和 55 年 2 月 5 日決定・高等裁判所刑事判例集 33 巻 1 号 1 頁（狭山事
　　　件）。

103）最高裁昭和 62 年 2 月 5 日決定・最高裁判所裁判集刑事 245 号 617 頁（江津事件）。

104）広島高裁昭和 57 年 12 月 25 日決定・判例時報 1066 号 35 頁（江津事件）。

105）仙台高裁平成元年 3 月 8 日決定・判例時報 1328 号 153 頁。

106）高松高裁平成 5 年 11 月 1 日決定・判例時報 1509 号 146 頁。

107）最高裁平成 21 年 12 月 14 日決定・裁判集刑事 299 号 1075 頁（布川事件）。

108）東京高裁平成 20 年 7 月 14 日決定・判例タイムズ 1290 号 73 頁（布川事件）。

109）前掲注 22 の岸盛一（昭和 37 年）404 頁。

110）前掲注 1 の安倍治夫（昭和 38 年）216 頁。

111）前掲注 3 の臼井滋夫（昭和 38 年）118 頁，128 頁，129 頁。

112）前掲注 9 の藤野英一（昭和 38 年）858（101）～ 859（102）頁。

113）前掲注 4 の井戸田侃（昭和 39 年）197 ～ 198 頁。

114）前掲注 5 の光藤景皎（昭和 40 年）20 ～ 21 頁。

115）前掲注 11 の高田卓爾（昭和 58 年）330 ～ 331 頁。

116）前掲注 76 の武村二三夫（平成 6 年）122 頁。

117）前掲注 25 の川崎英明（平成 12 年）42 頁。

118）前掲注 88 の最高裁昭和 29 年 10 月 19 日決定。

119）前掲注 89 の最高裁昭和 31 年 2 月 2 日決定。

120）前掲注 90 の最高裁昭和 33 年 4 月 23 日決定。

121）前掲注 91 の最高裁昭和 35 年 3 月 29 日決定。

122）最高裁判例解説・刑事篇・昭和 35 年度・113 頁［高橋幹男執筆部分］。

123）最高裁判例解説・刑事篇・昭和 42 年度・118 頁（注八）［海老原震一執筆部分］。

124）前掲注 105 の仙台高裁平成元年 3 月 8 日決定。

125）前掲注 106 の高松高裁平成 5 年 11 月 1 日決定。

126）前掲注 107 の最高裁平成 21 年 12 月 14 日決定（布川事件）。

127）前掲注 108 の東京高裁平成 20 年 7 月 14 日決定（布川事件）。

128）前掲注 3 の臼井滋夫（昭和 38 年）118 頁，128 頁，129 頁。

129）前掲注 5 の光藤景皎（昭和 40 年）20 〜 21 頁。

130）前掲注 25 の川崎英明（平成 12 年）42 頁。

131）前掲注 88 の最高裁昭和 29 年 10 月 19 日決定。

132）前掲注 94 の最高裁昭和 45 年 6 月 19 日判決。

133）前掲注 96 の最高裁昭和 47 年 12 月 12 日判決。

134）前掲注 105 の仙台高裁平成元年 3 月 8 日決定。

135）前掲注 107 の最高裁平成 21 年 12 月 14 日決定（布川事件）。

136）前掲注 108 の東京高裁平成 20 年 7 月 14 日決定（布川事件）。

137）前掲注 11 の高田卓爾（昭和 58 年）331 〜 332 頁。

138）前掲注 53 の中山善房（平成 24 年）630 〜 631 頁。

139）前掲注 20 の臼井滋夫（昭和 56 年）427 〜 428 頁。

140）前掲注 76 の武村二三夫（平成 6 年）125 〜 126 頁。

141）前掲注 25 の川崎英明（平成 12 年）42 〜 43 頁。

142）東京高裁昭和 40 年 4 月 8 日決定・下級裁判所刑事裁判例集 7 巻 4 号 582 頁。

143）前掲注 30 の最高裁昭和 50 年 5 月 20 日決定（白鳥事件）。

144）前掲注 92 の札幌高裁昭和 44 年 6 月 18 日決定（白鳥事件）。

145）前掲注 99 の最高裁昭和 55 年 12 月 11 日決定（免田事件）。

146）前掲注 100 の福岡高裁昭和 54 年 9 月 27 日決定（免田事件）。

147）最高裁平成 2 年 10 月 17 日決定・刑集 44 巻 7 号 543 頁（山本老事件）。

148）広島高裁昭和 62 年 5 月 1 日決定・刑集 44 巻 7 号 590 頁（山本老事件）。

149）前掲注 107 の最高裁平成 21 年 12 月 14 日決定（布川事件）。

150）前掲注 108 の東京高裁平成 20 年 7 月 14 日決定（布川事件）。

第3章

再審請求審における実体要件〔その2〕
証拠の明白性について

第1節　明白性の意義

1．問題の所在

　無罪を言い渡すべき明らかな証拠（刑訴法 435 条 6 号）の意義については，一連の最高裁決定により，一応の決着をみている。

　一連の最高裁決定とは，最高裁昭和 50 年 5 月 20 日決定 [151]（白鳥事件），同昭和 51 年 10 月 12 日決定 [152]（財田川決定）及び同平成 9 年 1 月 28 日決定 [153]（名張決定）のことである。

（1）白鳥決定の要旨は，以下のとおりである [154]。

①　刑訴法 435 条 6 号にいう「無罪を言い渡すべき明らかな証拠」とは，確定判決における事実認定につき合理的な疑いをいだかせ，その認定を覆すに足りる蓋然性のある証拠をいう。

②　刑訴法 435 条 6 号にいう「無罪を言い渡すべき明らかな証拠」であるかどうかは，もし当の証拠が確定判決を下した裁判所の審理中に提出されていたとするならば，はたしてその確定判決においてされたような事実認定に到達したであろうかという観点から，当の証拠と他の全証拠とを総合的に評価して判断すべきである。

③　刑訴法 435 条 6 号にいう「無罪を言い渡すべき明らかな証拠」であるかどうかの判断に際しても，再審開始のためには確定判決における事実認定につき合理的な疑いを生ぜしめれば足りるという意味において，「疑わしいときは被告人の利益に」という刑事裁判における鉄則が適用される。

（2）財田川決定の要旨は，以下のとおりである [155]。

①　刑訴法 435 条 6 号にいう「無罪を言い渡すべき明らかな証拠」であるかどうかの判断にあたっては，確定判決が認定した犯罪事実の不存在が確実であるとの心証を得ることを必要とするものではなく，確定判決における

事実認定の正当性についての疑いが合理的な理由に基づくものであるかどうかを判断すれば足りる。
② 強盗殺人事件の再審請求に対する審判において，申立人の自白の内容に強盗殺人の事実を認定するにつき妨げとなるような重大な疑点があり，新証拠を既存の全証拠と総合的に評価するときは，確定判決の事実認定を動揺させる蓋然性もありえたと思われるなどの事情（判文参照）のもとでは，再審請求を棄却した原原審及びこれを是認した原審には審理不尽の違法がある。

（3） 名張決定の要旨は，以下のとおりである[156]。
① 再審請求段階で新たに提出された証拠により確定判決の有罪認定の根拠となった証拠の一部について証明力が大幅に減殺された場合に刑訴法435条6号にいう「無罪を言い渡すべき明らかな証拠」に当たるか否かは，再審請求後に提出された新証拠と確定判決を言い渡した裁判所で取り調べられた全証拠とを総合的に評価した結果として，確定判決の有罪認定につき合理的な疑いを生じさせ得るか否かにより判断すべきである。
② 再審請求段階で新たに提出された証拠により確定判決の有罪認定の根拠となった証拠の一部について証明力が大幅に減殺されても，これのみにより直ちに確定判決における有罪認定につき合理的な疑いが生じたり，確定判決の有罪認定の根拠となった他の証拠の証明力が否定される関係になく，新旧全証拠を総合して検討しても，情況証拠及び申立人の自白を総合すれば，確定判決の有罪認定に合理的な疑いを生ずる余地がないという判示の事情の下においては，当該新証拠は刑訴法435条6号にいう「無罪を言い渡すべき明らかな証拠」には当たらない。

以上の白鳥決定，財田川決定及び名張決定により，証拠の明白性の意義については，一応の決着をみているはずであるが，具体的事件において，各決定の趣旨をどのように運用すべきかをめぐって，なお争いがある。
以下，検討する。

2. 確定判決の心証を引き継いで，新証拠の明白性を判断するという見解

　藤野英一判事は，明白性を判断するためには，確定判決の裁判官の立場に身を置いて積極証拠・消極証拠に対する証拠評価の心証を引き継ぎ，その上で，当該新証拠が審理中に提出されていたならば無罪を言い渡すことになったか否かという観点から判断すべきものであり，新証拠の証明力は強力なものであることを要するが，その強度については，個々具体的な事案に応じて考えるほかなく，一般的準則を定めることはできないという。すなわち，

　「再審許否手続において提出された証拠が，再審を許容するに足る明白性を具備しているかどうかを判定するに際し，再審裁判所はどのような心証形成をとるべきであろうか。我が刑訴 435 条 6 号に当たるものとして，ドイツ刑訴 359 条 5 号は『それのみを以てして，又は前に為されたる証明と関連するに於いて，公判被告人の釈放を理由付くるに適するか，又はより軽き刑罰法規を適用することによって，より軽き処罰若しくは保安及び矯正の処分に関する甚だしく別異の裁判を理由付くるに適する，新たなる事実又は証拠が提出せられたるとき』と規定している（昭和 28 年 10 月刑事裁判資料 81 号「ドイツ刑事訴訟法」）146 頁による）。そして，註釈として，再審裁判所は事実問題を審査せねばならないが，それは判決を下した裁判官の立場に自己を置くべきである，即ち新証拠がすでに判決を下した裁判官に提出されていたならば，以前のそれと違った事実判断をしていたかどうかについて決定しなければならないのである，かくて判決でなされた事実認定と新事実との結合，ないし新証拠のもつ重みの問題に帰着すると説明されている。証拠の明白性に関する，かかる発想は前掲の昭和 28 年 2 月 21 日札幌高裁判決も採用しているところであるが，正当である。……再審裁判所は，……原判決を言渡した裁判官の立場に身を置いて考えねばならないが，このことは原判決裁判官の心証（原判決に摘示援用された証拠をすべて措信し，これと食い違う証拠はいずれも措信しないとの心証）を引き継ぐことを意味するのであり，この心証と新証拠のもつ証拠価値力とを混合させて，

第3章　再審請求審における実体要件〔その2〕証拠の明白性について　137

　原判決の有罪心証が果たして動揺させられるかどうかを判定すべきである。」,「論者の主張するごとく，既に事件が確定した後に，再審裁判所が確定記録により旧証拠の全体を再評価して心証を形成し（その心証は客観的標準的な心証であるべしとの要請があるとしても，当該裁判官のもつ主観的心証に帰着しよう），これに新証拠を加えることにより再審請求の許否を定めんとするのは，未だ事件が確定しない時に，上級審たる上告審が僅かに経験則違反を通してのみ事実審の認定にメスを振るい，事実審の自由心証に介入しうるにすぎないのと比較して，余りに易々と原裁判所の自由心証に介入することを認めるものである。」[157]
という。

　臼井滋夫検事＝河村博検事は，明白性を判断するためには，確定判決の裁判所の立場に立って，新証拠の重要性・立証命題を把握し，新証拠が有機的に関連する確定判決の証拠判断及びその事実認定に，新証拠がどのような影響を及ぼすかを審査すべきであるという。すなわち,

　　「おもうに，再審請求に対する審判の目的は，あくまで本案事件について再度の審判を必要とするかどうかを明らかにすることであり，決して本案事件それ自体について審理をしたうえあらたな事実認定を行うことを目的とするものではないこと，……心証引継説の論者が再評価説に対する批判として指摘しているとおり，判決確定前の上告においてさえ，上告審が事実審の自由心証とこれに基づく事実認定に介入し得る余地が限局されていることと対比して考えるならば，前記のような，再審理由の有無を判断する裁判所が全く確定判決の立場を離れて独自に心証を形成し，その心証と確定判決の事実認定とを対比すべきものとする再評価説をとり得ないことは明らかである（略）。前記最高裁白鳥決定がいう『総合評価』とは，原裁判所の立場に立って，新証拠のもつ重要性とその立証命題とが有機的に関連する確定判決の証拠判断及びその結果の事実認定にどのような影響を及ぼすかを審査すべきものとする趣旨に理解すべきであろう（略）。」[158]
という。

　藤永幸治検事は，明白性を判断するためには，確定判決の裁判所の立場に身

を置き，確定判決による積極・消極の旧証拠に対する心証を引き継ぎ，旧証拠と新証拠とを総合判断して，確定判決の審理中に新証拠が提出されていれば同じ事実認定に達していただろうかという観点から，確定判決の当否を判断することになるという。すなわち，

　「最高裁（引用者注▷白鳥決定）が，……『蓋然性』としたことにより，どの程度緩和したのか，更に総合評価の方法として，心証引継説（再審請求を審理する裁判所は，確定判決を言い渡した裁判所の立場に身を置き，その心証，すなわち確定判決に摘示援用された証拠をすべて措信し，これと矛盾する証拠は措信しないとの心証を引き継ぎ，この心証と新証拠の有する証拠価値とを合わせて，原判決の有罪心証が動揺し，その事実認定が覆されるかどうかを判断すべきであるとする説）を依然として採っているのか，あるいは再評価説（旧証拠全体，すなわち旧積極証拠と旧消極証拠の全体を再評価して，それがどの程度の心証形成を可能にするかを確認したうえ，これに新証拠を加えて再検討することにより積極・消極の両証拠群の比重がいかに変化し，ひいては心証形成にどのような影響を及ぼすかを精査すべきであるとする説）を採ることを明言したのかについては，理解の仕方が分かれるところであろう。」，「再審請求審理段階では，確定判決を言い渡した原裁判所の立場に身を置き，その心証を引き継ぎ，旧証拠と新証拠とを総合判断して，原裁判所がはたして同じ事実認定に到達したであろうかという確定判決の当否を判断するのであって，原裁判所の立場を全く離れ，旧積極・消極証拠に新証拠を加えて，自ら独自に心証形成をし，その事実認定と確定判決の事実認定とを対比すべきものではない。このことは，審判の対象が実体でないことからくる当然の帰結であるとともに，再審請求時期に制限はないから，永久保存である確定判決の原本以外，すべての旧証拠物その他確定記録が存在しなくなった後の再審請求審理を考えれば，明らかである。」[159]

という。

　以上，各論者において，その趣旨が判然としない点もあり，また，見解が一致しているわけでもないが，いずれも，確定判決の事実認定に対してみだりに介入すべきではなく，新証拠を離れて旧証拠を全面的に再評価することは許容

されないという立場に立つ。

確かに，その主張には，理由がある。

しかしながら，その説明には，問題がある。それは，「確定判決の裁判官の立場に身を置き，積極証拠・消極証拠に対する証拠評価の心証を引き継ぎ，確定判決の審理中に新証拠が提出されていれば同じ事実認定に達していただろうかという観点から，確定判決の事実認定の当否を判断する」という説明部分である。

かかる説明は，比喩的な表現の域を出るものではなく，明白性の判断基準として適切とは思われない。再審請求審は，確定判決，確定記録（旧証拠）及び新証拠を目にし，判決理由を知ることはできるが，通常審とは別の裁判官によって構成されるのであるから，確定判決の裁判官の立場に立ったり，確定判決審の心証を引き継いだりできるとは思えない。

各論者がいわんとしているのは，確定判決の事実認定に対してみだりに介入すべきではなく，新証拠を離れて旧証拠を全面的に再評価することは許されないという点に尽きるであろうが，そうであれば，心証を引き継ぐというような説明は，無用のはずである。

また，第1章第2節記載のとおり，再審請求審の審判対象は，「犯罪事実の有無」でもなければ，「確定判決の事実認定における論理則違反・経験則違反」でもなく，「無罪を言い渡すべき明らかな証拠があらたに発見されたか否か」なのであるから，「確定判決の事実認定の当否を判断する」という説明も，適切とは思われない。

なお，後述のとおり，全面的再評価説の論者から，心証引継説が最高裁昭和50年5月20日決定（白鳥事件）の立場と明らかに異なる旨主張されることがあるが，そう断言することは難しいはずである。

というのは，同最高裁決定は，「もし当の証拠が確定判決を下した裁判所の審理中に提出されていたとするならば，はたしてその確定判決においてされたような事実認定に到達したであろうかという観点から，当の証拠と他の全証拠とを総合的に評価して判断すべきである。」旨判示しているところ，田崎文夫調査官が指摘するとおり，同決定は，再審請求審が「確定判決の立場に身を置

いて判断することを前提とし」ており,「証拠の明白性の問題は,無罪の予測性の問題ではな」いと理解でき[160),また,中谷雄二郎調査官が指摘するとおり,同決定中に「審理中」という表現があるとしても,それに続けて,「はたしてその確定判決においてなされたような事実認定に到達したであろうか否かという観点から」総合評価すべきであると判示していることに留意すれば,同決定は,「再審請求審の立場から,独自に実体判断をしたり,無罪判決の可能性を予測しようとしたものではなく,確定判決の立場に身を置いて」判断するという立場に立っていると理解できるからである[161)。同最高裁決定が,確定判決の立場に身を置いて判断するという立場に立っているとした場合,それは,藤野英一判事らの説明と変わらないことになる。すなわち,藤野英一判事は,「再審裁判所は事実問題を審査せねばならないが,それは判決を下した裁判官の立場に自己を置くべきである,即ち新証拠が既に判決を下した裁判官に提出されていたならば,以前のそれと違った事実判断をしていたかどうかについて決定しなければならないのである,かくて判決でなされた事実認定と新事実との結合,ないし新証拠のもつ重みの問題に帰着する」旨のドイツ法の註釈を引用しているのであるが,その説明こそ,最高裁の立場と同じものと理解できるからである。

　同最高裁決定と藤野英一判事らとで相違するのは,論理を展開するに当たり,「心証引継」という比喩的表現を用いるか否かという点くらいである。

　そして,前述のとおり,心証の引継という説明は,無用のものと思われる。

3. 新証拠の証拠価値を検討した後, これが確定判決の事実認定にどのような影響を及ぼすかという観点から, 新証拠の明白性を判断するという見解

　井戸田侃教授は,明白性を判断するためには,まず,新証拠の証明力を判断し,次いで,新証拠と旧証拠とを総合して一応の事実認定をし,当該事実認定と確定判決の事実認定とを比較検討し,その相違の方向性・大小により,再審の必要性の有無を判断し,明白性の有無を判断するという。すなわち,

第3章 再審請求審における実体要件〔その2〕証拠の明白性について 141

「事実誤認の明白性という再審理由たる要件についても，それがまさに再
審理をする必要があるかどうかという観点によって決せられねばならない
のである。そこでこの点に関する若干の問題についてふれる。(1)再審の請
求を受けた裁判所は，これを決定するについては，新証拠のみの証明力を
孤立的に判断すべきではなく，すでに証拠調済の旧証拠の全体との関連に
おいて新証拠の判断をなさねばならない。原認定事実に対して新証拠を附
加するものではない。……(2)再審手続……は，再審理をなすべき必要あり
や否やを決定すべき手続である。しかし，これを決定するためには，旧証
拠ならびに新証拠によって一応の事実を認定し，これと原確定事実とを比
較対照することを必要とするのである。まさにこの新事実が原事実認定を
ぐらつかせた（略）かどうかが問題である。……かくして明白性を認める
についての論理構造があきらかになる。裁判所は新証拠の証明力について
の判断をなすとともに，それと旧証拠と総合して一応の事実認定をなす。
そうしてその経過および結果を原確定判決認定事実とを比較検討し，その
ズレの大小，強弱およびその方向により，再審手続の必要性の有無が判断
されるべきことになる。(3)なお，新証拠を附加してなす心証形成について
は，確定判決のなした心証形成とは無関係になされねばならない。と同時
に，新証拠の証明力の評価，あらたな心証形成にあたっても，その確定判
決を導くに至った手続についても考慮を払う必要がある。」[162]
という。

　鴨良弼教授は，明らかな証拠とは，確定判決の基礎資料となった旧証拠と法
的関連性があり，確定判決の事実認定における重要な部分を変更するに値する
証明力が明らかに認められるものをいうとする。すなわち，

「法435条6号では，とくに『明らかな証拠』の内容が問題である。この
問題については，先に述べたノバ方式の『新たな重要な証拠』の概念が参
考とされるべきである。（1）証拠が先の判決の基礎資料として利用されな
かったものであること（利用できなかったことの理由は問わない），（2）証拠が
先の判決の基礎資料となった証拠と法的な関連性のあること，（3）証拠は
先の判決によって認定された事実関係の重要な部分を変更するに値するこ

とが明らかに認められること，(4) 証拠能力を持つ必要のあること，以上
がその要件とされるであろう。再審は先の判決の確定力を破壊するもので
あるから，法 435 条 6 号の『明らかな証拠』の内容もまた，きびしい制限
におかれなければならない。」[163]
という。

　光藤景皎教授は，当初の見解では，新証拠を，これと有機的に関連する旧証
拠と比較対照し，新証拠が，旧証拠より優越していると認められれば，新証拠
の明白性が認められるとしていた。すなわち，

　　「上告審と比較するとき，再審は，右にのべたようにまさしく事実誤認を
　　救済する制度であり，現行法は憲法 39 条にしたがい被告人に不利益な再
　　審をみとめないのであるから，原確定判決の証拠評価に対し，訴訟記録に
　　もとづいて，批判的に一応の判断をすることも許されると解せられる。し
　　かも，再審請求受理裁判所は，再審手続を開始すべきか否かについて一応
　　の事実認定をなすものであるから，必ずしも訴訟記録にもとづいて判断で
　　きぬものでもない。そして，再審開始決定後においては通常の手続が再開
　　され，そこにおいては，開始決定をした事件について当該証拠の証明力が
　　否定されることもありうるのである。」，「『無罪を言い渡すべき明らかな』
　　証拠という場合に，この『無罪を言い渡すべき』というのは，無罪の心証
　　が形成されねばならぬということではなくて，有罪の合理的疑いを超える
　　心証が維持できない程度という意味に解さねばならぬということである。
　　……そうすると，それに対応する証拠の『明白性』とは，その新たな証拠
　　を有罪の確定判決の基礎となった証拠と有機的に関連させて判断して，前
　　者が後者に対して証拠の優越（preponderance of evidence）が一応みとめら
　　れる程度のものであることを要し，かつこれをもって足るということにな
　　る。」[164]
という。

　鈴木義男検事は，明白性を判断するためには，まず，新証拠に証明力があり，
確定判決の証拠評価に実質的な影響を及ぼす可能性があるか否かを判断し，次
に，新旧全証拠の総合的評価をすべきであるという。すなわち，

第3章　再審請求審における実体要件〔その2〕証拠の明白性について | 143

「再審開始の可能性を肯定した財田川決定は，新証拠が提出されさえすれ
ば，それがもつ証拠価値いかんを問わず，全証拠を再評価して事実誤認の
有無を審査すべきものとしているように思われる。もしそうであれば，新
証拠の明白性を再審開始の要件とした法の趣旨は全く失われ，再審は申立
時期に制限のない第二の控訴となってしまう。別異の理解をすることは相
当に難しいが，この事件限りの特殊な判断であって，判例としての効力を
もつものではないと解するほかはない。」，「証拠の明白性が再審開始の要
件とされている以上，新証拠の相当性を判断するにあたっては，それが信
頼に値するものであり，確定審における積極証拠と消極証拠との比重（優
劣関係）に実質的な影響を及ぼす可能性をもつとの判断に達した後はじめ
て，新旧全証拠の総合的評価に移るという順序によるのでなければならな
い。……これによって再審手続における争点を明確にし，審理手続を秩序
立ったものとするだけでなく，確定判決の事実認定に対する無用かつ不当
な介入を避けることが可能になるといえよう。」165)

という。

　小西秀宣判事は，明白性を判断するためには，まず，確定判決の事実認定及
び証拠関係を分析検討し，新証拠に十分な証拠価値があることを前提として，
新証拠が確定判決の事実認定及び証拠関係にどのような影響を与えるかを検討
し，新証拠と旧証拠とを総合して，確定判決の事実認定に合理的な疑いが生じ
るか否かを検討判断することになるという。すなわち，

「白鳥決定，財田川決定及び名張決定の，最高裁の三決定を通じていえる
ことは，次のようなことではないかと思われる。すなわち，まず，新証拠
の明白性とは，新旧証拠の総合評価の結果，確定判決の有罪認定に合理的
疑いが生じることをいうという解釈が確定したといっていいと思われる。
白鳥決定は，『確定判決の事実認定につき合理的な疑いをいだかせ，その
認定を覆すに足りる蓋然性のある証拠』という言い方をしているが，『確
定判決における事実認定に合理的な疑いをいだかせ』るということと，確
定判決の有罪『認定を覆すに足りる蓋然性』があるということは，同一の
ことを言い換えたに過ぎないということになろう。」，「財田川決定が，『特

段の事情もないのに，みだりに判決裁判所の心証形成に介入することを是
とするものでもない』というのは，財田川事件においては，『原判決が挙
示する証拠だけでは申立人を強盗殺人罪の犯人と断定することは早計に失
するといわざるをえ』ず，『申立人の自白内容に前記のようないくつかの
重大な，しかもたやすく強盗殺人の事実を認定するにつき妨げとなるよう
な疑点がある』という『特段の事情』があったということであろう。なお，
財田川決定の理解に関しては，逆に『特段の事情』がありさえすれば，
『判決裁判所の心証形成に介入』できるのだという方向で解釈する向きも
ある。しかし，財田川決定の当該判示部分が，安易な介入を戒める趣旨の
ものであることは，その表現からして明らかであるというべきであろう。」，
「明白性の判断方法については，……具体的な手法としては，まず確定判
決の事実認定及び証拠関係を分析検討し，次に新証拠がこれにどのような
影響を与えるかを検討し（新証拠に十分な証拠価値のあることが前提になるこ
とは当然であると思う。），これが肯定される場合には，新証拠の波及効とい
うべきものを視野に入れながら，新証拠と旧証拠とを総合して，確定判決
の有罪認定に合理的疑いが生じるか否かを検討判断するということになろ
うか。すなわち，学説的にいえば，いわゆる孤立評価をするものではない。
また，確定判決の心証を引き継ぐという不自然な作業をすべきものでもあ
るまい。しかし，確定判決の有罪認定と証拠関係にどういう影響を与える
かという観点から分析検討するという意味では，全く新たに総合評価をす
べきものではない。そういう意味で，『特段の事情もないのに，みだりに
判決裁判所の心証形成に介入することを是とするものでもない』というこ
とになろうか。」[166]
という。

　以上，各論者において，その趣旨が判然としない点もあり，また，見解が一
致しているわけでもないが，いずれも，確定判決の心証形成に対してみだりに
介入したり，新証拠を離れて旧証拠を全面的に再評価したりすることを許容し
ない立場と理解してよさそうである。そして，明白性を判断するに当たり，確
定判決審の心証を引き継ぐなどの説明はしない。

第3章 再審請求審における実体要件〔その2〕証拠の明白性について | 145

　各論者の中では，小西秀宣判事の見解が最も整理されたものになっているようであり，これによれば，明白性を判断するためには，確定判決の事実認定及び旧証拠関係を分析検討するとしても，その全面的再評価が許されるのではなく，まず，新証拠の立証命題・証拠価値を把握し，次に，新証拠の立証命題が有機的に関連する確定判決の証拠判断及びその事実認定に目を向け，新証拠が確定判決の証拠判断及び事実認定にどのような影響を及ぼすかを審査検討し，さらに，新証拠と旧証拠とを総合して，確定判決の事実認定に合理的な疑いが生じるか否かを検討判断するということになろうと思う。

4．旧証拠を再評価した後，新旧の全証拠を総合評価し，新証拠の明白性を判断するという見解

　安倍治夫検事は，明白性を判断するためには，まず，旧証拠を再評価し，次いで，それに新証拠を加味しつつ再考慮すべきであるという。すなわち，
　　「新証拠が発見されたという理由のもとに再審請求がなされた場合には，請求受理裁判所が，請求人の援用する新証拠の証明力を評価しなければならない。この場合，注意すべきことは，新証拠の証明力を旧証拠の全体からことさらに切り離し，独立かつ断片的に評価してはならない，ということである。……再審請求手続における証拠評価の正しい態度は，まず旧証拠の全体（すなわち積極証拠と消極証拠の総体）を再評価して，それが客観的にいかなる程度の心証形成を可能にするものであるかを確認し，ついで新証拠をこれに加味しつつ再考慮することにより，積極，消極両証拠群の比重がいかに変化し，ひいては心証形成にいかなる影響を及ぼすかを精査しなければならないのである。」[167]
という。
　日本弁護士連合会は，明白性を判断するためには，まず，旧証拠を再評価して確定判決における事実認定の合理性を一応判断し，次に，これに新証拠を加え，新旧証拠を総合的に評価して，確定判決の事実認定に合理的な疑いが生じたとき，新証拠に明白性が認められるという。すなわち，

「新証拠の明白性が，確定判決の事実認定に対して合理的疑いをいだかせる証拠の意味であること，この明白性の判断は，当該新証拠と他の新旧証拠とを総合評価して行うべきであることを白鳥決定は明示した。……しかし，白鳥決定が再審請求を棄却したケースであるため，この判断のプロセスには，今一つ不明なところがあった。後続の最高裁財田川決定が，次のように判示し，請求を棄却した原決定と原々決定を取り消して差し戻したことによって，明白性の判断プロセス，すなわち，総合評価の具体的方法に示唆が与えられた。……財田川決定は，まず，旧証拠自体によって確定判決の事実認定の合理性を一応判断し，これに新証拠を加えて，新旧証拠を総合評価しているのである。」，「明白性は，総合評価の結果としての判断である。有罪判決の証拠構造を明らかにし，旧証拠全体を再評価し，これに新証拠を加えて総合的に評価した結果，有罪の事実認定の正当性について合理的な疑いが生じたとき，新証拠は明白性を有すると判断される。」[168]

という。

竹澤哲夫弁護士は，明白性を判断するためには，確定判決の心証から解放された自由な心証により，新旧証拠の全体を総合的に評価すべきであるという。すなわち，

「再審法制は，再審請求審においては，いったん裁判所ならびに訴訟関係人を，通常手続における証拠法上の制約から解放して，証拠能力の制限のない新たな証拠を加えた証拠資料の全体を総合的に評価することによって自由な心証を形成し，確定判決を見直すことを認めているのである。」，「『疑わしいときは被告人の利益に』の原則は無辜の処罰を回避するための制度的保障としての刑事裁判上の原則であり，……現行刑事訴訟制度もこの原則に貫かれるべきものとして構築されている。……かく解することは刑事裁判における無罪の意義を一元的に解すべきことに帰着するということである。再審理由の6号における『無罪』を再審に関しては別異に解すべき合理的理由はない。……したがって，再審は，確定判決にこの鉄則が貫徹しているかどうかの観点で，新証拠を加えて確定判決を見直す手続で

あるということができる。」[169]
という。

佐藤博史弁護士は，明白性を判断するためには，まず，確定判決の証拠構造を分析し（旧証拠自体の再評価と確定判決の質・強度の解明），次に，新証拠のもつ意義と証拠価値を検討し，新旧全証拠の総合評価によって確定判決に合理的な疑いが生ずるか否かを判断しなければならないという。すなわち，

「心証引継説を厳格に貫くと，確定判決の証拠判断に過度の拘束性を付与することを意味し，結局，証拠と確定判決の事実認定の基礎となった積極証拠とを対比し，新証拠のみによって確定判決が動揺するか否かを判断する孤立評価説と実質的に異ならなくなり，総合評価を認める意味が失われることになる。さらにあらためて考えてみると，確定審の心証を引き継ぐといってみても，それは確定審の心証をできるだけ忖度してこれを尊重するということ以上に出るものではなく，再審請求審において確定判決に示された証拠判断をどのように理解するのかという再評価は不可避というべきであって，心証引継説が再評価説と実質的にどれだけ異なるのかも必ずしも明らかではない。……白鳥決定が新証拠と直接関係のない証言等の信憑性に言及し，財田川決定はより明確に旧証拠の再評価を行ったことから，両決定が心証引継説をとらず端的に再評価説に立ったことは明らかである。」，「財田川決定は，新証拠としては筆跡鑑定に関する鑑定書しかなかったが，これとは無関係に確定判決の証拠関係を検討し，数々の疑問点を指摘して，再審請求を棄却した原決定を取り消したのである。……財田川決定を限定的再評価説によって説明することは絶対に不可能なのである。要するに，新証拠の明白性を判断するためには（略），その前提として，確定判決の証拠構造の分析（すなわち，旧証拠自体の再評価）を行い，有罪判決の質と強度を解明することが不可欠であり，かかる証拠構造の分析の後に，新証拠のもつ意義と証拠価値を検討し，新旧全証拠の総合評価によって確定判決に合理的な疑いが生ずるか否かを判断しなければならないのである（略）。」[170]

という。

大出良知教授は，明白性を判断するためには，確定判決の事実認定と旧証拠との対応関係を明らかにし，弾劾対象を確認した後に新証拠を旧証拠の中に投入し，確定判決の事実認定が動揺するか否かを判断すべきであるという。すなわち，

　　「白鳥決定は，確定判決における事実認定と証拠との対応関係（証拠構造といってもよい）を明らかにし，新証拠による弾劾対象の位置を確認し，その後で新証拠を旧証拠の中に投入して有罪認定が動揺するかの判断を要求している。『新証拠によって確定判決の証拠構造がどのように動揺するか』を検討した上で，『これに影響される限度での旧証拠の再評価』といった限定はない。」,「財田川決定は，その敷衍のなかで，再評価の条件として，『特段の事情』の存在をあげたと解されている。この前提に立てば，決定内容自体から見出せる制約は，この点ということになるであろう。しかし，その内実は明確でなく，『『特段の事情』の有無は，結局その裁判所の判断によるほかはない』（松尾浩也）のであり，『最高裁判所は，白鳥＝財田川決定によって，『裁量的第四審』ともいうべき救済の体系を創出したことになる』（松尾）ともいわれている。」[171]

という。

　光藤景皎教授は，初期の見解を変更し，明白性を判断するためには，まず，確定判決の事実認定における証拠構造を分析し，何が決定的証拠なのかを特定・固定し，提出された新証拠と旧証拠との総合評価により，確定判決の事実認定の当否を判断し，新証拠の明白性を判断するという。すなわち，

　　「私は，最高裁白鳥決定や財田川決定は限定的再評価説とは異なるだろうとして次の如く述べた。すなわち，①新証拠の側からだけ（すなわち新証拠を出発点として）有機的関連性をみると，それはどうしても狭くなり，ために総合評価の実があがらず，再審の門は著しく狭まらざるを得ない。旧証拠の側から——原判決の証拠構造の側から——もこれをみなければ，新証拠の明白性は適切には判断できない。これが総合評価説が生まれた根本の理由なのである。」,「数年月をかけてやっと獲得した新証拠によりそれを決定的証拠を弾劾しうるものとして思って提出したところ，たしかにそ

の有罪認定証拠の証明力は大幅に減殺されたが，実はもともとそれは決定的証拠ではなかったんだといわれ請求を棄却されるときの，請求人とその弁護人の受ける衝撃は想像にあまりある。再審請求審理手続における弾劾対象が原確定判決の『事実認定』の当否である場合，弾劾対象が裁判所が変わるごとに変わるということはつよく避けられねばならない。ここに，請求を受けた裁判所はまず，原確定判決の証拠構造を客観的に分析し，固定させることが必要だとするのが，証拠構造論でありそれは正しい核心をもつものといえる。」[172)]
という。

川崎英明教授は，無罪を言い渡すべき明らかな証拠の有無の問題とは，新証拠の証拠価値・重要性の問題ではなく，確定判決の事実認定に合理的な疑いがあるか否かの問題であるといい，明白性を判断するためには，まず，確定判決の事実認定における証拠構造を分析し，次に，旧証拠を全面的に評価し直し（旧証拠の全面的再評価），最後に，そこへ新証拠を投入して新旧全証拠を総合的に評価することによって，確定判決の事実認定への合理的疑いの有無を判断することになるという。すなわち，

「明白性とは新証拠それ自体の証拠価値や重要性の問題ではなく，後述するように，新旧全証拠の総合評価による確定有罪判決の事実認定への合理的疑いの有無の問題である。このことを明確にする意味では，証拠の明白性というよりも，『事実誤認の明白性』（略）というのが妥当であるが，以下では，さしあたり単に明白性という用語を用いる。」，「一口に確定判決といっても，確定判決を支える旧証拠のみを検討しただけでも確定有罪判決の事実認定が維持できない場合もあるし（たとえば，財田川事件），そこまで至らなくても確定有罪判決の事実認定が脆弱で，そこに新証拠を投入してみると有罪認定がもろくも崩壊する場合がある（たとえば，徳島事件）。……そうであれば，明白性の判断に際しては，新証拠だけで確定有罪判決の事実認定に合理的疑いが生ずるかどうかを検討するのではなく，まずは旧証拠を全面的に評価し直し（旧証拠の全面的再評価），そこに新証拠を投入して新旧全証拠を総合的に評価することによって確定有罪判決の事実認

定への合理的疑いの有無を判断する総合評価が要請される。」,「白鳥・財田川決定における明白性の判断方法に関する判示と明白性の具体的判断からすれば，総合評価の過程は『(確定判決の) 証拠構造分析——旧証拠の全面的再評価——新旧全証拠の総合評価』という三段階の過程を辿るものとして捉えられる (略)。」[173]

という。

　以上，各論者において，その趣旨が判然としない点もあり，また，見解が一致しているわけでもないが，川崎英明教授の見解がよく整理されているようであり，新証拠の立証命題・証拠価値を検討する前に，旧証拠を全面的に再評価し，確定判決における事実認定の脆弱性を確認した後，新証拠を投入し，確定判決の事実認定に合理的な疑いが生じるか否かを判断するということになろう。これは，川崎英明教授が端的に述べるとおり，証拠の明白性の問題を，「新証拠の証拠価値・重要性」の問題ではなく，「確定判決の事実誤認の明白性」の問題として捉えるという発想によるものであろう。

　しかしながら，再審理由は，「無罪を言い渡すべき明らかな証拠をあらたに発見した」(刑訴法 435 条 6 号) こと，すなわち新証拠の新規性・明白性のことをいうのであるから，新証拠の立証命題・証拠価値を判断するに先立ち，まずもって旧証拠の脆弱性を確認するという判断手法は，明文規定と整合していない。再審請求審は，事後審とは異なるのであるから，新証拠と離れて確定判決の事実認定における証拠選択・証拠評価における論理則違反・経験則違反を判断するものではない。川崎英明教授は，明白性の問題が新証拠の証拠価値の問題ではないというが，これでは，もはや，比喩的な誇張表現にしても，法解釈の範囲を完全に逸脱しているといわざるを得ない。

　また，大出良知教授，光藤景皎教授らは，確定判決の事実認定における証拠構造を分析し，何が決定的証拠なのかを検討・固定し，そこを弾劾対象とすべきであるという。

　しかしながら，論者のいう決定的証拠の意義・判断基準は，不分明である。通常の用語法に従えば，決定的証拠とは，犯人が否認しても有罪判決を免れないほどの積極証拠又はどれだけ多数の積極的間接事実があっても無罪判決を免

第3章　再審請求審における実体要件〔その2〕証拠の明白性について | 151

れないほどの消極証拠のことをいうはずであり，例えば，被告人の自宅から遠
く離れた場所から被害者の胴体が発見された殺人事件において，被告人の自宅
から被害者の頭部が発見されたというような客観的証拠関係があれば，被告人
が否認しても，被告人が犯行に関わった決定的証拠があるといえるだろうが，
再審請求がなされるような事件では，そのような意味の決定的証拠はないのが
普通である。

　あるいは，論者は，確定判決の事実認定における重要な証拠のことを決定的
証拠と呼んでいるにすぎないのかもしれない。仮にそうだとしても，再審請求
がなされるような事件では，複数の間接事実，補助事実等が複雑に絡みあって
いることが少なくないと思われ，実際の再審請求審に関わる裁判官にとって，
何が決定的証拠なのかを絞り込む作業は，必ずしも容易とは思えない。そもそ
も，再審請求審にとっては，確定判決の判決書の記載内容を読み，その事実認
定の理由を把握することは可能であっても，確定判決審の心証を事後的に把握
するというのは困難と思われるのであって，何が決定的証拠だったのかを特定
することが可能であるかのような想定には，そもそも問題がある。

5．判　　例

最高裁昭和50年5月20日決定 [174] ── **白鳥事件**

　同決定は，以下のとおり，新証拠により一部の旧証拠の証拠価値が減殺され
ても，他の旧証拠により確定判決の有罪認定は覆らない旨判示して，請求人か
らの特別抗告を棄却した。

　「新証拠を他の全証拠から切り離し，新証拠のみに基づいて原判決の有罪
　認定が動揺するかどうかを判断すべきでないことは，既に説示したとおり
　であるが，同時にまた，証拠弾丸の証拠価値の変動（引用者注▷一部の旧証
　拠の証拠価値が減殺されたこと。第1章第2節5記載の事案の概要を参照された
　い。）による他の証拠の信憑性への影響を厳密に審査しなくてはならない。
　……Cが右殺害の実行犯人であるとの原判決の認定は，右殺害現場に通り
　合わせた目撃者の供述，事件発生の直後にCから犯行状況の説明を受け

たとする E の公判証言，原判決が認定する C の事件発生前の言動に照ら
し，証拠弾丸の証拠価値の変動にかかわらず，覆しがたいものといわなけ
ればならない。しかも，C が事件発生の直後に逃亡し現在に至るまで行方
不明となっていることは，本件記録上明らかであるところ，原判決の挙示
する証拠によれば，申立人が当時 C の逃亡に関与したものと推認しうる
ことは，原判決の判示するとおりである。そして，原判決が要証事実を推
断するために認定した多数の間接事実によって明らかにされた事件発生前
後における申立人の言動，B 政党北海道地方委員会が申立人を含む同党札
幌委員会全体に自己批判を迫った事情等に照らせば，<u>当時同党札幌委員会
の委員長の地位にあった申立人と当時申立人の下で活動していた C とが，
A 課長の殺害につき，共謀関係にあったとする原判決の認定は，証拠弾
丸の証拠価値の変動にかかわらず，覆しがたい</u>ものといわざるをえないの
である。」

田崎文夫調査官は，以下のとおり解説する[175]。

「本決定は，証拠の明白性の判断に当たって，新証拠と旧証拠との総合評
価をなすべきことを明らかにする……そこで次に問題となるのは，総合評
価の仕方である。従来この点について対立する二つの見解（引用者注▷心
証引継説と再評価説）があった。……本決定は，『当の証拠と他の全証拠と
を総合的に評価して判断すべきであり，』としていることからすると，ど
ちらかと言えば再評価説に近い立場を示したものと理解できる。……しか
し，……本決定が『当の証拠が確定判決を下した裁判所に提出されていた
とするならば，』としていることから見ると，確定判決の立場に身を置い
て判断することを前提としているように思われる。本決定は，……新証拠
の重要性，その立証命題と無関係に，再審裁判所が旧証拠をあらいざらい
評価し直して自ら心証を形成し，確定判決の動揺の有無を審査することま
で認めた趣旨ではなかろう。再審が確定前の判決に対する事後審査では
な，確定した判決に対し，その確定力を破壊し事案全体について審判を行
う特殊の救済手続であるという認識に立つ以上，旧証拠の再評価といって
も限度があると考えるべきであろう。要は，<u>新証拠の持つ重要性とその立</u>

証命題であり，それが有機的に関連する確定判決の証拠判断及びその結果の事実認定にどのような影響を及ぼすかを審査すべきである。本決定の示す総合評価とは，右の趣旨に理解すべきではないかと考える。」

　本件最高裁決定は，新証拠により，共謀を基礎付ける一部の間接証拠の証拠価値が減殺されたことを確認した後，他の間接証拠の検討に移り，他の間接証拠によれば，共謀の事実が認められることに変わりはないとして，請求人の主張を排斥した。

　ここでは，新証拠の重要性，立証命題，確定判決への影響等を判断するに先立って旧証拠を全面的に再評価しようという判断手法は，採用されていない。また，確定判決の有罪認定が依拠した積極証拠のうち，どれが決定的証拠なのかを絞り込むというような判断手法も，採用されていない。

最高裁昭和51年10月12日決定 [176] ── 財田川事件

　同決定は，以下のとおり判示して，再審請求棄却決定を取り消した。

　「二　ところで確定判決の有罪認定とその対応証拠の関係につき検討を加えると，以下のような諸点を指摘することができる。(一) 申立人の自白によると，申立人は所携の刺身包丁で被害者を滅多突きしたのち，被害者が腹部に巻いていた鹿皮財布入り白木綿胴巻の中に手を入れ現金を奪い取ったというのである。しかしながら，A鑑定書によると，胴巻には血痕は付着しておらず，財布には検査をおこなえないほどの微量の人血が付着していたにとどまるという。ところがB作成の鑑定書によると，被害者が使用していたシャツの裾部，パンツ等にも被害者の血痕は付着していたのであり，更に，奪い取った札のうち3，4枚にも血が付いたというのである。……もし胴巻が被害者の腹部に巻かれてあったのが真実であるとすると，前記の状況からして胴巻に血がついていないのはきわめて不自然である。……胴巻は被害者の腹部には巻かれていなかったか又は犯人が胴巻に手を触れなかったのではないか，ひいては金員は奪い取られていないのではないかの諸点について疑いを持たざるをえないのである。しかるに，原原審がこの点につき疑問を提起したのに，原審はこれを解明していな

い。」，「右のように，申立人の自白の内容に前記のようないくつかの重大
な，しかも，たやすく強盗殺人の事実を認定するにつき妨げとなるような
疑点があるとすれば，新証拠であるＣ鑑定を既存の全証拠と総合的に評
価するときは，確定判決の証拠判断の当否に影響を及ぼすことは明らかで
あり，したがって原審及び原原審が少なくともＣ鑑定の証明力の正確性
につき，あるいは手記の筆跡の同一性について，更にその道の専門家の鑑
定を求めるとか，又は鑑定の条件を変えて再鑑定をＣ鑑定人に求めると
かして審理を尽くすならば，再審請求の事由の存在を認めることとなり，
確定判決の事実認定を動揺させる蓋然性もありえたものと思われる。」

磯辺衛調査官は，以下のとおり解説する[177]。

「第一に本決定は，刑訴法 435 条 6 号該当の再審事由の存否が問題となる
事案において，確定判決の有罪認定における証拠判断自体に確定記録から
みて不合理や矛盾があれば，新証拠をまつまでもなく再審の門が開かれる
ということを判示したものでないことはいうまでもないであろう。あくま
でも再審開始には明白性，新規性を具えた証拠が要求されていることが判
文上明らかである。……この点は，『申立人の自白の内容にいくつかの重
大な，たやすく強盗殺人の事実を認定するに妨げとなるような疑点がある
とすれば，新証拠を既存の全証拠と評価するときは，確定判決の証拠判断
の当否に影響を及ぼすことは明らか』としている点からも窺知しうる。
もっとも，あくまでも新証拠と旧証拠との総合評価であるが故に，個別事
件をはなれて一般的にいうならば，仮に原有罪認定の採証，認定事実それ
自体に問題がある場合には，いわば弱い新証拠でも地震効は大きい場合も
ありうるから，旧証拠の矛盾，不合理は，証拠再評価のうえでは，そうい
う点で何ほどかの意味をもつことがありうるというにとどまるのであろ
う。」

「第三にそれでは，まず，再審請求受理裁判所はどのようにして新旧両証
拠の評価をおこなうことになるのであろうか。白鳥決定によれば，総合評
価をおこなうに当たっては，再審請求受理裁判所が原判決裁判官の証拠評
価と全く関係なしに独自の立場でこれをおこなってよいとしたものでない

とされているが，本決定ではこの趣旨を一層明らかにしたやに窺える。すなわち，『再審請求をうけた裁判所が特段の事情もないのに，みだりに判決裁判所の心証形成に介入することを是とするものでないことは勿論である。』との判示部分にこれが看取される。そして，新証拠と旧証拠の総合評価の具体的な仕方については，本決定も，新証拠のもつ重要性とその立証命題について，それが有機的に関連する確定判決の証拠判断及びその結果の事実認定にどのような影響を及ぼすかを審査すべきであるとする白鳥決定の基本路線と同じ系にあるものといえることは勿論であろう。本件における新証拠の重要性とその立証命題のもついわば余震効果については多様な理解が成り立ちえようが，一概にこれが比重の軽いものといってよいかどうかについては読者による判文の判断にまつほかはない。」

確かに，本件最高裁決定（財田川事件）は，

「再審請求をうけた裁判所が特段の事情もないのに，みだりに判決裁判所の心証形成に介入することを是とするものでないことは勿論である。」

旨判示しており，一般論の部分では，最高裁昭和 50 年 5 月 20 日決定（白鳥事件）と同趣旨を述べている。

しかしながら，具体的な判断手法を見る限り，本件最高裁決定は，最高裁昭和 50 年 5 月 20 日決定の判断手法と異なっているように見える。すなわち，本件最高裁決定は，新証拠の重要性，立証命題，確定判決への影響等を判断するに先立ち，確定判決の事実認定を見直し，旧証拠である自白の信用性に疑問を呈しているのである。

本件最高裁決定は，各論者により我田引水的に解釈される余地を残しており，かなり問題である。伝統的な立場は，本件最高裁決定のうち，

「再審請求をうけた裁判所が特段の事情もないのに，みだりに判決裁判所の心証形成に介入することを是とするものでないことは勿論である。」

という規範的判示部分に力点を置こうとし，再審開始の道を広げようとする立場は，本件最高裁決定が新証拠の重要性等を検討するに先立って旧証拠の脆弱性を指摘するという具体的判断手法に力点を置こうとしている。

ただし，本件最高裁決定は，旧証拠である自白の信用性に疑問を呈してはい

るが，だからといって直ちに再審開始決定を出せるとは判示していない。同決
定は，

> 「新証拠であるＣ鑑定を既存の全証拠と総合的に評価するときは，確定判
> 決の証拠判断の当否に影響を及ぼすことは明らかであり，……審理を尽く
> すならば，再審請求の事由の存在を認めることとなり，確定判決の事実認
> 定を動揺させる蓋然性もありえたものと思われる。」

旨判示するに止めているのである。

磯辺衛調査官も指摘するとおり，現行法上，無罪を言い渡すべき明らかな証
拠を新たに発見しなければ，再審請求は認められないのであり（刑訴法 435 条
6 号），新規・明白な証拠の有無と無関係に再審を開始できないことは当然の
ことである。

最高裁昭和 55 年 12 月 11 日決定 [178] —— 免田事件

原審である福岡高裁昭和 54 年 9 月 27 日決定 [179] は，以下のとおり判示して，
確定判決の事実認定について合理的な疑いが生じているとした。

請求人が埋めたとされる鉈に，被害者と同じ血液型の血痕が付着していたと
される点について，

> 「本鑑定結果回答（本件鉈に付着していた血痕の血液型の鑑定）に要した時間
> は約 6 時間ということになる。……Ａ は主に血液の検査を研究してきた
> 法医学教授であるところ，同人作成の前記鑑定書及び当審取り調べの Ａ
> 作成の昭和 52 年 2 月 4 日付意見書（略）によれば，……浸出時間（採取し
> た検体を浸出液に入れてからその内容が浸出液に溶解し終わるまでの時間）は，
> 一般に 24 時間位であるところ，……右鑑定結果回答書においては，人血
> 試験の浸出時間が不十分であることは否定しがたいところである。」，「そ
> うしてみると，本件鉈に付着していた血痕が被害者Ｂらの血液型と同じ
> Ｏ型であるとの鑑定結果回答書は信用性のきわめて乏しいものであって，
> 右被害者らの血液が右鉈に付着したと認めることは困難であるから，Ａ
> 鑑定……は，請求人と本件犯行との結びつきに疑問を投げかける新証拠と
> してその明白性は否定しがたいところである。」

第3章 再審請求審における実体要件〔その2〕証拠の明白性について 157

　請求人が犯行後の深夜に三十数キロメートルを踏破した旨の自白調書について，

　「原第一審判決は，犯人が被害者方に侵入したのが昭和23年12月29日午後11時30分ころと認定しているので，これに従えば逃走開始時刻は早くても同月30日午前零時ころとみられるところ，……右検証調書（略）によれば，周囲が明るくなったのは午前6時45分ころであり，それ以前には衣類の付着血痕を識別することが困難であったと認められるので，請求人が付着血痕を洗い落とすために衣類を洗ったとすれば，その時刻は早くとも午前6時45分ころでなければならず，衣類を洗った時刻，場所が午前6時45分ころ折り返し地点であったとすると，請求人は往路に約6時間45分，帰路に約2時間45分かかったということになる（略）。……以上のとおり，原審における検証の結果により明らかになった諸点に照らすと，請求人が前記道程を踏破したことには疑念を抱かざるをえないところであるから，右検証調書及び写真65葉（略）は，請求人の自白調書中犯行後の足どりに関する供述部分の信用性に疑問を投ずる新証拠として，その明白性を否定することができない。」

最高裁は，以下のとおり判示して，検察官からの特別抗告を棄却した。

　「記録によれば，請求人提出にかかる証拠の新規性及び明白性を認めて本件再審請求を認容すべきものとした原決定の判断は，正当として是認することができる。」

稲田輝明調査官は，以下のとおり解説する[180]。

　「白鳥決定及び財田川決定は，必ずしも心証引継説と再評価説の対立につき，いずれかに軍配を上げたものではなく，むしろ，右対立を離れた立場で，新証拠と旧証拠との総合評価をすべきこと，旧証拠の再評価には限度があることをいうものであるとみるのが妥当であろう。このように，白鳥決定及び財田川決定のいう総合評価を具体的に実行するにあたっては，新証拠の重み，心証の程度，再評価の限度，判断資料の範囲等について，なお未確定の点が残っていて，判例による事例の積み重ねにまつところが少なくない。」，「本決定の是認する原決定は，証拠の明白性の具体的な検討

の方法として，まず，確定判決の有罪認定の証拠構造を検討し，右認定が
どのような証拠（旧証拠）によって支持されているかを見極め，次にこれ
ら積極証拠及び消極証拠の証拠価値が新証拠によりどのような変動を生じ
るか，右変動が確定判決の有罪認定に動揺を来すかどうかを判断するとい
う手法を用いており，これは白鳥決定及び財田川決定の示す判断方法の適
用として相当であろう。旧証拠の再評価を無条件に行うのではなく，新証
拠との関係において必要な限度でのみ行っていると解される点で実務上の
指針を示すものとして参考になると思われる。」

　原決定である前記福岡高裁決定は，旧証拠である血液鑑定の鑑定方法に問題
があることを示す新証拠や，犯行後の足取りに関する自白内容に問題があるこ
とを示す新証拠があるとして，再審開始決定をし，本件最高裁決定は，これを
是認したものである。

　これは，確定判決の事実認定を全面的に再評価するのではなく，新証拠の重
要性，立証命題，確定判決の事実認定への影響等を検討していくという判断手
法を採用したものであって，最高裁昭和50年5月20日決定（白鳥事件）の判
断手法と同様のものであり，最高裁昭和51年10月12日決定（財田川事件）の
判断手法とは異なっている。

最高裁平成9年1月28日決定 [181] ── 名張事件

　事案は，三重県名張市内の公民館で開催された懇親会において，有機リン系
の農薬を混入させたぶどう酒を会員らに飲ませ，会員5名を殺害し，会員12
名を有機リン中毒症に罹患させたに止まり殺害の目的を遂げなかったというも
のである。確定判決の有罪認定の根拠の一つとして，替栓の表面に付いていた
傷痕が請求人の歯牙により生じた旨の三つの鑑定書等があった。請求人は，再
審請求審において，同傷痕が請求人の歯牙により生じたものではない旨の鑑定
書を提出した。

　最高裁は，以下のとおり判示して，請求人からの特別抗告を棄却した。

　「1　本件替栓の表面の傷痕に関し，確定判決の言い渡された第二審にお
いて取り調べられた三鑑定を含む各証拠に，再審請求後に提出された各証

拠を総合して検討すると，三鑑定は，右傷痕が申立人の歯牙によって生じたものと特定するに足りるだけの証明力を失ったという意味において，いずれもその証明力が大幅に減殺されたことが明らかである。」

「2　しかし，本件替栓の表面の傷痕に関する新旧全証拠を総合しても，本件替栓上の傷痕が人の歯痕であるか，あるいは人の歯痕である可能性が強く，また，それが申立人の歯牙によって印象されたとしても矛盾は生じないとした原決定の認定は，正当として是認することができる。したがって，三鑑定の証明力が右のとおり大幅に減殺されたからといって，これのみにより直ちに確定判決における有罪認定につき合理的な疑いが生ずるものではないし，確定判決の有罪認定の根拠とされた前掲（一）及び（三）の各証拠群の証明力が否定されるという関係に立つともいえない。」

「3　そうすると問題は本件替栓の表面の傷痕に関する証拠の証明力の評価を右の範囲にとどめ，再審請求後に提出された新証拠と確定判決の言い渡された第二審で取り調べられたその余の全証拠とを総合的に評価した結果として，確定判決の有罪認定につき合理的な疑いを生じさせ得るか否かに帰着するということができる（略）。……以上のとおり，本件事件当日に，公民館の囲炉裏の間において，本件ぶどう酒に有機燐テップ製剤の農薬が混入されたが，申立人以外の者は本件ぶどう酒に右農薬を混入する機会がなく，その実行が不可能であったのに対し，申立人はその実行が可能であり，かつ，その機会が十分あったと認められるから，以上の情況証拠によって，申立人が本件犯行を犯したものと認めることができる。」

中谷雄二郎調査官は，以下のとおり解説する[182]。

「白鳥決定は，『当の証拠（注・新証拠）が確定判決を下した裁判所に提出されていたとすれば』と判示するなど，確定判決の立場に身を置いて判断することを前提としたものとされており，再審請求審の立場から，独自に実体判断をしたり，無罪判決の可能性を予測しようとしたものではなく，確定判決の立場に身を置いて，その事実認定を事後的に審査しようとしたものといえよう。……白鳥決定は，総合評価とはいっても，全面的再評価説のいうように，新証拠の持つ重要性やその立証命題とは無関係に，再審

請求審が旧証拠を洗いざらい評価し直して自ら心証を形成し，確定判決の動揺の有無を審査することまで認めたものというよりも，新証拠の持つ重要性とその立証命題に着目して，それが有機的に関連する確定判決の証拠判断及びその結果の事実認定にどのような影響を及ぼすかについて審査することを求めたものと考えられる。そして，旧証拠に対する再評価は，確定判決の事実認定の当否を事後的に審査するのに必要な限度で行えば足りるのであり，再評価すべき旧証拠の範囲は，新証拠の持つ重要性及びその立証命題に照らして，それが影響を及ぼす可能性のある旧証拠の範囲に限定されることになるといえよう。」

「財田川事件は，財田川決定が詳細に説示するとおり，自白の内容自体に多くの重大な疑点があり，それが確定判決時点においてもほとんど未解明のまま残されていたという点において，かなり特殊な事案であったということができる。財田川決定が，白鳥決定の判示した明白性の判断方法に関する一般原則を確認した上，これとは異なる判断方法を用いてまで再審開始の途を開いたのは，財田川事件のこのような事案の特殊性が直接の動機となったものと推測される。したがって，財田川決定が，このような『特段の事情』もないのに，再審請求を受けた裁判所において『みだりに判決裁判所の心証形成に介入することを是とするものでもない』といえよう。」

「狭山決定は，その理由中において，多数に及ぶ新証拠を論点別に区分した上，各論点ごとに新証拠及びこれと有機的に関連する旧証拠とを総合的に評価し，いずれの新証拠も，それ自体においても，また旧証拠と総合評価しても，明白性があるとはいえないと判示して，これと同旨の原決定及び原原決定の判断を是認したものである。そして，この証拠の明白性に関する判断方法は，まさに白鳥決定の示した判断方法に沿うものであり，新証拠の持つ重要性とその立証命題に着目して，それが有機的に関連する確定判決の証拠判断及びその結果の事実認定にどのような影響を及ぼすかとの観点から，それに必要な限度で旧証拠を再評価したものである。」

「本決定（引用者注▷名張決定）は，まさに新証拠の持つ重要性とその立証命題に着目して，それが有機的に関連する確定判決の証拠判断及びその結

果としての事実認定にどのような影響を及ぼすかとの観点から，それに必要な限度において旧証拠を再評価したものといえよう。」

「本件抗告の趣意は，白鳥決定及び財田川決定について，前記のような意味での証拠構造論を採用したものであり，新証拠により『確定判決の有罪認定とその証拠関係』（確定判決の証拠構造）が維持できなくなったときは，再審開始事由（明白性）ありと判断すべきであり，かつ，再審請求人に不利益に証拠構造を変更したり組み替えることは許されないという趣旨を含む旨主張している。しかし，右各決定は，右のような趣旨まで判示したものではないように思われる。……本決定は，……確定判決の証拠構造の分析ないし解明をしている。しかし，……本決定による証拠構造の分析ないし解明は，①三鑑定の証明力が大幅に減殺されたことから，直ちに確定判決における有罪認定について合理的な疑いが生じ得るのか，また，②旧証拠の再評価について，新証拠と有機的に関連する旧証拠に限定するのか，全面的に行う必要があるのかを解明するためのものといえる。……したがって，本決定は，確定判決の証拠構造が維持できなくなったときは証拠の明白性があるとするいわゆる証拠構造論を採るものとは解されないし，旧証拠の不利益再評価が許されないことを前提とするものでもないように思われる。」

本件最高裁決定は，新証拠により，犯行に使用したぶどう酒の替栓の傷痕が請求人の歯牙により生じたものであるという旧証拠の証拠価値が減殺されたことを確認した後，他の間接証拠の検討に移り，他の間接証拠によれば，犯人が請求人であるという事実が認められることに変わりはないとして，請求人の主張を排斥した。

これは，確定判決の事実認定を全面的に再評価するのではなく，新証拠の重要性，立証命題，確定判決の事実認定への影響等を検討していくという判断手法を採用したものであって，最高裁昭和50年5月20日決定（白鳥事件）及び最高裁昭和55年12月11日決定（免田事件）の判断手法と同様のものであり，最高裁昭和51年10月12日決定（財田川事件）の判断手法とは異なっている。

最高裁平成 21 年 12 月 14 日決定 [183] —— 布川事件

　原決定である東京高裁平成 20 年 7 月 14 日決定 [184] は，以下のとおり，確定判決の事実認定の証拠構造を検討した上，確定判決が依拠した目撃者の供述及び請求人の自白のいずれの信用性も否定した。

　「原決定は，確定判決の証拠構造（有罪認定の根拠）について，確定 1 審，同 2 審，同 3 審を検討して，概略，次のように捉えた。すなわち，本件犯行を直接立証する証拠としては請求人らの自白以外にはないのであるが，〈1〉犯行に接着した時間帯と場所で請求人らを目撃したという……上記 6 名の各供述は，請求人らの犯行自体を目撃したものではないけれども，いずれも信用できるものであり，同時に，自白の真実性を担保するに足りる補強証拠としての意義を有する（証拠構造 1）。……〈2〉請求人らの自白は，任意になされたもので，かつ，真実性があり，それらが相互に自白を補強するに足りるものである（証拠構造 2）。」

　「以上検討してきたところによれば，A（引用者注▷目撃者 A）の供述には往路供述，帰路供述を含めて重要な部分に顕著な変遷があることや，その供述には言葉どおりに受け取ってよいか躊躇が感じられるような内容が含まれていることが明らかとなった。そして，今回新証拠として検討した B の供述など他の目撃者の目撃供述と対比して A の供述内容に疑問があることも明らかとなった。A の客観的観察条件が必ずしも良好とはいえない状況にあったこととも併せ検討すると，A の供述の信用性には重大な疑問があるといわざるを得ない。」

　請求人らの自白について，詳細に分析した上，供述に変遷があること，客観的事実との整合性等に問題があること，秘密の暴露の存在を認めることができないことを指摘し，「以上のとおり，請求人らの自白の信用性を肯定するような特別な事情があるとは認められないというべきであり，これまで検討してきたように，請求人らの自白には到底無視することのできない顕著な変遷が認められるほか，犯行そのもの及び犯行に直結する重要な部分に多岐にわたって客観的事実に反する供述が含まれているのであり，また，秘密の暴露に当たる供述も認められないのであって，請求人らの自

白の信用性を認めることはできないものといわなければならない。新旧証拠を総合すると，請求人らの自白の信用性は否定すべきものと判断される。」

同東京高裁決定は，形式的には，「新旧証拠を総合すると」という表現をしているが，実質的には，新証拠の重要性，立証命題，確定判決への影響等から新証拠の明白性を判断するのではなく，それに先立ち，旧証拠の信用性を全面的に再評価している。これは，最高裁昭和51年10月12日決定（財田川事件）の判断手法と同様のものであり，最高裁昭和50年5月20日決定（白鳥事件），最高裁昭和55年12月11日決定（免田事件）及び最高裁平成9年1月28日決定（名張事件）の判断手法とは異なっている。

本件最高裁決定（布川事件）は，「記録によれば，所論引用の証拠の新規性及び明白性を認めて本件各再審請求をいずれも認容すべきものとした原々決定を正当とした原判断に誤りがあるとは認められない。」旨判示しているが，その判示内容は簡略であり，その趣旨が判然としないところがある。

ただ，本件最高裁決定は，白鳥事件，免田事件及び名張事件で採用された判断手法を否定する趣旨ではないと思われる。もしも，これら事件で採用された明白性の判断手法を放棄するのであれば，その旨明示して然るべきだからである。

本件最高裁決定には，以下のような裁判官古田佑紀の補足意見が付されている。

「私は，法廷意見に同調するものであるが，原決定は，旧証拠に関し，新証拠と離れて，まず自らが改めてその信用性を評価しているように理解される余地があるなど，その説示には必ずしも首肯し難い点があることを付言しておきたい。」

同補足意見は，本件最高裁決定が全面的再評価説を採用したものでないことについて注意喚起しようとしたものと理解できよう。

6. 私　　見

　私見では，小西秀宣判事の見解とほぼ同旨である。

　その理由は，以下のとおりである。

　再審請求審の審判対象は，無罪を言い渡すべき明らかな証拠をあらたに発見したか否かであるから（刑訴法435条6号，447条，448条），明白性を判断するためには，まず，新証拠の立証命題・証拠価値を把握し，次に，新証拠の立証命題が有機的に関連する確定判決の事実認定にどのような影響を及ぼすかを検討すべきである。新証拠が旧証拠の証拠価値を減殺するに足りないのであれば，確定判決の事実認定につき合理的な疑いを抱かせるものではないから，再審請求は棄却されるべきである。新証拠が旧証拠の証拠価値を減殺するに足りるのであれば，さらに，証拠価値の認められる残りの積極・消極の全証拠を総合的に評価することになり，残りの証拠だけでは有罪認定を維持できない（無罪ではないかとの合理的な疑いが生じている）のであれば，再審開始決定を出し，残りの証拠だけでも有罪認定を維持できる（無罪ではないかとの合理的な疑いが生じていない）のであれば，再審請求を棄却すべきである。

　その際，再審請求審は，無罪を言い渡すべき明らかな証拠をあらたに発見したか否かを審判対象とするのであるから，新証拠から離れて，確定判決の事実認定にみだりに介入することは許容されていないし，また，その事実認定の基礎となった旧証拠を全面的に再評価することも許容されていないというべきである。

　また，新証拠により，確定判決の証拠構造をそのまま維持できなくなったとしても，例えば，確定判決の依拠した旧証拠の一部について，その証拠価値が減殺されても，あるいは，確定判決の事実認定について，その一部に事実誤認があっても，それだけで直ちに再審開始決定を出すべきではなく，要は，新証拠の提出により，有罪認定を維持できない（無罪ではないかとの合理的な疑いが生じている）ことになったか否かが問われるべきである。

　なお，再審事由の有無を判断する主体は，再審請求審であり，再審請求審は，通常審とは異なる裁判官で構成されているのであるから，再審請求審が確定判

決の裁判官の立場に立つべきであるとか，確定判決審の心証を引き継ぐべきであるとかいう説明は，明白性の判断基準として，適切ではないと思われる。

第2節 「疑わしきは被告人の利益に」の原則の適用の有無をめぐる論争の意義

1．問題の所在

再審請求審において「疑わしきは被告人の利益に」の原則が適用されるか否かという論点については，白鳥決定（肯定説）により，決着をみた。

ここでは，この原則の適用の有無をめぐる論争を再整理し，白鳥決定が示した判例法理の意味を考えてみたい。

各論者の見解は，一応，否定説と肯定説に分類することが可能であるが，その背後にある実質的な論点は，明白性の判断基準を厳格に解釈・運用すべきか，緩やかに解釈・運用すべきかという点にあったように思われる。

以下，検討する。

2．再審請求審においては同原則が適用されないという見解

安倍治夫検事は，再審請求審においては「疑わしきは被告人の利益に」の原則が適用されず，無罪の証拠が有罪の証拠より優勢であり，標準的裁判所を基準として無罪が言い渡される蓋然性が50％以上であると認められる場合に，新証拠の明白性が認められるという。すなわち，

「まず，『疑わしきは被告人の利益に従う』という原則がここでは働かないことについては，何人も異論はないところであろう。もしそうでないとすると，再審請求受理裁判所が原審裁判所よりも事実認定について慎重な態度をとる場合（略）には，しばしば再審開始決定が下されることになり，確定判決の安定性が根底からぐらついてしまうおそれが大きいからである。再審制度は上訴制度の単なる延長であってはならないのである。」，「無罪

の証拠が有罪の証拠よりも優勢であると認めたならば，次に，合理的，標準的な裁判所であったならば，はたして無罪を言渡すべき場合に相当するかどうかを客観的に判断する。この判断は一種の蓋然性の判断であり，合理的，標準的裁判所が無罪を言渡すであろう蓋然性が大である（50％以上である）と認める場合には，再審を許容すべきである。逆にそのような蓋然性が低い（50％以下）と認めたならば，再審を拒むべきである。問題は，蓋然性がいずれとも決しがたい場合（フィフティ・フィフティの場合）にはどうすべきかであるが，この場合には，さらに場合を分けて考える必要がある。もし，全記録から判断して，かりに再審を開始して審理を尽くしても依然として真偽不明の状態を脱却する見とおしがないと思われるならば，再審請求を棄却すべきであり，逆に，再審を開始して審理を尽くせば，この状態を脱却し，いずれかに判定しうることが記録上推察されるときは，再審開始決定を行い，終局的評価を本案裁判所にゆだねるのが相当である。」[185]

という。

臼井滋夫検事は，再審請求審においては「疑わしきは被告人の利益に」の原則が適用されず，また，証拠の明白性の有無は，具体的事件における再審請求審の心証の程度の問題に帰するのであって，一般的法則によって規律することはできないという。すなわち，

「わが刑訴法の再審制度の母法であるドイツ刑訴法359条5号（略）についても，右の点が問題とされているが，ペテルスは，『疑わしきは被告人の利益に』の原則が再審理由有無の判断の段階においても適用される旨の判断を示した1951年2月22日のハム高等裁判所の決定を批判して，つぎのような理論を展開している。すなわち，その所説は，『わたくしには，ここで『疑わしきは被告人の利益に』という原則がおよそ場所を占める余地があるかどうか疑問におもわれる。この原則は，事実の確定に関する証拠法の分野においてのみ適用される。……『疑わしきは被告人の利益に』という原則は事実の確定に関して生ずるものであるが，しかし，それは，心証の程度（可能性，蓋然性，高度の蓋然性，確実性）を得ることに関しては，

適用されない。……再審手続における前決定（筆者注──ドイツ刑訴法370条の再審理由の有無に関する決定）に際しては，何らの事実も証明されたものとして確定されることはない。単に，手続を繰り返すことの必要または不必要についての心証判断が得られるにすぎない。したがって，ここでは，かの原則は関係がない。』（略）というのである。……わが刑訴法435条6号にいう『明らかな証拠』に該当するか否かの判断に当たって，『疑わしきは被告人の利益に』という原則が適用されないという見解は，それを，右にペテルスの所説をかりて説明したような意味に理解する限り，全く正当である。したがって，再審請求について審判を行う裁判所は，もし再審が開始されたならば，その再度の審理において，再審請求の理由として主張された事実が確実に証明せられ得るか否かという点を判断の基準として，理由の有無を判断しなければならない（略）。その意味で，この段階では，『疑わしきは確定力の利益に』という原則が妥当するというべきであろう（略）。」，「刑訴法435条6号の再審理由の有無は，裁判官の心証判断によって決せられ，とくに，証拠の明白性の有無は，裁判所の心証の程度の問題に帰する。したがって，それは再審請求を受けた裁判所の具体的認定にまつべきものであるから，明らかな証拠であるか否かは各事案によって異なり（最決昭29.10.19刑集8.10.1610），これを一般的法則によって規律することはできない。」[186)]

という。

　以上，安倍治夫検事及び臼井滋夫検事の見解は，いずれも再審請求審においては「疑わしきは被告人の利益に」の原則が適用されないという点において，共通しているものの，趣旨が判然としないところもあり，また，両者の見解が一致しているわけでもない。

　再審請求審において同原則が適用されない理由について，安倍治夫検事の説明と臼井滋夫検事の説明は異なっている。安倍治夫検事は，確定判決の事実認定が安易に覆されると法的安定性を害するからであるといい，臼井滋夫検事は，再審請求審が判断するのは再審開始の要否にとどまり，犯罪事実の有無を判断するわけではないから，同原則が適用される場面ではないのだという。

もともと,「疑わしきは被告人の利益に」の原則は,刑事裁判において,検察官が原則として全面的に挙証責任を負い,証拠調べの結果,裁判所が合理的な疑いを容れない程度に有罪の確信を得ることができないときは,無罪とされるなど,被告人に有利に判断するという考え方をいうものと解される[187]。

そして,無罪とは,被告人の無実が証明されたことをいうのではなく,「無罪ではないかとの合理的な疑い」が生じていることを意味し,逆に,有罪とは,事件性,犯人性等について証明され,かつ,無罪ではないかとの合理的な疑いが生じていないことを意味する。すなわち,

　　「刑事裁判における有罪の認定に当たっては,合理的な疑いを差し挟む余地のない程度の立証が必要である。ここに合理的な疑いを差し挟む余地がないというのは,反対事実が存在する疑いを残さない場合をいうものではなく,抽象的な可能性としては反対事実が存在するとの疑いをいれる余地があっても,健全な社会常識に照らして,その疑いに合理性がないと一般的に判断される場合には,有罪認定を可能とする趣旨である。」(最高裁平成19年10月16日決定[188])

すると,「疑わしきは被告人の利益に」の原則は,「無罪ではないかとの合理的な疑い」が生じている場合に無罪を言い渡すということとほぼ同義となり,要は,無罪ではないかとの疑いが「合理的か否か」という問題に収斂されることになる。

さて,最高裁昭和50年5月20日決定(白鳥事件)[189]は,「無罪を言い渡すべき明らかな証拠」とは確定判決における事実認定につき合理的な疑いをいだかせ,その認定を覆すに足りる「蓋然性」のある証拠のことをいう旨判示した。すなわち,無罪を言い渡すべき明らかな証拠とは,無罪ではないかとの合理的な疑いを抱かせる証拠のことをいう旨判示された。同決定は,確定判決の事実認定を覆すに足りる「蓋然性」がなければならない旨判示するが,有罪認定に合理的な疑いを容れるに足りる証拠は,有罪認定を覆すこと(無罪を言い渡すこと)になるから,結局,「蓋然性」という言葉に意味はないことになる。

臼井滋夫検事は,現行法制が,再審請求審と再審公判との2段階になっており,再審請求審において有罪・無罪の事実認定がなされるわけではないという

趣旨から，再審請求審においては「疑わしきは被告人の利益に」の原則が適用されない旨述べているところ，確かに，同原則が通常審において通用されるべきものであるという指摘には，相当の根拠があるといえるものの，明白性の意義について，最高裁昭和50年5月20日決定（白鳥事件）に従うのであれば，実質的にみて，再審請求審においても同原則が適用されるとしてよいことになる。

　したがって，同決定に従うのであれば，再審請求審において「疑わしきは被告人の利益に」の原則は適用されるものと解するのが相当であり，安倍治夫検事及び臼井滋夫検事の見解は，相当とは思われない。

　以上で，安倍治夫検事及び臼井滋夫検事の見解に対する基本的な検討は，実質的に終わっているが，新証拠と旧証拠の比較における「証拠の優越」，再審公判で無罪が言い渡される「蓋然性」，「疑わしきは確定力の利益に」の原則等，安倍治夫検事及び臼井滋夫検事が用いる他の道具概念について，さらに検討する。

　まず，安倍治夫検事は，無罪証拠と有罪証拠のどちらが優勢かを判断し，無罪証拠が優勢で，かつ，標準的裁判所を基準として無罪が言い渡される「蓋然性」が50％以上であると認められた場合に，証拠の明白性が認められるという。

　しかしながら，明白性の意義について，最高裁昭和50年5月20日決定（白鳥事件）に従うのであれば，問題となるのは，無罪ではないかとの疑いの「合理性の有無」なのであり，無罪証拠と有罪証拠のどちらが優勢か，無罪を言い渡すべき蓋然性は何パーセントかなど，「程度」を問題とする判断基準を用いるべきではない。

　例えば，犯人性が争われている傷害事件において，被告人が本件犯行に及んだのを目撃した旨の証言があり，当該証言の信用性が争点であるならば，当該証言の信用性の有無を認定すべき補助事実，すなわち，証言内容自体の具体性，合理性，一貫性の有無，客観的証拠や他の関係人供述との整合性の有無，証人の立場（第三者性や，嘘をつく動機の有無を含む。），視認可能性，証人の認識・記憶・表現能力等を吟味することになるが，その際，仮に，「当該証言の信用性

の程度」とか，「信用性を肯定する証拠と否定する証拠の総合考慮」とかの表現ぶりが用いられることがあったとしても，結局，最後は，「当該証言を信用できるか否か」が判断されるのであって，「当該証言を信用できる蓋然性」というような判断基準が用いられることはないと思われる。

　また，例えば，殺意が争われている殺人未遂事件において，客観的証拠が収集され（あるいは，これに関係者供述等も加えて），凶器の殺傷能力，犯行態様（攻撃の部位，回数，強度等を含む。），犯行結果（傷害の部位，程度等を含む。），犯行動機の有無等の間接事実が認定できるならば，これら間接事実により殺意の有無が認定できるはずであり，その際，吟味されるのは，「殺意の有無」なのであって，「殺意を認定（あるいは否定）すべき蓋然性」という判断基準が用いられることはないと思われる。

　要するに，有罪・無罪の事実認定において，問題となる証明対象が主要事実，間接事実又は補助事実のいずれであったとしても，それぞれの事実を立証するには，立証構造を踏まえた証拠評価が重要なのであり，その際，「積極証拠と消極証拠のどちらが優勢か」とか，「有罪（あるいは無罪）となる蓋然性（パーセンテージ）」とかいう判断基準が用いられることはないと思われる。

　そもそも，安倍治夫検事は，証拠の優劣や有罪・無罪の蓋然性を数値化（パーセンテージ化）しようというのだが，実際の再審請求審において，かかる数値化が可能とは思われない。また，標準的裁判所を基準にして「蓋然性」を判断するというが，標準的裁判所を基準とした判断という趣旨も，判然としない。仮に，それが客観的な判断を意味するのだとしても，数値化を可能にするものとは思われない。

　次に，臼井滋夫検事は，もし再審が開始されたならば再審公判で再審事由が確実に証明できるか否かという判断基準により再審事由の有無を判断すべきであり，その意味で，再審請求審においては「疑わしきは確定力の利益に」の原則が適用されるという。

　しかしながら，その趣旨は判然としない。

　ここで問題とされている再審事由とは，無罪を言い渡すべき明らかな証拠をあらたに発見したことであり，明らかな証拠とは，最高裁昭和50年5月20日

決定（白鳥事件）に従えば，無罪ではないかとの合理的な疑いを生じさせる証拠のことをいい，これは無実を証明する証拠のことではないから，結局，再審請求審においても「疑わしきは被告人の利益に」の原則が適用されるといって問題はないはずである。臼井滋夫検事も，同決定の示した明白性の判断基準に反対する趣旨ではなさそうであり，あえて「疑わしきは確定力の利益に」の原則が適用されるなどという意味はないと思われるし，「再審事由（無罪を言い渡すべき明らかな証拠の存在）を確実に証明する」という持って回った表現も，分かりやすい表現とは思われない。

　あるいは，臼井滋夫検事は，再審請求は安易に認められるべきではないという法的安定性を強調する趣旨で，単に比喩的な表現を用いたにすぎないのかもしれないが，仮に，新証拠には旧証拠よりも強い証明力が必要であるという趣旨なのであれば，安倍治夫検事と同様の批判が当てはまろう。実務上，例えば，証言の信用性が問題になるのであれば，信用性の有無に関する補助事実を個々に検討し，また，主要事実を立証すべき直接証拠がないのであれば，主要事実をめぐる間接事実を個々に検討し，いずれの場合であっても，主要事実，間接事実又は補助事実の有無を判断し，最終的に有罪・無罪を判断することになるが，その際，当該証言を信用できる蓋然性とか，有罪（あるいは無罪）となる蓋然性とかいう道具概念を用いるのは相当でない。問われているのは，「有無」なのであって，「程度」ではないのである。

3. 再審請求審においても同原則が適用されるが，無罪ではないかとの疑いが合理的か否か，新証拠の証拠価値等を判断するに当たっては同原則が適用されないという見解

　高田卓爾教授は，再審請求審においても「疑わしきは被告人の利益に」の原則が適用されるが，無罪ではないかとの疑いが合理的か否かを判断するに当たっては同原則が適用されないという。すなわち，

　　「いかなる証拠が『明らかな証拠』といえるかは，原判決後に決定的な証拠をもって真犯人が検挙され有罪判決が確定したような場合（略）を除い

て，微妙かつ困難な問題である。第一に，再審が確定判決の効力を破る非常救済手段であることを考えれば，原判決の事実認定を動揺させるべき相当程度の可能性——ドイツの学者の用語によれば『蓋然性』——をもつ証拠であることを要するであろう。しかし，第二に，……『明らかな』証拠とはいうけれども，この段階においては，ある程度予測の要素を含むものと解しなければならない（略）。(1)……思うに，有罪判決を正当化するためには合理的な疑いを残さぬ程度に犯罪事実が証明されていなければならぬのであるから，合理的な疑いを生ぜしめるに足りる新証拠があらわれた場合には原有罪判決の事実認定が不合理なものといわざるをえない（略）。そして，有罪か無罪かという択一的な場合には，事実認定が不合理であるということは，換言すれば無罪を言い渡すべきことを意味することになり，まさに『無罪を言い渡すべき明らかな』証拠が発見された場合に当たるというべきである（略）。その限りで『疑わしきは被告人の利益に』の原則が妥当するということは，むしろ当然のことである。ただ，この場合に注意すべきは，『原判決には合理的な疑いが残る』といいうる程度の立証を必要とするものであって，『合理的な疑い』といえるかどうかが疑問として残るときはもはや本号には該当しない，ということである（略）。そこまで『疑わしきは被告人の利益に』の原則が妥当するわけではない。」[190]

という。

鈴木義男検事は，再審請求審においても「疑わしきは被告人の利益に」の原則が適用されるが，新証拠の証拠価値の有無の判断に当たっては同原則が適用されないという。すなわち，

「再審請求審の役割は，裁判のやり直しをすれば無罪判決が言い渡される蓋然性の有無を判断することにあるとする立場から，『疑わしきは被告人の利益に』という原則は再審による無罪判決の可能性について予測的な判断をする上で適用されるにとどまり，その可能性が『明らか』かどうかは別個に判断されなければならないと解することにより，再審と上訴との間に適切な制度上のバランスを保たせるべきであるとする見解もある。おそらく，このように解する以外には，『疑わしきは被告人の利益に』の原則

と再審開始のための明白性の要件の存在とを調和させる道はないであろう。」,「『疑わしきは被告人の利益に』の原則は，合理的な疑いの有無の判断にのみ適用され，新証拠の証拠価値の有無の判断にまで適用されるものでないことはいうまでもない。」[191]
という。

　森本和明検事は，再審請求審においても「疑わしきは被告人の利益に」の原則が適用されるが，「明らかな」証拠といえるか否かの判断に当たっては同原則が適用されないという。すなわち，

　　「再審請求に対する審判手続は，再審理をなすべき必要性の有無を判断する手続であって，犯罪事実の存否を自ら認定するものではないとしても，その必要性の有無の判断のために，実質的には，確定判決の基礎となった積極・消極の証拠と新たな証拠とを合わせ評価して確定判決における事実認定の当否を判断することとなるのである。ここにおいて，当該事件における具体的正義の実現を図る前提として事実認定が問題とされている点では，判決の確定前の公判手続において証拠により事実認定が行われる場面と本質的な差異はないといわざるを得ないであろう。そうすると，有罪と認めるためになされるべき証明の程度に関しては，再審請求に対する審判手続においても『疑わしきは被告人の利益に』の原則が適用されるものと考えるのが相当である。……再審請求が認容されるためには，その請求者において証拠を提示しなければならず，435条6号にいう『明らかな』証拠といえるか否かの判断に当たっては，『疑わしきは被告人の利益に』の原則が適用される場面ではない。」,「確定判決による法的安定性との調和の観点から，確定判決を覆すに足りる単なる可能性があるというだけでは足りない。再審請求の審判手続において終局的に事実認定を行うものではないことからすれば，無罪を言い渡すべきことが確定的であることは要しないとしても，少なくとも，白鳥決定がいうように，その蓋然性を要するものと考えるべきであろう。」[192]
という。

　以上，各論者において，その趣旨が判然としない点もあり，また，見解が一

致しているわけでもないが，概ね，再審請求審において「疑わしきは被告人の利益に」の原則が適用されるとしても，新証拠が無罪を言い渡すべき明らかな証拠に該当するか否か判然としない場合には，証拠の明白性が否定されるのであって，かかる判断の場面においてまで，請求人に有利な判断をすべきものではない旨主張しているようである。

その主張は，大枠において理解できなくはない。

ただ，最高裁昭和50年5月20日決定（白鳥事件）も，無罪ではないかという疑いが合理的か否か判然としない場合にまで再審を開始すべきである旨判示しているわけではなく，新証拠により，確定判決の事実認定につき合理的な疑いを生ぜしめれば，無実を証明するに至らなくても再審を開始するという意味で，「疑わしきは被告人の利益に」の原則が適用される旨判示しているにすぎない。

もともと，「疑わしきは被告人の利益に」の原則は，無実の証明がなくても，無罪ではないかとの疑いが合理的である場合には，無罪を言い渡すという原則なのであって，無罪ではないかとの疑いが合理的といえるか否か判然としない場合にまで無罪を結論付ける原則ではない。

再審請求審において同原則が適用されるか否かについては，長年にわたって激しく争われてきたが，その実質的な対立点は，再審事由（証拠の新規性・明白性）の有無を判断するに当たって，請求人に有利になるよう緩やかな法運用をして再審開始の道を広げることが許されるのか否かにあり，緩やかな法運用をすべきであるという立場から，「疑わしきは被告人の利益に」の原則がスローガンのように用いられてきた感がある。

前記最高裁決定（白鳥事件）は，この論争に決着をつける意味で，再審請求審においても「疑わしきは被告人の利益に」の原則が適用される旨判示し，同時に，明らかな証拠とは，確定判決の事実認定につき合理的な疑いを抱かせ，その認定を覆すに足りる蓋然性のある証拠をいう旨判示したものと理解すべきである。

したがって，同決定に従うのであれば，再審請求審においても同原則が適用されると言えば足りるのであり，それに加えて，無罪の疑いが合理的か否か判

第3章 再審請求審における実体要件〔その2〕証拠の明白性について | 175

然としない場合にまで被告人に有利に取り扱うものではない旨，あえて指摘するまでもないと思われる。

　なお，鈴木義男検事は，新証拠の証拠価値の有無の判断に当たっては同原則が適用されないというが，その趣旨は，高田卓爾教授と同旨を述べようとしたものかと推察する。

　森本和明検事は，「明らかな」証拠といえるか否かの判断に当たっては同原則が適用されず，また，明らかな証拠というためには，確定判決の事実認定を覆す「単なる可能性」では足りず，これを覆すに足りる「蓋然性」のある証拠であることを要するというが，その趣旨は，判然としないところがある。

　前記最高裁昭和50年5月20日決定（白鳥事件）は，明らかな証拠の意義を提示した上，その明白性の判断に際して「疑わしきは被告人の利益に」の原則が適用される旨判示しているのであり，同決定に従うのであれば，明らかな証拠といえるか否かの判断とは，無罪ではないかとの合理的な疑いが生じているか否かの判断であり，その判断に当たって同原則が適用されることは，自明である。あるいは，森本和明検事は高田卓爾教授と同旨を述べようとしたのかとも想像するが，そうであれば，その旨述べればよいのであって，「明らかな」証拠といえるか否かの判断に当たっては同原則が適用されないと述べるのは，いかがなものかと思う。

　また，前記のとおり，確定判決の事実認定を覆すということは，無罪ではないかとの合理的な疑いが生じていることを意味し，明白性の有無の問題は，合理性の「有無」の問題であって，合理性の「程度」の問題ではない。もともと，「疑わしきは被告人の利益に」の原則は，疑いが合理的である場合に限って無罪を結論付けるものであり，無罪ではないかとの抽象的な可能性があるだけで無罪を結論付けるものではなく，その点は，同原則の内容として折り込み済みのはずである。したがって，同最高裁決定（白鳥事件）の判示に見える「蓋然性」という用語には，特別な意味を読み込むべきではないのであって，「蓋然性」という用語を有意な概念と捉える森本和明検事の見解は，相当とは思われない。

4. 再審請求審においても同原則が適用されるが，新証拠には強い証明力が必要であるという見解

　岸盛一判事は，再審請求審においても「疑わしきは被告人の利益に」の原則が適用されるが，明らかな証拠とは，確定判決の事実認定とは異なる結論を導くに足りる「顕著性」のある証拠のことであるという。すなわち，

　　「『明らかな証拠』とは，証拠能力を備え異なる結論を導くに足りる顕著性のある証拠ということであって，この場合も『疑わしきは被告の利益に』の原則が適用されるべきである。」[193]

という。

　光藤景皎教授は，当初の見解では，再審請求審においても同原則が適用されるが，証拠の明白性が認められるのは，新証拠が旧証拠に「優越」する場合であるとしていた。すなわち，

　　「私は端的にいって，この場合も——言葉は熟さないが——『疑わしきは被告人の利益に』の原則が貫かれるべきであるという（すなわち心証形成の途のつきたときに被告人の利益に決するということだけでなくて，訴訟の各々の過程においてこの原則がどのように現れるかをみなければならぬという）見解である。それはこういうことである。一つは，刑事裁判では確定前における事実認定においてはもちろん，確定後においても事実証明の許される場合には，被告人に自己の無罪を証明すべき事実を beyond a reasonable doubt に証明することを，要求してはならないということである。……二つは，『無罪を言い渡すべき明らかな』証拠という場合に，この『無罪を言い渡すべき』というのは，無罪の心証が形成されねばならぬということではなくて，有罪の合理的疑いを超える心証が維持できない程度という意味に解さねばならぬということである。……そうすると，それに対応する証拠の『明白性』とは，その新たな証拠を有罪の確定判決の基礎となった証拠と有機的に関連させて判断して，前者が後者に対して証拠の優越（preponderance of evidence）が一応みとめられる程度のものであることを要し，かつこれをもって足るということになる。」[194]

という。

　藤永幸治検事は，再審請求審においても同原則が適用されるが，新証拠が確定判決の事実認定を覆すに足る蓋然性としては 80 ～ 90 ％の可能性が求められるという。すなわち，

　　「『合理的疑い』の程度についても，……やはり白鳥決定のいうとおり，あくまで『確定判決の認定を覆すに足る蓋然性』が必要なのである。……可能性とか蓋然性という見込みや予測を数字で表すこと自体適当とは思われないが，蓋然性という言葉の日常的用語例からすれば少なくとも 80 ないし 90 パーセントの可能性を指すと解するのが素直であると思われる。」，
　　「そうであるとすれば，『疑わしいときは被告人の利益に』の原則を再審請求審理段階においても適用があるとした白鳥決定をどのように理解するかが問題となろう。同決定は，……『疑わしいときは被告人の利益に』の原則を再評価説論者のように公判段階と同様の意味でその適用を認めたものではないと解するのが正しい。すなわち，新証拠は，原裁判所の立場に身を置いた総合評価によって，確定判決の基礎となった旧積極証拠を旧消極証拠とともに攻撃しうるものであり，これらによって確定判決の事実認定を覆すに足りる蓋然性があれば足り，新証拠自体が完全無罪を指向するものでなくとも『無罪を言い渡すべき明らかな証拠』でありえるということを示すために，この原則が再審請求審理段階においても適用されると判示したものである。」[195]

という。

　なお，藤野英一判事は，再審請求審において同原則が適用されるか否かに触れていないが，新証拠の明白性は「強力」であることを要するという。すなわち，

　　「ここでは，専ら『証拠書類』『証拠物』の明白性を考えてみよう。これらの証拠のみ，又はこれと原確定記録中に存する他の証拠とを合わせることによって，確定判決の事実認定を動揺，廃棄せしめようとするのであるから，証拠の『明白性』は強力であることを要する。しかし強力の程度については，一般的準則を定めることはできず，各個の具体的事案に応じて考

えるほかないであろう。」[196)]

という。

　以上，各論者において，その趣旨が判然としない点もあり，また，見解が一致しているわけでもないが，いずれも，新証拠には強い証明力が必要であるという立場に立つ。この新証拠の証明力の強さにつき，岸盛一判事は，確定判決の事実認定と異なる結論を導くに足りる「顕著性」といい，光藤景皎教授は，新証拠が旧証拠に「優越」する場合であるといい，藤永幸治検事は，新証拠が確定判決の事実認定を覆すに足る蓋然性としては「80〜90％の可能性」が求められるといい，藤野英一判事は，「強力」な明白性を要するというが，いずれも，新証拠には強い証明力が必要である旨主張しているものと理解できる。

　これらの見解は，確定判決の法的安定性を念頭に置けば，滅多なことでは再審開始決定を出すべきではないという意識に支えられたものと推察することができる。最高裁昭和50年5月20日決定（白鳥事件）が「疑わしきは被告人の利益に」の原則の適用を認めたということは，再審請求を緩やかに認めるという法運用につながるのではないかという疑念が生じ，その問題に自ら答えようとしたということであろう。そのことは，藤永幸治検事が，「そうであるとすれば，『疑わしいときは被告人の利益に』の原則を再審請求審理段階においても適用があるとした白鳥決定をどのように理解するかが問題となろう。」と述べていることから分かる。

　しかしながら，再審請求審において同原則の適用を認めるということは，無罪ではないかとの疑いが合理的であれば，無罪の証明をしなくても，再審を開始するということを意味するにとどまり，合理的な疑いが生じていないのに再審を開始するということにはならない。つまり，藤永幸治検事らの自問は，問題設定として的を射たものではない。

　確かに，請求人が提出した証拠の証明力が乏しいのであれば，そもそも明らかな証拠に該当しないともいえるので，その意味では，強い証明力が必要であるといっても，必ずしも間違いではないが，各論者が，この問題を新証拠の証明力の「程度」の問題として取り扱おうとし，明白性の判断基準として，強い証明力を要求している点については，相当とは思われない。

前記第3章第2節2記載のとおり，確定判決の事実認定を覆す（無罪を言い渡す）というのは，無罪ではないかとの合理的な疑いが生じていることをいい，判断されるべきは，合理的な疑いの「有無」である。新証拠が証明力の弱いものであっては，明らかな証拠とはいえないであろうが，証拠の明白性とは，証明力の強さ（程度）で判断されるべきものではないから，各論者の見解は，相当とは思われない。

5. 再審請求審においても同原則が適用され，新証拠に強い証明力を求めるべきではないという見解

井戸田侃教授は，再審請求審においても「疑わしきは被告人の利益に」の原則が適用され，確定判決の事実認定をぐらつかせた証拠には，証拠の明白性が認められるという。すなわち，

> 「⑵再審手続……は，再審理をなすべき必要ありや否やを決定すべき手続である。しかし，これを決定するためには，旧証拠ならびに新証拠によって一応の事実を認定し，これと原確定事実とを比較対照することを必要とするのである。まさにこの新事実が原事実認定をぐらつかせた（略）かどうかが問題である。……再審開始決定後においては通常の手続が再開されるわけであるから，この段階においては，右の原則（引用者注▷疑わしきは被告人の利益にの原則）の適用ありとせざるを得まい。とすれば，中味（引用者注▷再審公判）より入り口（引用者注▷再審請求審）の方が狭い（引用者注▷要件が厳しい）ということになり，これはとうてい正当とはいえまい。話はむしろ逆の筈である。かくして必要性を判断するためになされるべき事実認定についても，『疑わしきは被告人の利益に』という原則の適用を排除する理由はなかろう。」197)

という。

光藤景皎教授は，当初の見解を変え，破棄自判〔無罪判決〕すべき心証には達していなくても，再審を開始する必要性が認められる程度にまで達していれば，証拠の明白性が認められるという。すなわち，

「わが最高裁白鳥決定が……証拠の『明白性』を，無罪判決の予測という
仮定的判断にかからしめないで確定判決の事実認定の当否において判断す
る立場をとったことは，明白性の判断を安定したものとする点で，すぐれ
たものということができる。……再審の場合はそれ（引用者注▷事後審査審）
とは異なり，再審公判へ移るための明白性の要件の判断にあたり，原『確
定判決の事実認定に合理的疑いがあれば足りる』のである。新証拠が提出
され，旧証拠との総合評価により，確定判決の事実認定に合理的疑いが生
じているのに，再審公判を開いていま一度審理しなくてもよいのか，がま
さに問われているのである。だから，破棄自判的心証に達していなくても，
原判決の事実認定に合理的疑いが生ぜしめられたならば，そこで再審公判
へ移るべきだといえるのだと思う。」[198]

という。

　以上，各論者において，その趣旨が判然としない点もあり，また，見解が一
致しているわけでもないが，いずれも，新証拠の証明力には，強度のものを求
めるべきではないという立場に立つ。この新証拠の証明力の強さにつき，井戸
田侃教授は，確定判決の事実認定を「ぐらつかせる」ことができれば足りると
いい，光藤景皎教授は，無罪判決を言い渡すべき心証に達していないまでも，
再審を開始する必要性が認められる程度にまで達していればよいという。これ
らの見解は，再審制度が再審請求審と再審公判との2段階構成になっているこ
とに注目し，本格的な証拠評価は，再審公判ですれば足り，入り口段階に当た
る再審請求審では，緩やかな判断基準を適用すべき旨主張しているものと理解
できる。

　しかしながら，井戸田侃教授のいう「ぐらつかせる」という言葉の意味は，
法解釈の概念として判然としないものがある。また，光藤景皎教授は，無罪判
決を言い渡すべき心証に達しなくても，再審を開始する必要性が認められる場
合があるというが，その説明も理解が難しい。

　再審理由は，無罪を言い渡すべき明らかな証拠を新たに発見したこと（刑訴
法435条6号）である。明らかな証拠とは，最高裁昭和50年5月20日決定（白
鳥事件）に従えば，確定判決の事実認定に合理的な疑いを抱かせる証拠をいう

のである。無罪ではないかとの疑いは，合理的なものでなければならず，単なる可能性では足りない。井戸田侃教授及び光藤景皎教授は，いずれも，新証拠には強い証明力を要求すべきでない旨主張しているようであるが，かかる見解は，法律の文言及び同決定の趣旨と整合性がとれないことになろう。

　また，現行制度が再審請求審と再審公判との2段階構成になっていることは，明白性の判断を緩やかにすべき根拠になるとは思われない。再審請求審は，職権主義により事実の取調べを実施することがあり，また，請求人が提出した書面について，証拠能力の判断を経ないまま，事実上，目を通しているのに対し，再審公判は，当事者主義により証拠調べがなされ，また，厳密な証拠法則の下で証拠の採否がなされるのであり，再審請求審と異なる判断をすることがあり得るなど，再審請求審とは別個の存在意義がある。したがって，現行制度が再審請求審と再審公判との2段階構成になっているとしても，それゆえに明白性の判断基準を緩やかにしてよいということにはならないのである。

　さて，ここまでの検討により，問題の所在の新たな視点が見えてくる。

　最高裁昭和50年5月20日決定（白鳥事件）は，明らかな証拠とは確定判決の事実認定を覆すに足りる「蓋然性」のある証拠をいう旨判示したが，この「蓋然性」について，前記4記載の藤永幸治検事らは，証明力が強いことを意味するものと理解し，光藤景皎教授らは，証明力が弱くてもよいものと理解しているのである。

　それまでの裁判例では，「高度の蓋然性」という判示をしていたものもあったことから，光藤景皎教授らは，同最高裁決定が「高度の」という修飾語を外したことを重く見て，明白性の要件が緩和された旨主張し，藤永幸治検事らは，明白性の要件がそれほど緩和されてはいない旨主張するための理由付けに苦心するという構図が出来上がったと理解してよいであろう。

　しかしながら，これまで述べたとおり，同最高裁決定（白鳥事件）の判断基準を突き詰めていけば，「蓋然性」，「高度の蓋然性」等の程度を示す用語は，明白性の判断基準として有意義なものではなく，新証拠の証明力について，それが強いものでなければならないとか，弱いものでもよいとかの議論は，問題を適切に捉えているとは思われない。

もともと，蓋然性とは，国語辞書的には確実性の度合いという意味であり[199]，蓋然性があるといえば，単なる可能性を超えたものという意味にもとれるが，それを数値化できないのであれば，明白性の判断基準として有意義ではないし，逆に，「高度の蓋然性」までは求められていないといっても，意義は乏しい。

6．再審請求審においても同原則が適用されるところ，無罪を言い渡すべき明らかな証拠とは，有罪認定に合理的な疑いを抱かせる証拠のことであるという見解

竹澤哲夫弁護士は，再審請求審においても「疑わしきは被告人の利益に」の原則が適用され，再審請求審における「無罪」と通常審における「無罪」とが同義であるという。すなわち，

> 「第一に『疑わしいときは被告人の利益に』の原則は無辜の処罰を回避するための制度的保障としての刑事裁判上の原則であり，人類多年の歴史的経験によって獲得確立されるにいたったものであり，現行刑事訴訟制度もこの原則に貫かれるべきものとして構築されている。……第二に，かく解することは刑事裁判における無罪の意義を一元的に解すべきことに帰着するということである。再審理由の6号における『無罪』を再審に関しては別異に解すべき合理的理由はない。」[200]

という。

小西秀宣判事は，再審請求審においても同原則が適用され，確定判決の事実認定に「合理的な疑い」を抱かせることと確定判決の事実認定を「覆すに足りる蓋然性」があることとは同一のことであるという。すなわち，

> 「白鳥決定，財田川決定及び名張決定の，最高裁の三決定を通じていえることは，次のようなことではないかと思われる。すなわち，まず，新証拠の明白性とは，新旧証拠の総合評価の結果，確定判決の有罪認定に合理的疑いが生じることをいうという解釈が確定したといっていいと思われる。白鳥決定は，『確定判決の事実認定につき合理的な疑いをいだかせ，その認定を覆すに足りる蓋然性のある証拠』という言い方をしているが，『確

定判決における事実認定に合理的な疑いをいだかせ』るということと，確定判決の有罪『認定を覆すに足りる蓋然性』があるということは，同一のことを言い換えたに過ぎないということになろう。」[201]
という。

川崎英明教授は，再審請求審においても同原則が適用され，「無罪を言い渡すべき明らかな証拠」と「合理的な疑い」を容れる証拠とは同一のものであるという。すなわち，

「再審請求審裁判所に問われる問題を直視するならば，それは確定有罪判決の事実認定を維持することができるかどうかという問題にほかならず，それは合理的疑いを超えて有罪心証を抱くことができるかどうかということであるから，まさしく罪責問題であり，その意味で実体判断にほかならない。そして，実体判断であれば『疑わしきは被告人の利益に』の原則の適用を排除する理由はなく，むしろこの原則の適用があることは当然である（略）。」，「本号（引用者注▷刑訴法435条6号）の『明らか』という文言が無罪証拠の優越という意味での『蓋然性』まで要求する趣旨だと理解することには疑問がある。というのも，本号が再審開始要件を定めた規定であることからすれば，本号の要件が認められて再審が開始されれば再審公判での裁判が行われることとなるのであるから，この将来における再審公判との関係で予測的な意味合いを含む『明らか』という文言が使われたと解すれば足りるからである。その意味で，確定有罪判決の事実認定について合理的疑いが認められるならば将来の再審公判では無罪判決が蓋然的に見込まれるという意味で，『無罪を言い渡すべき証拠』に加えて『明らか』という文言が附加されたと考えれば足りるのであって，この文言が限定的な意味を持つと理解する必然性はない。」[202]
という。

以上の各論者は，必ずしも内容が一致しているものではないが，概ね，同様の見解と理解してよいと思われる。なお，川崎英明教授は，無罪証拠の優越までは求められていないとか，「合理的な疑い」が認められれば将来の再審公判で無罪判決が「蓋然的に見込まれる」とか述べており，その趣旨が判然としな

いところもあるが，判例・通説によれば，合理的な疑いが生じれば無罪が言い渡されるのであるから，結局，川崎英明教授の見解は，竹澤哲夫弁護士及び小西秀宣判事の見解と同じことになろう。

7．判　例

最高裁昭和33年5月27日決定 [203)]

同決定は，以下のとおり判示して，請求人の特別抗告を棄却した。

「再審は確定判決の効果を動かすものであるから，法は厳格な要件の下においてのみその開始を許すのである。刑訴435条6号にいう『明らかな証拠』というのは証拠能力もあり，証明力も高度のものを指称すると解すべきであって，被告人の弁護人宛の事件を否認する書信の如きは証拠能力の点からいっても，また証明力の点からいっても到底『明らかな証拠』ということはできない。」

青柳文雄調査官は，以下のとおり解説する [204)]。

「ここに証拠能力といったのは恐らく現在証拠能力があるという意味ではなしに，このような証拠に基づいて再審開始決定があり公判に移ったときに証拠能力があると一応認められるような証拠という意味であろうと思う。問題となるのは伝聞証拠であるが，刑訴321条から324条の規定によって事実認定の用に供せられ得ると一応認められるものであれば，ここにいう証拠能力ある証拠といって妨げないであろうが，相手方が同意しなければ到底証拠能力を取得しないようなもので，その同意も一般には予期されないようなものでは足りないであろう。……判決確定前の上訴においてさえ事実誤認の主張は原判断の誤りの蓋然性の高度であることを要求されるのであるが，その中その程度の甚だしい控訴理由，上告審における破棄理由たる再審事由と較べて見ると，確定判決後のものは，殊に高度の証明力が要求さるべきであり，単なる蓋然性では足りないとすべきであろう。本件では被告人の弁護人に対する手紙であって，刑訴322条1項本文の規定からいっても証拠能力がないし，その証明力も極めて低いと見られるもので

ある。」

　本件最高裁決定は，新証拠の証明力について，「高度の」証明力が必要であるといい，青柳文雄調査官もこれに賛成するが，その趣旨は判然としないところがある。

　確かに，証明力の弱い証拠であれば，明白な証拠足り得ないであろうが，それは，再審理由としての明白性の判断基準に適合しないからではなく，そもそも事実認定に供するに値しない証拠だからにすぎない。有罪・無罪いずれを基礎付けるかにかかわらず，事実認定に供することができる証拠とは，およそ相当の証明力を有していることが最低条件になるところ，本件最高裁決定が，かかる意味で証明力を要求しているのならば，問題はない。

　しかし，本件最高裁決定が，再審理由の有無に関する判断基準として，新証拠に「高度の」証明力を要求するというのであれば，相当とは思われない。無罪を言い渡すか否かは，事件性，犯人性等を認定できるか否か，無罪ではないかとの合理的な疑いが生じていないか否かで決せられるはずであり，かつ，それで足りるから，証拠の証明力が「高度」か否かは，明白性の判断基準として，有効とは思えないのである。

最高裁昭和 50 年 5 月 20 日決定 [205] —— 白鳥事件

　同決定は，以下のとおり，新証拠には，確定判決の認定を覆すに足りる「蓋然性」があることが必要であり，他方，再審請求審においても，「疑わしきは被告人の利益に」の原則が適用される旨判示した。

　　「刑訴法 435 条 6 号にいう『無罪を言い渡すべき明らかな証拠』とは，確定判決における事実認定につき合理的な疑いをいだかせ，その認定を覆すに足りる蓋然性のある証拠をいうものと解すべきであるが，右の明らかな証拠であるかどうかは，もし当の証拠が確定判決を下した裁判所の審理中に提出されていたとするならば，はたしてその確定判決においてなされたような事実認定に到達したであろうかどうかという観点から，当の証拠と他の全証拠と総合的に判断すべきであり，この判断に際しても，再審開始のためには確定判決における事実認定につき合理的な疑いを生ぜしめれば

足りるという意味において，『疑わしいときは被告人の利益に』という刑事裁判における鉄則が適用されるものと解すべきである。この見地に立って本件をみると，原決定の説示中には措辞妥当を欠く部分もあるが，その真意が申立人に無罪の立証責任を負担させる趣旨のものでないことは，その説示全体に照らし明らかであって，申立人提出の所論証拠弾丸に関する証拠が前述の明らかな証拠にあたらないものとした原判決の判断は，その結論において正当として首肯することができる。」

旨判示した。

田崎文夫調査官は，以下のとおり解説する[206]。

「刑事訴訟法上，証明の対象としての『無罪事実』というものはなく，『無罪を言い渡すべき』というのは，有罪の合理的な疑いを超える心証が維持できないという消極的な意義しかない。換言すれば，無罪たることの心証形成がなされるべきことを要求している趣旨ではなかろう。有罪心証が動揺すれば，一般に無罪の挙証責任は尽くされたというべきだからである。……刑事裁判において事実証明が許される場面で，被告人は自己の無罪を証明すべき立証責任を負担するものではなく，再審の場合も例外ではないからである。……本判旨が証拠の明白性の問題を無罪の予測の問題としてではなく，確定判決の当否の問題として捉えていることは明らかであるが，証拠の明白性の要件を緩めたものと理解することには疑問が残る。すなわち，本決定が再審の性格，構造をどのように規定したか明らかではないが，証拠の明白性の要件を，単に再審請求の乱用防止，訴訟経済，裁判所の無駄な労力の回避といった政策的考慮のみに基づく要件として把握しているのではなく，確定判決における確定力との関係を充分意識していると思われる。このことは，本決定が『確定判決の認定を覆すに足りる蓋然性』としていることからも窺われるのである。従って，確定判決を覆す可能性では足りないことは明らかであり，『確定判決の認定を覆すに足りる蓋然性』としている以上，新証拠によって有罪証拠と無罪証拠とが均衡したフィフティ・フィフティの場合でも足りず，少なくとも50％以上の確度で誤判の疑いが生ずること，換言すれば，新証拠と旧証拠との総合評価によって

無罪を指向する証拠が優勢であることを必要としているのではないかと思われる。」

本件最高裁決定は，それまでの学説の対立を踏まえ，新証拠に「高度の証明力」，あるいは，確定判決の事実認定を覆すに足りる「高度の蓋然性」を求めないことを宣言したものと理解できるが，「蓋然性」という概念を残したため，なお判然としないところが残った。

本来，有罪・無罪は，合理的な疑いの「有無」で決するのであるから，蓋然性のような「程度」を判断基準とするのは，相当ではない。

本件最高裁決定が「蓋然性」という用語を使用したため，田崎文夫調査官のように，積極証拠と消極証拠が優劣拮抗した場合にどうなるのかという問題提起をさせることになっているが，実務上，証拠の優劣をもって明白性の判断基準とすることは考え難いように思う。

確かに，証拠の優劣という言葉が用いられることはあるし，日常会話として，「白と黒の中間のグレーゾーン」などといった言い回しがなされることもあるが，具体的な争点，例えば，殺意の有無が争われているとき，殺意を基礎付ける間接事実（凶器の使用の有無，凶器の殺傷能力の有無・程度，攻撃した部位，攻撃の強さ，回数，動機の有無等）が吟味され，最後は，間接事実から殺意が推認できるのか，殺意があったとするに合理的な疑いは生じていないのかが問われるのであり，証拠の優劣で有罪・無罪が決せられることはないのではなかろうか。

さらに，論者によっては，蓋然性の意味を分析して，80％の場合はどうか，フィフティ・フィフティの場合はどうかなどと論じているが，それは，あくまで比喩的な表現に止まるものであって，実際の裁判では，そのようなパーセント表示を判断基準にすることは，困難であろう。

結局，本件最高裁決定は，再審請求審においても「疑わしきは被告人の利益に」の原則の適用があり，明らかな証拠とは確定判決の事実認定を覆すに足りる「蓋然性のある」証拠である旨判示したが，これらの判示部分に限れば，その後，明白性の判断基準として大きな役割を果たしていない感がある。

それは，もともと，同原則の適用の有無が，再審請求の道を拡大するためのスローガンのように用いられたものであり，明白性の判断基準に直結する核心

部分そのものではなく，また，有罪・無罪の事実認定は，合理的な疑いの有無にかかっているのに，それが証明力の程度の問題であるという錯覚を生じかねない用語法によっているからであろうと思われる。

8．私　　見

　私見では，再審請求審において「疑わしきは被告人の利益に」の原則の適用について，竹澤哲夫弁護士，小西秀宣判事らの見解と同旨である。

　その理由は，以下のとおりである。

　再審事由は，無罪を言い渡すべき明らかな証拠をあらたに発見したこと（刑訴法435条6号）であり，無罪を言い渡すときとは，無罪ではないかとの合理的な疑いが生じたときをいうから，結局，明らかな証拠とは，確定判決の事実認定に合理的な疑いを抱かせ，その有罪認定を覆すに足りる証拠のことをいうことになる。

　この点につき，最高裁昭和50年5月20日決定（白鳥事件）の判示は，概ね賛成できるが，問題もある。同決定によれば，明らかな証拠とは，確定判決の事実認定を覆すに足りる「蓋然性のある」証拠をいう旨判示しているところ，有罪認定を覆すか否かは，合理的な疑いの「有無」の問題であり，有罪となるか無罪となるかについての可能性，蓋然性といった「程度」の問題ではないから，同決定中，明らかな証拠には有罪認定を覆す「蓋然性のある」ことを要すると読める部分については，明白性の判断基準として意味をなさないものと理解すべきである。

　なお，再審請求審において同原則が適用されるか否かをめぐり，長年にわたる激しい論争が繰り広げられてきたが，その背後にある実質的な論点は，明白性の判断基準を厳格に解釈・運用すべきか，緩やかに解釈・運用すべきかという点にあったように思われる。

　前記最高裁決定は，これらの論争に決着をつけるため，再審請求審においても同原則が適用される旨判示したものと思われるが，今度は，その「蓋然性」という概念をめぐり，新証拠には強い証明力が求められる旨の見解と，逆に，

新証拠には強い証明力を求めるべきではない旨の見解とが対立し，明白性の判断基準の問題は，なかなか収束するに至らず，かえって論争を激しいものとした感がある。

　結局，明らかな証拠とは，確定判決の事実認定に合理的な疑いを抱かせる証拠をいうものと解され，それをもって足りるから，再審請求審においても「疑わしきは被告人の利益に」の原則が適用されるとか，有罪の事実認定を覆す「蓋然性」が必要であるとかの部分は，明白性の判断基準としては，大きな意義を有しないものと思われる。

第3節　確定判決の事実認定に事実誤認があったことと再審事由の有無との関係

1．問題の所在

　新証拠により，確定判決の事実認定に事実誤認のあることが明らかにされた場合，直ちに再審請求が認められることになるのか。

　この問題については，最高裁平成10年10月27日決定[207]（マルヨ無線事件）により，決着をみている。

　同決定の要旨は，以下のとおりである[208]。

　　「確定判決が詳しく認定判示した犯行の態様の一部に事実誤認のあることが判明した場合であっても，そのことにより罪となるべき事実の存在に合理的な疑いを生じさせない限り，刑訴法435条6号の再審事由には該当しない。」

　しかし，同決定に反対する見解もある。

　以下，検討する。

2. 確定判決の事実認定に事実誤認があっても，それが有罪認定に合理的な疑いを生じさせるものでなければ，再審請求は認められないという見解

　大出良知教授は，確定判決の事実認定に事実誤認があっても，その事実誤認が有罪認定に影響を及ぼさない限り，再審請求は認められないが，具体的判断においては，その事実誤認が積極証拠の信用性を減殺することになっていないか，慎重な吟味が必要であるという。すなわち，

　　「一般論として『犯行の態様』が異なっているというだけでは，再審が認められないことに異論はないであろう。要は，その誤認が罪となるべき事実の認定に影響を及ぼすかどうかである。本決定（引用者注▷最高裁平成10年10月27日決定・マルヨ無線事件）も，罪となるべき事実の存在そのものに合理的な疑いを生じるに至らない『限り』としてその趣旨を明確にしたものと考えられる。ということは，逆に『犯行の態様』が異なることが，罪となるべき事実の存在に合理的な疑いを生じさせることがあるということも当然の前提となっているはずである。……問題は，個々の具体的判断である。本件の場合，確定判決の……根拠となった実況見分調書等の証明力や申立人の自白，Ｗの供述調書の当該部分の信用性が問題になるのであり，その結果，放火部分の供述の信用性が問題になることは十分にあり得ることである。特に本件のように一見現場状況に一致する自白は，誘導によることも容易に想定されるのであり，一般論では済まない慎重な吟味が必要ということになるであろう。」[209]

という。

　山本晶樹教授は，大出良知教授の見解とほぼ同旨である。すなわち，

　　「確定判決が認定判示した犯行態様の一部に事実誤認のあることが判明した場合に，再審請求は許されるであろうか。この点を考えるにあたっては，控訴審において，第一審で認定された犯行態様に事実誤認があった場合の取り扱いが参考となろう。事実誤認があっても，判決に影響を及ぼさないとされた事例は多数，存在する。……刑事手続における事実認定は，制度

という枠組みの内での認定である以上，制度それ自体に本質的に内在する程度の誤認は，やむを得ないものなのではなかろうか。よって，再審段階も制度である以上，罪となるべき事実の認定に影響を及ぼさない程度の事実誤認は，再審請求の対象にされないことになるのではあるまいか。」[210]という。

寺崎嘉博教授も，大出良知教授の見解とほぼ同旨である。すなわち，

「犯行の態様についての誤認が，確定判決に合理的疑いを生じさせることは，当然ありうる。……では，確定判決の事実誤認は，再審請求との関係で，どのような意味を持つだろうか。再審の目的は，つまるところ無辜の救済にある。そして法的安定性との調和を考えれば，申立人の無罪判決など所定の事由と結びつかない些細な事実誤認まで再審事由と解するのは，妥当でない。……Ｏの放火行為（引用者注▷最高裁平成10年10月27日決定・マルヨ無線事件）が認定できるのであれば，『足蹴り』と『両手を使って』という態様の違いによって，法的安定性に優越する（無辜の救済の）利益は認め難い。……確定判決に事実誤認があった場合に，たとえ控訴審段階で事実誤認が指摘されても，第一審判決に影響を及ぼさないような誤認であったとすれば，再審請求の判断に際してもまた，それに準じた判断が可能であろう。……本件の事実誤認は，放火の方法を『足蹴りによる横転』と認定した点にある。しかし，原決定のように『両手を使った転倒』が認定できるのであれば，放火罪の構成要件該当性も，刑の量定に関する情状も，何ら変わらない。もし，本件のような事実誤認が再審請求事由になるとすれば，再審請求が控訴理由よりも緩やかに解されることになる。本決定が『罪となるべき事実そのものに合理的な疑いを生じさせるに至らない限り』再審事由に該当しないと判断したのは妥当である。」[211]

という。

以上，各論者において，見解が一致しているわけではないが，最高裁平成10年10月27日決定（マルヨ無線事件）を是認する点において，共通している。山本晶樹教授及び寺崎嘉博教授は，明らかに判決に影響を及ぼすべき事実誤認がなければ，控訴審において，第一審判決を破棄しない（刑訴法382条，397条）

こととの比較から，再審請求審においては，同要件よりも緩やかな基準で再審
開始決定を出すべきではないとの視点を指摘する。また，寺崎嘉博教授は，再
審の目的が無辜の救済にあり，新証拠が確定判決の事実認定に合理的な疑いを
生じさせないのであれば請求人が無辜とはいえないから，当該新証拠が無罪を
言い渡すべき明らかな証拠（同法435条6号）に該当するものではないという。

3. 確定判決の事実認定に事実誤認があれば，それが有罪認定に 合理的な疑いを生じさせるものでなくても，再審請求は認め られなければならないという見解

松宮孝明教授は，再審請求審が公判手続によらずに新たな有罪の事実認定を
することは請求人の基本権を侵害することになるから許されないという。すな
わち，

「この二つの決定（引用者注▷最高裁平成10年10月27日決定（マルヨ無線事件）
及びその原決定）に対しては，なぜ再審請求審が，公判手続によらずに独
自の『事実認定』をできるのか，という疑問が指摘される。……問題は，
再審請求審で『直接主義』『口頭主義』や『証人審問権』（憲法37条2項）
を保障して証拠調べをさせることではなく，むしろ，まさにこれらの証拠
法則や被告人の権利が保障されていない請求審段階で『事実認定』を行う
ことにある。……したがって，原決定はこの点で憲法31条の保障する
『適正手続』に違反し，かつ32条の『裁判を受ける権利』や37条2項の
『証人審問権』の保障にも違反した可能性が高い。ゆえに，本決定がこれ
を看過したのは，重大な問題である。」[212]

という。

川崎英明教授は，再審請求審の審判対象が確定判決の事実認定の当否である
から，新証拠により確定判決の事実認定が維持できなくなれば，再審を開始し
なければならず，同事実認定と異なる新たな有罪の事実認定をすることは許さ
れないという。すなわち，

「証拠構造の組み替えと同質の問題性を孕む論点として，認定の入れ替え

の問題がある。すなわち，総合評価をした結果，確定有罪判決の事実認定が維持できないことが判明したときに，別の事実を認定して再審請求人の犯罪行為は認定できるとして再審請求を棄却することが許されるかという問題である。……明白性の有無の判断は裸の実体判断ではなく確定有罪判決の事実認定の当否であるから，確定有罪判決の事実認定が維持できなければ再審は開始されなければならないのであって，これに反して，確定有罪判決の認定した事実と異なる事実を認定して再審請求を棄却することは新たな有罪認定に等しく，再審請求審では許されないと解すべきである（略）。……とりわけ，口頭・直接主義との関係では，認定の入れ替えが必要なのは確定有罪判決の事実認定に合理的疑いが生じたためであるのに，この場合に認定の入れ替えによって再審請求を棄却することは，再審公判において直接主義によって審理してもらう請求人の権利を侵害する結果となることが看過されてはならない（略）。」[213]

という。

以上，各論者において，その趣旨が判然としないところがあり，また，見解が一致しているわけでもないが，最高裁平成10年10月27日決定（マルヨ無線事件）を批判する点において，共通している。

松宮孝明教授は，再審請求審が通常審と異なる犯行態様を認定したことをもって，再審請求審が請求人の有罪を事実認定したものと捉え，直接主義，口頭主義及び証人審問権を保障した公判手続でなく，厳密な証拠法則なしに有罪認定することの問題性を主張し，川崎英明教授は，再審請求審の審判対象が確定判決の事実認定の当否であるから，新証拠により確定判決の事実認定が維持できなくなれば，再審を開始しなければならないという。

しかしながら，前記第1章第3節記載のとおり，再審請求審の審判手続は，公判手続ではなく，職権主義による決定手続であり，また，前記第1章第2節記載のとおり，その審判対象は，有罪か無罪かではなく，確定判決の事実認定の当否でもなく，証拠の新規性・明白性の有無なのであるから，再審請求審において，直接主義，口頭主義，公判手続，証拠法則等が当てはまらないのは，当然であろう。松宮孝明教授は，再審請求審において通常審と異なる犯行態様

を認定することをもって，通常審の有罪認定と同様の事実認定であると評価し，また，川崎英明教授は，再審請求審の審判対象が，確定判決の事実認定の当否である旨主張するのだが，いずれも，再審請求審における審判対象及び審判手続の理解が相当とは思われない。

4．判　　例

最高裁平成 10 年 10 月 27 日決定 [214] —— マルヨ無線決定

　事案は，請求人が，共犯者と共に，以前の稼働先である電器店に押し入り，宿直員 2 名の頭部をハンマーで殴打するなどし，現金を強奪するとともに，同店を放火したという強盗殺人・同未遂・現住建造物等放火事件である。通常審である第一審判決は，放火の態様として，石油ストーブの防護網を取り外し，これを足蹴にして横転させたという事実を認定し，同判決が確定した。再審請求審では，請求人から，新証拠として，消防士作成の火災原因調査報告書等が提出され，本件ストーブは本件事件当時直立しており，これを横転させたという自白調書は虚偽であって信用性がない旨主張された。検察官からも，新たな鑑定書が提出され，本件ストーブは本件事件当時前傾した状態になっており，確定判決の事実認定に誤りはない旨主張され，原決定は，請求人の抗告を棄却した。

　最高裁は，以下のとおり判示して，請求人からの特別抗告を棄却した。

　　「記録に徴すれば，原決定の右判断は，結論において正当として是認することができる。すなわち，申立人の自白のほか，共犯者 C の供述，本件ストーブや防護網の発見状況，現場の焼燬状況等を総合すれば，原決定のように本件ストーブを前傾した状態に設置したとまで認定すべきか否かはともかくとしても，申立人及び C が，事務室内にあった燃焼中の本件ストーブを防護網を取り外して移動させ，その火力を利用して室内の机等に燃え移らせるようにして火を放ち，その場から逃走したことは，動かし難いところであるから，申立人に現住建造物等放火罪が成立することは明らかである。所論は，確定判決の判示した放火の具体的方法が実行可能であ

ることについて合理的な疑いを生ずるに至ったのであるから，再審事由に
該当すると主張している。しかし，放火の方法のような犯行の態様に関し，
詳しく認定判示されたところの一部について新たな証拠等により事実誤認
のあることが判明したとしても，そのことにより更に進んで罪となるべき
事実の存在そのものに合理的な疑いを生じさせるに至らない限り，刑訴法
435条6号の再審事由に該当するということはできないと解される。本件
においては，確定判決が詳しく認定した放火の方法の一部に誤認があると
しても，そのことにより申立人の現住建造物放火の犯行について合理的な
疑いを生じさせるものでないことは明らかであるから，所論は採用するこ
とができない。」

旨判示した。

三好幹夫調査官は，以下のとおり，通常審において犯行態様を詳細に認定す
る意義，控訴審において事実誤認が破棄理由になる基準，及び確定判決の確定
力が及ぶ範囲について検討し，これらが本件最高裁決定の考慮した事情であろ
うと解説する[215]。

「犯行の態様は，実行行為そのもの又はこれと密接不可分の関係にある事
実であるから，裁判実務上はかなり詳密に認定されているのが常である。
……確定判決も前記のような一般的な実務慣行に従って犯行の態様を詳し
く認定判示したものということができよう。もちろん，このような犯行の
態様の詳細が不明であっても，放火罪の成立を認めることができる場合が
ある。……実務上頻繁にみられる覚せい剤使用の例でいえば，……被告人
が否認しているため使用方法が不明である場合などは，特に犯行の態様を
認定することなく，……有罪を認定することが少なくない。……このよう
に，犯罪事実の認定において，犯行の態様を記載することは，もともと絶
対的な要請ではないということができよう。」

「控訴審において犯行の態様に事実誤認ありとされた場合の扱いをみてみ
ると，破棄事例もあるものの，……犯罪の態様に事実誤認があっても被告
人の刑責に影響を及ぼすに足りないとして判決不影響とされた事例は極め
て多数に上っている。破棄事例と判決不影響とされた事例の結論の相違は，

事実誤認が具体的な量刑に影響を及ぼすものかどうかという点が決め手となって生じているとみられるが，おおむね判決に影響がないとするのが判例の大勢であると考えられている。控訴審段階において判明しても判決に影響しないとされるような事実誤認であるとすれば，再審において考慮すべきでないのは当然ということになるであろう。」

「その内容的確定力が実体判決のいかなる部分に生じるのかは，刑訴法の基本原理に関する難問の一つである。本件事案に即していえば，確定判決が認定したストーブを『足蹴にして横転』させたとの部分にも内容的確定力が生じるのかどうかであり，その是非により本問題の位置付けが異なるように思われる。……最三小決昭和56・7・14刑集35巻5号497頁は，形式裁判についてであるが，……公訴棄却という主文の直接の理由である訴因不特定の部分にだけ拘束力を認めるものであり，確定力を比較的弱くとらえる立場であると説明されている。この判例の趣旨を推及する限り，実体裁判に関しても，犯行の態様というような細目的な事項について内容的確定力を肯定するような考え方を判例がとるとは思われないのであって，そうであるとすれば，犯行の態様に事実誤認があることにより更に進んで申立人の犯人性が否定されるかが最終的な問題として残ることになる。」

「本決定は，……犯行の態様の一部に事実誤認のあることにより罪となるべき事実の存在に合理的な疑いを生じさせない限り，再審事由には該当しないと判示しているが，以上検討したような諸点が考慮されたのではないかと推察される。」

5．私　　見

私見では，大出良知教授らの見解と同旨である。

その理由は，以下のとおりである。

前記第1章第2節記載のとおり，再審請求審における審判対象は，無罪を言い渡すべき明らかな証拠をあらたに発見したか否かであり，前記第3章第1節記載のとおり，明らかな証拠とは，確定判決の事実認定に合理的な疑いを抱か

せ，その認定を覆すに足りる証拠のことをいい，明白性の判断手法としては，まず，新証拠の立証命題・証拠価値を把握し，次に，新証拠の立証命題が有機的に関連する確定判決の事実認定にどのような影響を及ぼすかを検討し，新証拠が旧証拠の証拠価値を減殺するのであれば，残りの積極・消極の全証拠を総合的に評価し，残りの証拠だけでは有罪認定を維持できないとき（無罪ではないかとの合理的な疑いが生じたとき），再審開始決定を出し，残りの証拠で有罪認定を維持できるとき（無罪ではないかとの合理的な疑いを排斥できるとき），再審請求を棄却すべきことになる。

　したがって，確定判決の事実認定について，その証拠評価・証拠選択に論理則違反・経験則違反があったり，一部に事実誤認があったりしても，結局，犯罪事実の成立に合理的な疑いが生じておらず，有罪認定を維持できるのであれば，無罪を言い渡すべき明らかな証拠には該当しないというべきである。

　なお，前記最高裁平成10年10月27日決定（マルヨ無線事件）に賛成する理由の付加事情として，①通常審では，犯行態様を詳細に事実認定しているが，それは絶対的な要請ではないこと，②明らかに判決に影響を及ぼすべき事実誤認がなければ，控訴審において，第一審判決を破棄しない（刑訴法382条，397条）こととの比較から，再審請求審においては，同要件よりも緩やかな基準で再審開始決定を出すべきではないこと等が指摘されているところ，いずれの指摘も，相当と思われる。

　これに対し，再審請求審における事実認定を，通常審における事実認定と同様に理解し，直接主義，口頭主義，公判手続，証拠法則等によらないことが，請求人の基本権を侵害する旨の指摘があるが，この指摘は，再審請求審の審判対象及び審判手続の意義を正解しておらず，相当とは思われない。また，確定判決の事実認定の証拠構造が崩れれば，再審開始すべきである旨の指摘があるが，この指摘も，再審請求審の審判対象の意義を正解しておらず，相当とは思われない。

第4節　確定判決が有罪認定に用いなかった証拠を，再審請求を棄却するために用いることの可否

1．問題の所在

　新証拠の明白性を判断するに当たり，確定判決が証拠の標目に挙示しなかった証拠や，再審請求後に検察官から提出された証拠を，検討の対象にすることができるか。

　この問題については，最高裁平成 10 年 10 月 27 日決定 [216]（マルヨ無線事件）により，決着をみている。

　同決定の要旨は，以下のとおりである [217]。

　　「刑訴法 435 条 6 号の再審事由の存否を判断するため，新証拠と他の全証拠とを総合的に評価するに当たっては，確定判決が標目を挙示しなかったものであってもその審理中に提出されていた証拠，再審請求後の審理において新たに得られた他の証拠をも検討の対象にすることができる。」

　しかし，同決定に反対する見解もある。

　以下，検討する。

2．確定判決が有罪認定に用いなかった証拠を，再審請求を棄却するために用いることは許されるという見解

　鈴木義男検事は，再審請求審が旧証拠の評価を請求人に不利益に変更することも許されるという。すなわち，

　　「多くの論者が，検察官の活動は新証拠に対する反対立証だけに制限し，有罪判決の基礎となった旧証拠を補強するための立証を許すべきではないとするとともに，裁判所が旧証拠の評価を被告人に不利益に変更することをも禁止すべきであると主張している。それが請求人の立場からみて望ましいことはいうまでもないが，真実の発見あるいは適正な事実認定という

刑事裁判の基本理念をどういうものと考えているのか，全く理解に苦しむというほかない。白鳥決定以後における再審の実務がこの種の偏った考え方に組していないことはまことに当然である。」[218]

という。

加藤俊治検事は，検察官が再審事由を否定するための証拠を提出することを禁止すべき根拠はないという。すなわち，

「本決定（引用者注▷最高裁平成10年10月27日決定・マルヨ無線事件）は，請求人の特別抗告にこたえて，刑訴法第435条6号の再審事由の存否を判断するに当たり検討の対象とできる証拠の範囲について判断し，①再審請求時に添付された新証拠，②確定判決が挙示した証拠，③確定判決が挙示しなかったが，その審理中に提出されていた証拠，④再審請求後の審理において新たに得られた他の証拠を挙げている。」，「前記白鳥決定の『当の証拠（新証拠）と他の全証拠とを総合的に評価して判断すべきであ』るとの判示に照らしても，確定審に提出されていた積極消極の全証拠が検討の対象になると解されることから，証拠の標目に挙示されていなかった証拠を再審事由の存否を検討する際に除外しなければならない理由はないといえる。」，「実際に問題となるのは，再審審理中に検察官が提出した証拠についてであるが，再審請求段階の事実の取調べは，職権主義に基づき裁判所の合理的裁量により実施されるのであるから，証拠の提出者が検察官であるというだけで再審事由の存否を判断する場合に考慮してはならないとする根拠はないと考えられる。このような理解は，上記のとおり，本決定が，再審事由の存在を認める方向の証拠とこれを否定する方向の証拠とを区別していない趣旨とも合致しよう。実質的に考えても，検察官は，確定審段階では，公訴事実及び情状を立証するのに必要な最良証拠を選別して提出しているものと考えられ，再審請求段階で新たな事実が主張・立証されれば，これに対応して（必要とあらば補充捜査を遂げた上で），更に主張・立証を尽くすことになるのであるから，再審請求段階では検察官の手持ち証拠の利用が禁じられているなどという理解は到底取り得ないものである。」[219]

という。

　寺崎嘉博教授は，本件最高裁決定（マルヨ無線事件）が全面的再評価説を採用
したものではなく，新証拠の重要性と立証命題に有機的な関連性をもつ限りに
おいて，確定判決が証拠の標目に掲げなかった証拠や，再審請求後に提出され
た証拠を，総合評価の対象にしたにすぎず，白鳥決定と矛盾するものではない
という。すなわち，

　　「特別抗告趣意は，原決定が確定判決の証拠構造を組み替えたと批判して
　　いる。つまり，(1)申立人の自白の補強証拠にすぎなかったW供述を有罪認
　　定の中心に据え，(2)確定判決が『証拠の標目』に掲げなかったF鑑定を新
　　たに持ち出し，(3)再審請求の後に提出されたK鑑定に依拠している，とい
　　う。まず右の批判(1)について。原決定は，確定判決の基礎となった証拠構
　　造を分析し，特別抗告趣意が指摘するWの自首調書の内容なども検討して
　　いるが，申立人の自白の信用性を肯定する証拠としての位置づけを与えて
　　いるのであって，いわゆる嵩上げをしているとは見られない。つぎに右の
　　批判(2)(3)は，証拠構造の組替え論そのものというよりは，一次的には，総
　　合評価の対象となる証拠の範囲の問題というべきであろう。証拠構造の組
　　替え論とは，まず，どの証拠が確定判決の有罪認定を支える『決定的証
　　拠』であり，どの証拠が『寄りかかり証拠』だったかを分析し，そして，
　　再審請求事由の存否判断において，確定判決で『寄りかかり証拠』だった
　　証拠の証明力を，記録のみで再評価し高めることは許されないと主張する
　　ものである（略）。しかし本件で，第一次的に問題となっているのは，確
　　定判決が証拠標目に掲げなかった証拠や再審請求後に提出された証拠を，
　　総合評価の対象としてよいか，という問題である。……考えるに，確定判
　　決が証拠標目に掲げなかったからといって，その証拠が一律に検討の対象
　　から除かれるという主張は是認できない（略）。また，再審請求後に提出
　　された証拠を除外しなければならない理由も見当たらない。本決定は，総
　　合評価の対象となる証拠の範囲につき，白鳥決定以降の考えを確認したも
　　のと言える。……私見によれば，証拠構造論の組替え論は，『決定的証拠』
　　か『寄りかかり証拠』かという（必ずしも明瞭とはいえない）基準で，再審

第3章　再審請求審における実体要件〔その2〕証拠の明白性について | 201

請求裁判所の判断に限定を加える理論だと解される（私見は，証拠構造の分析そのものまで不要だと考えるわけではない）。だが他方で，白鳥決定以降の最高裁判例が，無条件かつ全面的な再評価を再審請求裁判所に許しているとは考えられない。本決定もまた，新証拠と『その立証命題に関する』他の全証拠とを総合的に評価すると判示しているのであって，新証拠の重要性と立証命題とに有機的な関連性をもつ，という限定を加えているのである。つまり判例は限定的再評価説に立ちつつも，証拠構造の組替え論とは限定の理論や基準を異にするものと言える。本決定は，その意味で，証拠構造の組替え論を採用しないことを明らかにしたと言える。」[220]

という。

　小西秀宣判事は，検察官が再審請求審において立証活動することは許されるという。

「再審請求手続において請求人の請求趣旨が可及的に反映されるべきものであることは当然であるが，検察官の関与は，条文上も，あるいはその公益的立場からも当然であって，裁判所の職権調査にも自ずから限界があることを思えば，判断の客観性を担保するためにも検察官の立証活動は有用なものといえよう。もっとも，それも裁判所の裁量によるものであることは，請求人側と同様であろう。」[221]

という。

　以上，各論者において，見解が一致しているわけではないが，最高裁平成10年10月27日決定（マルヨ無線事件）を是認する点において，共通している。

3．確定判決が有罪認定に用いなかった証拠を，再審請求を棄却するために用いることは許されないという見解

　日本弁護士連合会は，検察官が，請求人提出証拠と無関係に，有罪を維持するための立証活動をすることは許されないという。すなわち，

「検察官の再審請求手続における役割を考えるとき，基本的なことは，検察官は原確定審において必要かつ十分な立証活動をし尽くしていることで

ある。請求人が確定有罪判決を争って再審を請求し，新証拠を提出したとき，検察官の訴訟活動は，公益の代表者として，新証拠に問題があれば，その点を指摘し，必要な場合は事実の取調について職権の発動を促す限度にとどまるべきである。これを超えて，請求人側の新証拠と関係なく，有罪を維持するための立証活動を行うことは，本来，許されないはずである。」[222]

という。

大出良知教授は，明白性の判断に当たって検討対象とすべき証拠に限界をもうけないまま有罪認定を維持することを認めると，請求人のための手続保障が不十分となり，問題であるという。すなわち，

「本決定（引用者注▷最高裁平成 10 年 10 月 27 日決定・マルヨ無線事件）は，……『確定判決を下した裁判所の審理中に提出された積極消極の全部の証拠を検討の対象とすべきであるという白鳥決定と同一の立場に立つもの』であるとされる（三好・後掲 121 頁）。検討対象となる証拠には，さらに再審請求後に提出された証拠も含まれるということであり，要は，当該判断の時点までの全ての証拠を対象とした検討が可能ということである。さらに，証拠の評価についての制約もなく，全ての証拠について再評価が許されるということであろう。しかも，それが，白鳥決定の趣旨でもあるという。……どのように理解すればよいであろう。すなわち，本決定の調査官の解説を読む限り，白鳥決定についての解説とは明確に理解を異にするとしか考えられない。……いわゆる証拠構造論の主流の関心も，再審請求審における判断の限界を異なった視角から問題にし，証拠構造の組み替えや旧証拠の証拠評価の嵩上げが禁止されているという立場で白鳥決定を理解しようという点にあった（略）。ところが，本決定は，そのような限界が一切ないとしているかのようであり，しかも何故そのような判断が可能であるのかの実質的な理由も何ら示していない。……このままでは，手続的保障が十分でない事実上の『覆審』が行われることになり，あらためて再審請求審のあり方が問われることにならざるをえないであろう。」[223]

という。

第 3 章　再審請求審における実体要件〔その 2〕証拠の明白性について　203

　光藤景皎教授は，確定判決が被告人の不利益に用いなかった証拠を，再審請
求審が請求人の不利益に用いるのは，請求人のための手続保障を侵害すること
になるという。すなわち，

　　「原裁判官の立場に立って新事実又は新証拠の明白性を総合評価のうえ，
　　判断すべきだという原裁判官説の重要な帰結は二つあった。①一つは，再
　　審請求審理裁判所（略）が，──知っていたと否とを問わず──原審で再
　　審請求人に不利益に用いられなかった証拠を請求人に不利益に追加しては
　　ならない……とする点にあった（略）。……再評価説に立ちながら命題①
　　を維持するための理論の構築は，どの様にすすめられているか。」，「請求
　　人に利益な方向では，新事実・新証拠を考慮するには，必ずしも公判審理
　　におけると同等の手続保障を必要としない。他方，請求人に不利益な事実
　　又は証拠で，原裁判で利用されなかったものは，それを考慮するためには，
　　公判における手続保障を必要とする。」[224]

という。

　山本晶樹教授は，検察官の積極的な反対立証について，二重の危険の原則か
らみて疑問があるという。すなわち，

　　「本決定（引用者注▷最高裁平成 10 年 10 月 27 日決定・マルヨ無線事件）は……
　　検討対象となる証拠の範囲及び評価に何の制約もないことを意味すること
　　となる。しかし，白鳥決定についての調査官（引用者注▷田崎文夫調査官）
　　は，……総合評価説を制限的なものと解している。これは限定的再評価説
　　と呼ばれ，以後，裁判実務に滲透したとされている見解である。本決定は
　　この限定的再評価説との整合性を欠くようにみえるが，そのことには直接
　　触れられていないのは問題であろう。また，……本件再審請求後に検察官
　　より新たに提出された証拠に関して，『……検討の対象とすることに格別
　　の問題があるとは思われず，検察官から提出された証拠であるという理由
　　だけで考慮してはならないとする説明づけは困難であろう』と一顧だにし
　　ないが，この点には若干の疑問を提起しておきたい。例えば，検察官の有
　　罪立証の機会は，確定審で十分与えられていたこと，また『憲法 39 条の
　　『二重の危険』は被告人が受動主体として実体審理の手続負担を蒸し返さ

れない保障と解すべきである』とするならば，検察官の積極的な反対立証は二重の危険の原則からみて疑問があるようにも考えられるのである。」[225]

という。

松宮孝明教授は，確定判決が証拠の標目に掲げなかった証拠を，確定判決の事実認定を維持するための根拠にするのは，請求人の証人審問権・反証提出権を侵害することになるから，許されないという。すなわち，

「原判決の証拠の標目に掲げられなかった証拠は，原判決裁判官によって『措信されていなかった』可能性がある……そのような証拠を，『原判決もその信用性を認めていた』と勝手に推認して原認定維持の根拠とする……と，請求人は，証拠の標目に掲げられていない証拠から請求審裁判官が心証を形成する過程に対して，証人を審問したり反証を提出したりするような，公判であれば権利として認められる事実認定過程への影響力の行使を妨げられる。その意味で，それは直接主義・口頭主義違反であるばかりでなく，訴訟手続に対する基本権の侵害でもある。ゆえに，証拠の標目に掲げられなかった証拠は，たとえ『措信されていた』可能性が残るものであったとしても，公判手続による証拠調べを行わない請求審では，『措信されていなかった』ものとして総合評価の対象から除外すべきなのである。……同じ理由から，検察官が新たに不利益な証拠を提出することや，それを基礎として新たな有罪『認定』を行うことも，請求審では禁止される。実際，そのようなことを許せば，証拠法則の妥当も手続保障もない有罪認定がまかり通ることになってしまう。……もっとも，申立人が提出した新証拠の証明力を弾劾すること自体は，請求審でも許される。たとえば，新証拠がアリバイ証人の供述であった場合，その証人の虚言癖や供述内容の不自然さを指摘して，その信用性を弾劾することは，請求審でも許される。なぜなら，それは新証拠自体が，刑訴法 435 条 6 号の請求理由に適合するものか否かの判断だからである。」[226]

という。

以上，各論者において，その趣旨が判然としないところがあり，また，見解

が一致しているわけでもないが，最高裁平成10年10月27日決定（マルヨ無線事件）に反対する点において，共通している。

日本弁護士連合会は，検察官が，請求人提出証拠と無関係に，有罪を維持するための立証活動をすることは許されないといい，山本晶樹教授は，検察官の積極的な反対立証について，二重の危険の原則からみて疑問があるという。

しかしながら，前記第1章第3節記載のとおり，再審請求審の審判手続は，職権主義であり，また，前記第1章第4節記載のとおり，事実の取調べは，再審請求審が合理的な裁量の範囲内で事実の取調べの実施・不実施を決する制度となっているところ，制度上，検察官の主張・立証活動については，これを制約すべき特段の理由もないから，これを禁止すべきである旨の見解は，相当と思われない。また，確定判決には，刑の執行力が付与されており，再審は，既に確定した判決を一定の厳格な要件のもとで覆す非常救済手段であるところ，その再審請求・新証拠提出をする主体は，請求人（元被告人）であり，検察官は，必要に応じて主張・立証するにすぎず，一度無罪になった者の刑責を再び問おうとするものではないから，検察官の主張・立証活動が二重の危険の原則から見て問題であるという指摘も，当たらない。

松宮孝明教授は，確定判決が証拠の標目に掲げなかった証拠を，確定判決の事実認定を維持するための根拠にするのは，請求人の証人審問権・反証提出権を侵害することになるという。

しかしながら，前記第1章第3節記載のとおり，再審請求審の審判手続は，当事者主義による公判手続ではないことから，仮に，確定判決が証拠の標目に掲げなかった証拠について，再審請求審が，通常審での証人尋問のような証拠調べを実施しなくても，あるいはそれに証拠法則が適用されなくても，何ら問題はないのであり，かつ，請求人は，問題となる当該証拠について，これを弾劾し，あるいは反証することが禁止されているわけではないから，実質的にも，請求人の権利・利益が侵害されることにはならない。

大出良知教授及び山本晶樹教授は，仮に，最高裁昭和50年5月20日決定（白鳥事件）が限定的再評価説を採用したものであると理解した場合，最高裁平成10年10月27日決定（マルヨ無線事件）は，検討対象とすべき証拠の範囲を

制約しておらず，白鳥決定と整合的ではないのではないかと指摘する。

　しかしながら，マルヨ無線決定は，白鳥決定と矛盾するものではない。

　前記第3章第1節記載のとおり，白鳥決定が示した明白性の判断手法とは，まず，新証拠の立証命題・証拠価値を判断し，次に，新証拠の立証命題が有機的に関連する確定判決の事実認定にどのような影響を及ぼすかを検討し，新証拠が旧証拠の証拠価値を減殺する場合，残りの積極・消極の全証拠を総合的に評価して，無罪ではないかとの合理的な疑いが生じているか否かを判断するものであると理解できる。

　白鳥決定は，新証拠との関連を離れてみだりに確定判決の事実認定に介入することを許容したものではないが，新証拠が旧証拠の証拠価値を減殺した場合，他の旧証拠により有罪認定を維持できないのかを判断しているところ，有罪認定を維持する方向での証拠評価に当たり，検討対象の証拠を旧証拠に限定すべきであるという趣旨は含意されていないし，また，検察官による証拠提出を禁止する趣旨も認められない。

　結局，マルヨ無線決定は，白鳥決定以後の最高裁判例と同様に，確定判決の事実認定にみだりに介入することを許容しておらず，ただ，検討対象の証拠の範囲について，これまでにない事例判断を加えたにとどまり，その判断枠組みは，白鳥決定から離れていないと理解すべきなのである。

4．請求人が自己の利益のために提出した証拠を，請求人の　　不利益に用いることは許されないという見解

　庭山英雄教授は，最高裁平成10年10月27日決定（マルヨ無線事件）を限定的に是認しつつ，請求人が自己の利益のために提出した証拠を，請求人の不利益に用いることは許されないという。すなわち，

　　「再審請求審理においては，検察官の立証活動は制限される。現行憲法の
　　下における再審は利益再審のみであり，しかもその再審は無辜の救済（無
　　実は無罪に）のために存在する，と解されているからである。この立場か
　　らは，検察官の立証活動は，弁護人から出された新証拠の証明力を争う場

合にのみ許される。したがって上記判例（マルヨ無線強盗殺人放火事件特別抗告審決定）はこのかぎりで支持できる（証拠構造論との関連はさておく）。しかしそれを超えて弁護人提出の証拠にまで及ぼすことは許されない。今回（引用者注▷最高裁平成17年3月16日決定・狭山事件）弁護人が上程した検察官調書は，一審公判で弁護人が不同意の意見を述べて撤回されたものである。したがってその内容は，憲法の保障する反対尋問による吟味を経ていない。その内容の正確度に保障はない。このような証拠が新規性の名を借りて，弁護人が提出した新証拠の証明力の弾劾に用いられるべきではない。もしこれが許されるならば，請求人に不利な内容を一部に含むが，全体として請求人に有利に働くであろう検察官調書を弁護人は提出することができない。実際，本件においては弁護人提出の証拠が弁護人の立証目的とは違う方向で利用されて，……情況証拠のひとつにされてしまったのである。」[227]

という。

　庭山英雄教授の見解は，その趣旨が判然としないところがあるものの，検察官提出証拠により新証拠を弾劾することは許されるが，請求人提出証拠により新証拠を弾劾することは許されない旨主張しているようである。なお，ここで弾劾という用語法が用いられているが，これは，刑訴法328条にいう証明力を争うための証拠（弾劾証拠）のことをいうのではなく，反証くらいの意味に用いられていると理解すべきであろうか。

　庭山英雄教授は，その理由について，請求人提出証拠を請求人に不利益に用いるに当たり，当該証拠が反対尋問を経ておらず，内容の正確性が保障されていないからであるという。

　しかしながら，請求人が自ら提出した書面に対し，請求人が「反対」尋問する権利というのは，容易に観念し難い概念である。請求人が自ら提出したということは，尋問によって信用性を吟味することを放棄したとも理解できるからである。

　庭山英雄教授がいわんとしているのは，請求人が自己の利益のために提出した証拠を，その意図に反して，請求人の不利益に用いないでほしいということ

であろう。

　しかしながら，証拠の評価については，自由な心証形成が許されるはずであり，この問題は，通常審における立証趣旨の拘束力の問題とほぼ同様に考えてよいと思う。

　石井一正判事は，立証趣旨の拘束力につき消極説が通説であるという。すなわち，

　　「広く『立証趣旨の拘束力』の有無として議論されてきた問題である。
　　……たとえば，『アリバイの存在』を立証趣旨として提出された証拠から
　　アリバイの不存在を認定しうることは当然である……『アリバイの存在』
　　という明示された文言は，証拠を提出した者の期待にすぎないのである。
　　……裁判官が事実認定において，立証趣旨に拘束されると解するのは，現
　　行法の解釈としては，困難であろう（通説，東京高判昭27・11・15高刑集5
　　巻12号2201頁など判例の大勢。これに対し，拘束力を認めるものとしては福岡高
　　判昭25・7・11判特報11号143頁など）。ただ，立証趣旨外の部分は，当事者
　　の攻撃防禦の焦点からはずれているだけに充分な吟味を経ていないことが
　　多いので，証明力に問題があって，事実認定に実際問題として用いること
　　ができない場合は少なくない。なお，次の場合は，ある事実の証明のため
　　に提出された証拠を他の事実の認定に用いることができないが，これは，
　　固有の意味での立証趣旨の拘束力を肯定するからではない。(1)証拠の証明
　　力を争うために提出された証拠（法328条）を犯罪事実の認定に用いるこ
　　と　(2)訴訟条件や情状の立証として提出された伝聞証拠を犯罪事実の認定
　　に用いること　(3)一定の立証趣旨の範囲で証拠とすることに同意した書面
　　を立証趣旨外の事実の認定に用いること……　(4)共同被告人の一部のため
　　にとくに提出された証拠を他の被告人のために用いること」[228]

という。

　庭山英雄教授がいうのは，上記(1)ないし(4)の場合ではなく，請求人が自己の
利益のために提出した証拠を，請求人の不利益に用いないでほしいという趣旨
であろうが，自由心証主義の趣旨に照らし，立証趣旨に拘束力を認める理由は
ないと解されるから，庭山英雄教授の見解は，相当とは思われない。

5. 判 例

最高裁平成10年10月27日決定 [229] —— マルヨ無線事件

請求人は，いわゆる証拠構造論の考え方に立ち，原決定及び原原決定が，確定判決の標目に挙示されなかった証拠や再審請求後に検察官から提出された資料に基づいて，再審事由なしと判断した点について，違法な「証明力のかさ上げ」・違法な「証拠構造の組み替え」である旨主張した。

最高裁は，以下のとおり判示して，請求人の特別抗告を棄却した。

「前記D作成の鑑定書は，確定判決を言い渡した裁判所の審理中に提出されたが，確定判決にはその標目が示されなかった証拠であり，また，原審における検証調書及び前記E作成の鑑定書は，本件再審請求の後に初めて得られた証拠である。所論は，確定判決に標目が挙示されなかった証拠や再審請求後に提出された証拠を考慮して再審請求を棄却することは許されないと主張する。しかし，刑訴法435条6号の再審事由の存否を判断するに際しては，A作成の前記書面等の<u>新証拠とその立証命題に関連する他の全証拠とを総合的に評価し，新証拠が確定判決における事実認定について合理的な疑いをいだかせ，その認定を覆すに足りる蓋然性のある証拠</u>（略）であるか否かを判断すべきであり，<u>その総合的評価をするに当たっては，再審請求時に添付された新証拠及び確定判決が挙示した証拠のほか，たとい確定判決が挙示しなかったとしても，その審理中に提出されていた証拠，更には再審請求後の審理において新たに得られた他の証拠をもその検討の対象にすることができる</u>ものと解するのが相当である。」

三好幹夫調査官は，以下のとおり解説する [230]。

「学説のいわゆる証拠構造論は，新証拠により確定判決の証拠構造が維持できなくなれば明白性ありとすべきであり，名張決定の原原審，原審がしたような証拠の評価は，証拠の『かさ上げ』『組み替え』等であり，これを許さないとする立場から提唱されたものである。しかし，証拠構造論を説く論者の間にあっても，何をもって証拠の構造というのかについては，見解の対立があるようであり，『決定的証拠』と『寄りかかり証拠』はど

のように区別するのかについても，必ずしも明確な基準が提供されている
ようには思われない。……所論は，白鳥決定の……判示は，証拠の明白性
の判断方法についていわゆる事後審査説をとるものであるとし，同説の立
場からは，再審請求後に提出された証拠を考慮して再審請求を棄却するこ
とはできないとも主張している。しかし，事後審査という構造は，原判決
時の事実及び証拠に基づいて原判決の当否を審査するという枠組みにほか
ならないが，本件のような新証拠の発見を理由とする再審請求は，そもそ
も原判決後に発見された証拠に基づくものであるから，純粋な形態の事後
審査となり得ないことは明らかであり，また，控訴審と同じような意味で
事後審査であるというのであれば，控訴審においては新証拠に基づく主張
が例外的にしか許容されていないこと（刑訴法382条の2）との比較におい
てそのような性格付けが果たして当を得たものかどうかが更に慎重に検討
されなければならないであろう。……本決定は，確定判決を下した裁判所
の審理中に提出された積極消極の全部の証拠を検討の対象とすべきである
という白鳥決定と同一の立場に立つものであり，確定判決にその標目が示
されなかった証拠を特に検討の対象から除外すべきではなく，また，検察
官提出に係るものを含めて再審請求後の審理において新たに得られた他の
証拠をも検討の対象にすることができることを確認したものである。その
ことは，また，先の名張事件におけると同様に，所論のいうような証拠構
造論を採用しなかったことを示すものにほかならない。」

　本件最高裁決定は，最高裁昭和50年5月20日決定（白鳥事件）を踏襲する
ものであり，明白性の判断手法として，積極・消極の全証拠を検討対象とする
ことを是認するものであり，検察官提出資料をも検討対象とするという結論に
なるのは，自然なことである。

　三好幹夫調査官は，再審請求審が事後審でないことを指摘するが，相当であ
る。

最高裁平成11年3月9日決定 [231] —— 日産サニー事件

　事案は，深夜，自動車販売会社に侵入し，宿直勤務に当たっていた同社社員

第3章　再審請求審における実体要件〔その2〕証拠の明白性について | 211

の頸部等をめった刺しにして殺害し，現金を奪ったという強盗殺人等事件である。通常審におけるＡ鑑定によれば，被害者の傷害のうち，第8創（前頸喉頭隆起部刺創）の左右創口の長さは多開時に約2.6 cm，第9創（左前頸部刺創）の左右創口の長さは多開時に約2.5 cm，第15創（左頸部刺創）の左右創口の長さ約4.1 cmであり，凶器とされた果物ナイフは，刃幅2.5 cmであった。請求人は，本件果物ナイフでは本件創を成傷できない旨主張し，新証拠として，Ｂ鑑定を提出した。

　原決定である仙台高裁平成7年5月10日決定[232]は，以下のとおり，検察官が再審請求後に提出したＣ鑑定及びＤ鑑定に基づき，請求人が新証拠として提出したＢ鑑定の明白性を否定した。

　　「右のとおり，Ｂ鑑定は，主として本件果物ナイフの性状と被害者の創口の長さに着目し，本件果物ナイフは刃幅約2.5センチメートルの長方形の刃器で先端部の下部に刃があるに過ぎないため，これを刺入するにはナイフを傾けて刃部の先端が皮膚に当たるようにする必要があり，その結果刺入口はナイフの刃幅よりもかなり大きくなる筈である……などを理由に，本件果物ナイフ……と被害者の刺傷との間の矛盾点を指摘したものである。」

　　「このＢ鑑定については，Ｃ，Ｄ両鑑定人の次のような批判がある。」

　　「以上に見たＣ鑑定及びＤ鑑定にもとづきＢ鑑定の当否を検討すると，Ｂ鑑定が，本件果物ナイフは本件刃器として不適合であるとする理由は，主として各創の創口の長さと右ナイフの性状に着目したものであるところ，本件果物ナイフによって，その刃幅程度の創口の創が形成可能であり，その場合，峰部で一方の創端を圧迫しながら刃器が刺入されるならば，刃器の傾斜ないし角度はさして創口の長さに影響を及ぼさないことは，Ｄ鑑定に照らし否定できないところであるから，単に創口の長さと右ナイフの性状によって本件果物ナイフを本件成傷器から除外することは相当でないし，Ｂ鑑定中，創洞の形状と本件果物ナイフの不一致をいう点も，Ｄ鑑定が示唆するように，本件果物ナイフが創内に没入後，刃の部分がやや斜めに角度をつけて組織を切断して行く場合には，創洞面が正鋭となり得ると考

えられるから，これによって本件果物ナイフの刺入による創洞性状と異な
るとは断じ難い。」

「以上によれば，本件再審請求の新証拠とされるB鑑定によっては，本件
果物ナイフが被害者の創の成傷器となり得ないとまでは断定できず，結局，
右B鑑定によっては請求人の成傷器に関する供述（引用者注▷自白供述）の
信用性は減殺されないものといわなければならない。」

本件最高裁決定は，適法な抗告理由に当たらないとして請求人の特別抗告を
棄却したが，なお書きにおいて，

「なお，記録によれば，申立人提出にかかる新証拠の明白性を否定して本
件再審請求を棄却すべきものとした原決定の判断は，正当として是認する
ことができる。」

旨判示した。

同決定は，最高裁平成10年10月27日決定（マルヨ無線事件）を踏襲し，明
白性を判断するに当たり，再審請求後に検察官から提出された資料も検討対象
に含まれることを示したものである。

最高裁平成17年3月16日決定 233) —— 狭山事件

事案は，強盗強姦，強盗殺人，恐喝未遂等事件である。請求人は，捜査段階
で，本件脅迫状の封筒へはボールペンで記載した旨自白していたが，新証拠で
ある鑑定書等により，当該筆記用具はボールペンではなく，ペンないし万年筆
であると認められたことから，弁護人は，請求人の自白に信用性がない旨主張
した。また，弁護人は，請求人が脅迫状を書くだけの国語能力に乏しいとも主
張した。

同決定は，以下のとおり，弁護人が別の論点に関して提出した新証拠（請求
人の検察官調書）を，再審事由を否定する資料として考慮することが許される
旨判示した上，請求人が一定の国語能力を有している旨認定した。

「所論は，申立人の生育歴等からは，十分な国語教育を受ける機会がなく，
本件当時の申立人の国語能力は小学校の低学年の水準にとどまっていたと
いう。……しかし，申立人は，靴店に住み込みで働いていた14歳のころ

には，店主の妹から約3か月間平仮名や漢字を習い，得意先の名前程度は漢字で書けるようになっていたと認められ，その後も，原決定が指摘するような社会的体験，生活上の必要と知的興味，関心等から，不十分ながらも漢字の読み書きなどを独習し，ある程度の国語的知識を集積していたことがうかがわれる。弁護人西川雅偉作成の平成10年8月4日付け再審請求補充書の『付録21』として提出されたMの昭和38年6月8日付け検察官に対する供述調書（写し）の中には，『N（申立人）は，私の家に居るとき，読んでいたものは歌の本とか週刊明星が主でしたが，私が野球が好きで報知新聞をとっていると，この新聞の競輪予想欄を見ては，しるしをつけていたし，私の家でとっている読売新聞も読んでおりました。また，去年の12月ごろ，Nが自動車の免許証を取りたいと言っていたとき，私が免許証をとるとき使った交通法規の本と自動車構造の本をNに貸してやったら，それを少し読んでいるのは見ました。』との供述部分がある。<u>上記供述調書は，検察官が第一審の第1回公判で立証趣旨を『被告人の性格，血液等』として証拠調べ請求したが，弁護人が不同意の意見を述べたため，撤回された証拠である。弁護人は再審請求審でその主張する他の論点の裏付けとなる資料として上記供述調書を援用したものであるが，再審請求手続に上程した以上は，これを再審事由の存否等の判断資料として考慮することは許されると解すべきである。</u>」旨判示した。

　本件最高裁決定は，請求人が再審事由を基礎付けるために提出した証拠を，再審事由を否定するために用いることが許されることを明示したものである。

　最高裁昭和50年5月20日決定（白鳥事件）は，明白性の判断手法として，積極・消極の全証拠を検討対象とする旨判示しているところ，その際，請求人が再審事由を基礎付けるために提出した証拠を，請求人の意図に反して用いることを排除するものではない。

　したがって，本件最高裁決定は，新しい判示であるとはいえ，その判示内容は，白鳥決定の枠内にとどまるといえよう。

6. 私　　　見

　私見では，寺崎嘉博教授の見解とほぼ同旨である。

　その理由は，前記第3章第3節に記載したことと重複するので，概ねそれを
援用するが，結局，最高裁昭和50年5月20日決定（白鳥事件）に従えば，新
証拠が旧証拠の証拠価値を減殺する場合であっても，残りの積極・消極の全証
拠を総合的に評価して，有罪認定を維持できる（無罪ではないかとの合理的な疑
いを排斥できる）のであれば，再審請求を棄却すべきことになり，その際，確
定判決が証拠の標目に挙示しなかった証拠，再審請求後に検察官から提出され
た証拠，請求人が別の意図で提出した証拠等であっても，いずれも証拠の明白
性を否定する方向で用いることを否定する理由はないということである。

注

151）前掲注30の最高裁昭和50年5月20日決定（白鳥事件）。
152）前掲注51の最高裁昭和51年10月12日決定（財田川事件）。
153）最高裁平成9年1月28日決定・刑集51巻1号337頁（名張事件）。
　　　本決定を論評したものとしては，前掲注14の小西秀宣・371頁，『刑事弁護コ
　　ンメンタールI・刑事訴訟法』403頁［大出良知執筆部分］，佐藤博史『再審請求
　　における証拠構造分析と証拠の明白性判断』『松尾浩也先生古稀祝賀論文集下巻』
　　643頁，大出良知『『明白性』問題の現在』竹澤哲夫弁護士古稀祝賀論文集『誤
　　判の防止と救済』581頁，川崎英明『最高裁・名張決定と証拠構造論』法学62巻
　　6号66頁，同『判例評釈』法学セミナー510号7頁，鳥毛美範『判例評釈』法
　　律時報71巻4号84頁，同6号53頁，白取祐司『判例評釈』法学セミナー510
　　号12頁，水谷規男『判例評釈』法学セミナー510号60頁，神山啓史『判例評釈』
　　季刊刑事弁護10号26頁，多田辰也『判例評釈』平成9年度重要判例解説193頁，
　　河上和雄『判例評釈』判例評論472号17頁，佐藤博史『判例評釈』ジュリスト
　　1145号114頁，加藤克佳『判例評釈』現代刑事法3号71頁がある。
　　　なお，名張事件については，前掲注54の最高裁平成22年4月5日決定及び前
　　掲注55の同平成25年10月16日決定も参照のこと。
154）最高裁判例解説・刑事篇・昭和50年度・82頁［田崎文夫執筆部分］。
155）最高裁判例解説・刑事篇・昭和51年度・284頁［磯辺衛執筆部分］。
156）最高裁判例解説・刑事篇・平成9年度・1頁［中谷雄二郎執筆部分］。
157）前掲注9の藤野英一（昭和38年）851（94）〜852（95）頁，854（97）〜855

（98）頁。

158）前掲注 34 の臼井滋夫（昭和 56 年）436 頁。

159）前掲注 63 の藤永幸治（昭和 57 年）273 〜 274 頁，279 頁。

160）最高裁判例解説・刑事篇・昭和 50 年度・93 頁，94 頁［田崎文夫執筆部分］。

161）最高裁判例解説・刑事篇・平成 9 年度・19 頁，35 頁（注 24）［中谷雄二郎執筆部分］。

162）前掲注 4 の井戸田侃（昭和 39 年）200 〜 202 頁。

163）前掲注 10 の鴨良弼（昭和 40 年）8 〜 9 頁。

164）前掲注 5 の光藤景皎（昭和 40 年）24 〜 25 頁。

165）前掲注 12 の鈴木義男（昭和 60 年）11 〜 12 頁。

166）前掲注 14 の小西秀宣（平成 10 年）390 〜 391 頁，392 頁，392 〜 393 頁。

167）前掲注 1 の安倍治夫（昭和 38 年）232 〜 233 頁。

168）前掲注 31 の日本弁護士連合会（昭和 61 年）324 〜 325 頁，329 頁。

169）前掲注 24 の竹澤哲夫（平成 6 年）1037 頁，1042 頁。

170）佐藤博史『証拠の明白性とは何か』116 頁，118 頁。竹澤哲夫ほか『刑事弁護の技術（下）』（平成 6 年，第一法規出版）所収。

171）大出良知『再審の理論的現状と課題』55 頁。法律時報 61 巻 9 号 52 頁（平成元年）所収。

172）前掲注 6 の光藤景皎教授（平成 12 年）18 頁，21 頁。

173）前掲注 25 の川崎英明（平成 12 年）48 頁，60 頁，67 〜 68 頁。

174）前掲注 30 の最高裁昭和 50 年 5 月 20 日決定（白鳥事件）。

175）最高裁判例解説・刑事篇・昭和 50 年度・91 〜 93 頁［田崎文夫執筆部分］。

176）前掲注 51 の最高裁昭和 51 年 10 月 12 日決定（財田川事件）。

177）最高裁判例解説・刑事篇・昭和 51 年度・290 頁，291 頁［磯辺衛執筆部分］。

178）前掲注 99 の最高裁昭和 55 年 12 月 11 日決定（免田事件）。

179）前掲注 100 の福岡高裁昭和 54 年 9 月 27 日決定（免田事件）。

180）最高裁判例解説・刑事篇・昭和 55 年度・385 〜 386 頁，386 頁［稲田輝明執筆部分］。

181）前掲注 153 の最高裁平成 9 年 1 月 28 日決定（名張事件）。

182）最高裁判例解説・刑事篇・平成 9 年度・19 〜 20 頁，21 〜 22 頁，22 頁，25 頁，29 〜 31 頁［中谷雄二郎執筆部分］。

183）前掲注 107 の最高裁平成 21 年 12 月 14 日決定（布川事件）。

184）前掲注 108 の東京高裁平成 20 年 7 月 14 日決定（布川事件）。

185）前掲注 1 の安倍治夫（昭和 38 年）218 頁，220 〜 221 頁。

186）前掲注 3 の臼井滋夫（昭和 38 年）135 〜 137 頁，138 頁。

187）河上和雄ほか『大コンメンタール刑事訴訟法　第 2 版　第 7 巻』（平成 22 年，青林書院）317 〜 318 頁［安廣文夫執筆部分］。

188）最高裁平成 19 年 10 月 16 日決定・刑集 61 巻 7 号 677 頁。

189）前掲注 30 の最高裁昭和 50 年 5 月 20 日決定（白鳥事件）。

190）前掲注 11 の高田卓爾（昭和 58 年）324 ～ 325 頁。

191）前掲注 12 の鈴木義男（昭和 60 年）10 頁，12 頁。

192）前掲注 29 の森本和明（平成 14 年）516 ～ 517 頁，517 頁。

193）前掲注 22 の岸盛一（昭和 37 年）404 頁。

194）前掲注 5 の光藤景皎（昭和 40 年）24 ～ 25 頁。

195）前掲注 63 の藤永幸治（昭和 57 年）279 ～ 280 頁。

196）前掲注 9 の藤野英一（昭和 38 年）850（93）頁。

197）前掲注 4 の井戸田侃（昭和 39 年）200 ～ 201 頁。

198）前掲注 6 の光藤景皎（平成 12 年）12 ～ 13 頁。

199）例えば，北原保雄『明鏡　国語辞典』（平成 14 年，大修館書店）。

200）前掲注 24 の竹澤哲夫（平成 6 年）1042 頁。

201）前掲注 14 の小西秀宣（平成 10 年）390 ～ 391 頁。

202）前掲注 25 の川崎英明（平成 12 年）52 頁，54 頁。

203）前掲注 39 の最高裁昭和 33 年 5 月 27 日決定。

204）最高裁判例解説・刑事篇・昭和 33 年度・384 ～ 385 頁［青柳文雄執筆部分］。

205）前掲注 30 の最高裁昭和 50 年 5 月 20 日決定（白鳥事件）。

206）最高裁判例解説・刑事篇・昭和 50 年度・90 頁［田崎文夫執筆部分］。

207）最高裁平成 10 年 10 月 27 日決定・刑集 52 巻 7 号 363 頁（マルヨ無線事件）。
　　　　本決定を論評したものとしては，加藤俊治『新判例解説』研修 615 号 21 頁，大出良知・平成 10 年度重要判例解説・ジュリスト 1157 号 195 頁，山本昌樹・判例評論 487 号 68 頁（判例時報 1679 号 246 頁），寺崎嘉博『最新重要判例評釈（18）』現代刑事法 9 号 72 頁，同『確定判決が科刑上一罪として処断した一部の罪について無罪とすべき明らかな証拠をあらたに発見した場合と刑訴法四三五条六号の再審事由，その他』ジュリスト 1172 号 130 頁，松宮孝明『再審請求審における総合評価の意味──尾田事件再審特別抗告審決定の批判的検討』刑事弁護 23 号 20 頁がある。

208）最高裁判例解説・刑事篇・平成 10 年度・131 頁［三好幹夫執筆部分］。

209）大出良知『科刑上一罪の一部における無罪とすべき明らかな証拠の新たな発見と刑訴法 435 条 6 号の再審事由』196 頁。平成 10 年度重要判例解説・ジュリスト 1157 号 195 頁（平成 10 年度）所収。

210）山本晶樹『確定判決が科刑上一罪と認定した一部の罪につき無罪とすべき明らかな証拠を新たに発見した場合と刑訴法 435 条 6 号の再審事由──マルヨ無線強盗殺人放火事件』248 頁（70 頁）。判例時報 1679 号 246 頁（判例評論 487 号 68 頁）所収。

211）寺崎嘉博『確定判決が科刑上一罪として処断した一部の罪について無罪とすべき明らかな証拠を新たに発見した場合と刑訴法 435 条 6 号の再審事由，その他』131 ～ 132 頁。ジュリスト 1172 号 130 頁（平成 12 年）所収。

212）松宮孝明『再審請求審における総合評価の意味——尾田事件再審特別抗告審決定の批判的検討』22頁。季刊刑事弁護23号20頁所収。

213）前掲注25の川崎英明（平成12年）86～87頁。

214）前掲注207の最高裁平成10年10月27日決定（マルヨ無線事件）。

215）前掲注208の三好幹夫（平成10年度）148～149頁，149～150頁，150～151頁。

216）前掲注207の最高裁平成10年10月27日決定（マルヨ無線事件）。

217）前掲注208の三好幹夫（平成10年度）131頁。

218）前掲注12の鈴木義男（昭和60年）12頁。

219）加藤俊治『刑訴法435条6号の再審事由の存否を判断するに当たり確定判決が標目を挙示しなかった証拠及び再審請求後の審理において新たに得られた証拠を検討の対象にすることの可否（積極）』26～28頁。研修615号21頁（平成11年）所収。

220）前掲注211の寺崎嘉博（平成12年）132頁。

221）前掲注38の小西秀宣（平成14年）508頁。

222）前掲注31の日本弁護士連合会（昭和61年）353頁。

223）前掲注209の大出良知（平成10年度）196頁。

224）前掲注6の光藤景皎（平成12年）22～23頁，23～24頁。

225）前掲注210の山本晶樹・249頁。

226）前掲注212の松宮孝明（平成12年）24頁。

227）庭山英雄『狭山事件3・16棄却決定の批判的考察』71頁。季刊刑事弁護43号70頁（平成17年）所収。

228）石井一正『刑事実務証拠法　第3版』（平成15年，判例タイムズ社）54～55頁。

229）前掲注207の最高裁平成10年10月27日決定（マルヨ無線事件）。

230）前掲注208の三好幹夫（平成10年度）131頁。

231）最高裁平成11年3月9日決定・最高裁判所裁判集刑事275号371頁（日産サニー事件）。

232）仙台高裁平成7年5月10日決定・判例時報1541号52頁・判例タイムズ878号285頁（日産サニー事件）。

233）前掲注75の最高裁平成17年3月16日決定（狭山事件）。

おわりに

「はじめに」で述べたとおり，本論文の研究対象は，再審請求審の審理手続及び刑訴法 435 条 6 号の再審理由の法解釈である。先達の研究成果は数多く，そのすべてに向き合うことは，私の能力を超えているが，いささかなりとも，これまでの議論の交通整理ができたのではないかと思う。

判事，検事，弁護士，教授等の立場の相違が，見解の相違を生む背景になっていることについては，それ自体を冷静に認識する必要があろうかと思う。

誤解なきようにと願うが，検事は，公益の代表者であり，法と証拠に基づいて職務遂行に当たっているという気概を持っており，その立場ゆえに常に再審請求に反対するということはないということである。そのことは，検事による再審請求の件数が少なくないという統計からも明らかである。

それに関連して，二点を付記しておきたい。

一点目は，時に，弁護士が裁判批判・検察批判を語るとき，社会正義のためにされているのであろうとは理解しているが，再審請求を認める方向であれば正義，これを認めない方向であれば悪という図式に陥ることがないようにしていただきたいということである。

例えば，日本弁護士連合会は，徳島事件で再審無罪判決が言い渡された後，捜査関与検事らが，マスコミに対し，それでも有罪を確信している旨語ったとして，激しい非難を加え，また，最高検察庁が，免田事件・財田川事件・松山事件の再審無罪事件の検討をしたことについて，その検討自体が閉鎖的であって，正しい教訓を導くことに困難を来すと述べている[234]。

有罪・無罪は，個別具体的事件の証拠選択・証拠判断に基づくものであり，個々の事件に関与した者は，それぞれ法と証拠に基づいて考え，行動しているのであり，弁護士が裁判で検事の主張・立証を弾劾する立場にあることは理解できるとしても，検事が有罪の心証を抱いているということ自体を非難するのは，いかがなものかと思う。また，検察が無罪事件を反省し，将来の教訓とし

たいといっているのに、正しい教訓にならないかのような見通しを述べるのも、いかがなものかと思う。

「運動論的な論説の中には、再審を開始する決定はすべて正しく、再審請求を棄却する決定は全て間違っているかのような論評を行うものがないではなく、さらに、少しでも再審開始について制約的な論説があれば、誤判に対する心の痛みが欠如している等と心情的な非難を加えるものもある。運動論と解釈論とは区別されなければならないし、再審開始方向の決定が全て正しく、棄却方向の決定が全て間違っているということもあり得べきことではなく、そのような論説が、結局、この問題についての真摯で客観的な議論を阻害する結果になりはしないかということをおそれる。」

とは、小西秀宣判事の言である[235]。

二点目は、再審無罪が確定した場合、検察官の公訴提起は、国家賠償法上の違法性ありといえるかという論点に関する民事のリーディング・ケース（弘前事件）についてである。

もともとの刑事事件の事案は、犯人が、深夜、被害者方に侵入し、鋭利な刃物でその頸部を突き刺し、殺害したというものである。

刑事の通常審である仙台高裁昭和27年5月31日判決は被告人に有罪を言い渡し、同判決が確定したが、再審開始決定後、青森地裁弘前支部は被告人の無罪を言い渡し、検察官が控訴した。

仙台高裁昭和52年2月15日判決[236]は、以下のとおり事実認定して、検察官の控訴を棄却し、無罪判決が確定した。

　　検察官の主張によれば、「本件が殺人事件であることは証拠上明らかであり、その犯人が被告人であることは、以下挙示する各証拠によって明白である。即ち直接証拠として、(1) 被告人が本件発生当時着用していた海軍用開襟白シャツに被害者Aの血液型と同じB、M、Q、E型の血痕が附着しており、被告人の血液型はB、M、q型である。」

　　しかしながら、C教授の論文によれば、「本件白シャツに人血が附着していたとすれば、その血痕の色合いは、被告人がこれを本件の発生した後毎日作業用に使用していたとしても押収された昭和24年8月22日当時は

黒味を帯びた色合いのものであったと思われ，物置に置いたままの状態であったとすれば赤褐色の色合いを保っていたと推定される。」

「ところが前記 D 鑑定によれば，本件白シャツ附着の血痕が『畳の血』と同じ赤褐色であったというのであるから，本件白シャツは全く直射日光に当てない室内に終始保存されていたとみなければならず，この点にも解き難い矛盾が感ぜられる。……本件白シャツが押収された当時弘前市警察署でこれを見分した当審証人 3 名は，その色合いの印象を色名帖を参考にして次のとおり述べている。即ち証人 F は灰色がかった赤紫（略）といい，証人 G は灰色がかったピンク（略）と赤みがかった鈍い紫色（略）との間の色といい，証人 H はあかるい紫（藤色）とあかるい赤紫（つつじ色）との間の色かまたはあさい紫（紅藤色）と紫がかったピンク（薄紅色）との間の色であったと証言し，三者三様の色合いを述べているのである。……このようにみてくると，本件白シャツにはこれが押収された当時には，もともと血痕は附着していなかったのではないかという推察が可能となる」

以上のとおり，同仙台高裁判決は，被告人の白シャツに被害者の血液が付着したとすれば，その色は押収時までに黒味を帯びた色に変色しているはずなのに，鑑定時まで赤褐色を保っていたというのは不審であるとした。すなわち，同判決を敷衍すれば，被告人の白シャツに付着していた被害者の血液は，押収から鑑定までの間に，（捜査官を含む）何者かが付着させたものであり，被告人の白シャツには，もともと被害者の血液など付着していなかったはずであるというのである。

無罪を勝ち取った元被告人は，国を被告として，国家賠償請求の民事裁判を提起した。

民事の仙台高裁昭和 61 年 11 月 28 日判決[237]は，以下のとおり事実認定して，元被告人の請求を棄却した。

「乙第 301 号証中の原一審第 1 回公判調書に明らかなとおり，本件白シャツは同公判期日の昭和 24 年 10 月 31 日裁判所に領置され，検察官の手を離れているのである。仮に，何者かが血痕を付着させたとすると，その血痕の出処が問題となるが，乙第 309 号証中の弁護人 I の弁論要旨……によ

れば，原一審の弁護人は被害者の夫が後日のために保存していたのではないかとの推測をしている。しかし，……そのような人為的付着に加担したのであるとすれば，妻の敵かどうか必ずしも明確でない者を犯人に仕立て上げることに手を貸したわけであり，その結果本当の敵である他にいるかも知れない真犯人を逃すことになりかねないのであるから，およそ考え難いことである。まして，本件白シャツが裁判所に領置され鑑定に付されるまでの約8カ月の間に，右『保存血液』を付着させることなど，殆ど不可能事に属する。」

最高裁平成2年7月20日判決 [238] は，

「所論の点に関する原審の認定判断は，原判決挙示の証拠関係に照らし，正当として是認することができ，その過程に所論の違法はない。」

旨判示して，元被告人らの上告を棄却した。

以上のとおり，本件において犯人性を立証するための最も重要な間接事実は，元被告人の着衣に被害者の血痕が付着していたという事実である。

この点につき，再審公判では，事件発生時から鑑定時まで，血痕の赤褐色の色合いが保たれていたのは不審であるとして，（捜査官を含む）何者かが事後的に被告人の着衣に付着させたものであるとし，他方，民事裁判では，被告人の着衣が裁判所に領置されている以上，捜査官らが被害者の血痕を被告人の着衣に付着させることは，事実上，不可能であるとした上，仮に，何者かが被害者の血痕を被告人の着衣に付着させたと仮定すると，今度は被害者の血液の出処が説明できないことになるから，結局，何者かが被害者の血痕を被告人の着衣に付着させたとは考えられないとした。

被告人の無罪を言い渡した再審公判では，色彩の異同という，人間の認識，記憶，表現能力といった主観的要因が影響しやすいものを事実認定の基礎とし，他方，検事による公訴提起の違法性を否定した民事裁判では，第三者による血液付着の物理的可能性という客観的なものを事実認定の基礎としている。

誠に，事実認定とは，難しいものである。

注 ——

234）前掲注 31 の日本弁護士連合会（昭和 61 年）403 頁。

235）前掲注 38 の小西秀宣（平成 14 年）503 頁。

236）仙台高裁昭和 52 年 2 月 15 日判決・高等裁判所刑事判例集 30 巻 1 号 28 頁（弘前事件）。

237）仙台高裁昭和 61 年 11 月 28 日判決・高等裁判所民事判例集 39 巻 4 号 83 頁（弘前事件）。

238）最高裁平成 2 年 7 月 20 日判決・民集 44 巻 5 号 938 頁（弘前事件）。

参 考 文 献

青柳文雄「最高裁判例解説・刑事篇・昭和 33 年度」(法曹界) 383 頁

青柳文雄ほか「註釈刑事訴訟法［第 4 巻］」(昭和 56 年，立花書房)

安倍治夫「刑事訴訟法における均衡と調和」(昭和 38 年，一粒社)

石井一正「刑事実務証拠法　第 3 版」(平成 15 年，判例タイムズ社)

磯辺衛「最高裁判例解説・刑事篇・昭和 51 年度」(法曹界) 284 頁

井戸田侃「再審」(日本刑法学会「刑事訴訟法講座　第 3 巻」〔昭和 39 年，有斐閣〕所収)

稲田輝明「最高裁判例解説・刑事篇・昭和 55 年度」(法曹界) 381 頁

臼井滋夫「再審」(藤井一雄ほか「総合判例研究叢書　刑事訴訟法 (14)」〔昭和 38 年，有斐閣〕所収)

臼井滋夫「再審事由としての証拠の明白性（その二.）」(研修 327 号 47 頁〔昭和 50 年〕所収)

海老原震一「最高裁判例解説・刑事篇・昭和 42 年度」(法曹界) 113 頁

大出良知「再審の理論的現状と課題」(法律時報 61 巻 9 号 52 頁〔平成元年〕所収)

大出良知「科刑上一罪の一部における無罪とすべき明らかな証拠の新たな発見と刑訴法 435 条 6 号の再審事由」(平成 10 年度重要判例解説・ジュリスト 1157 号 195 頁所収)

岡部保男「再審請求はどのように行うか」(竹澤哲夫ほか「刑事弁護の技術（下）」〔平成 6 年，第一法規〕所収)

岡部保男「再審－弁護の立場から」(三井誠ほか「新刑事手続Ⅲ」〔平成 14 年，悠々社〕所収)

加藤俊治「刑訴法 435 条 6 号の再審事由の存否を判断するに当たり確定判決が標目を挙示しなかった証拠及び再審請求後の審理において新たに得られた証拠を検討の対象にすることの可否（積極）」(研修 615 号 21 頁〔平成 11 年〕所収)

鴨良弼「再審の理論的基礎」(法律時報 37 巻 6 号 4 頁〔昭和 40 年〕所収)

河上和雄ほか「大コンメンタール刑事訴訟法　第 7 巻」(平成 22 年，青林書院)

河上和雄ほか「大コンメンタール刑事訴訟法　第二版　第 7 巻」(平成 24 年，青林書院)

河上和雄ほか「大コンメンタール刑事訴訟法　第二版　第 9 巻」(平成 23 年，青林書院)

岸盛一「刑事訴訟法要義（新版）」(昭和 37 年，廣文堂書店)

小西秀宣「再審判例の現状と展望」(原田國男ほか「刑事裁判の理論と実務　中山善房判事退官記念」〔平成 10 年，成文堂〕所収)

小西秀宣「再審－裁判の立場から」(三井誠ほか「新　刑事手続Ⅲ」〔平成 14 年，悠々社〕所収)

佐藤博史「証拠の明白性とは何か」(竹澤哲夫ほか「刑事弁護の技術（下）」〔平成 6 年，第一法規出版〕所収)

鈴木義男「再審理由としての証拠の明白性」（研修 444 号 3 頁〔昭和 60 年〕所収）

高橋幹男「最高裁判例解説・刑事篇・昭和 35 年度」（法曹界）111 頁

竹澤哲夫「再審－弁護の立場から」（三井誠ほか「刑事手続　下」〔平成 6 年，筑摩書房〕所収）

武村二三夫「証拠の新規性とは何か」（竹澤哲夫ほか「刑事弁護の技術（下）」〔平成 6 年，第一法規出版〕所収）

田崎文夫「最高裁判例解説・刑事篇・昭和 50 年度」（法曹界）82 頁

寺崎嘉博「確定判決が科刑上一罪として処断した一部の罪について無罪とすべき明らかな証拠を新たに発見した場合と刑訴法 435 条 6 号の再審事由，その他」（ジュリスト 1172 号 130 頁所収）

中谷雄二郎「最高裁判例解説・刑事篇・平成 9 年度」（法曹界）1 頁

日本弁護士連合会「続・再審」（昭和 61 年，日本評論社）

庭山英雄「狭山事件 3・16 棄却決定の批判的考察」（季刊刑事弁護 43 号 70 頁〔平成 17 年〕所収）

平場安治ほか「注解刑事訴訟法　下巻［全訂新版］」（昭和 58 年，青林書院新社）

藤永幸治「再審法の新展開」（石原一彦ほか「現代刑罰法体系　第 6 巻　刑事手続 II」〔昭和 57 年，日本評論社〕所収）

藤永幸治ほか「大コンメンタール刑事訴訟法　第 1 巻」（平成 7 年，青林書院）

藤永幸治ほか「大コンメンタール刑事訴訟法　第 4 巻」（平成 7 年，青林書院）

藤永幸治ほか「大コンメンタール刑事訴訟法　第 7 巻」（平成 12 年，青林書院）

藤野英一「刑事再審理由の分析」（法曹時報 15 巻 6 号 64 頁〔昭和 38 年〕所収）

本江威憙「再審請求手続における審判の対象」（研修 353 号 71 頁〔昭和 52 年〕所収）

松宮孝明「再審請求審における総合評価の意味－尾田事件再審特別抗告審決定の批判的検討」（季刊刑事弁護 23 号 20 頁所収）

光藤景皎「再審証拠法」（法律時報 37 巻 6 号 20 頁〔昭和 40 年〕所収）

光藤景皎ほか　座談会「刑事再審の理論的課題」（法律時報 61 巻 9 号 60 頁〔平成元年〕所収）

三好幹夫「最高裁判例解説・刑事篇・平成 10 年度」（法曹界）131 頁

森本和明「再審－検察の立場から」（三井誠ほか「新　刑事手続 III」〔平成 14 年，悠々社〕所収）

山本晶樹「確定判決が科刑上一罪と認定した一部の罪につき無罪とすべき明らかな証拠を新たに発見した場合と刑訴法 435 条 6 号の再審事由－マルヨ無線強盗殺人放火事件」（判例時報 1679 号 246 頁〔判例評論 487 号 68 頁〕所収）

米澤慶治「再審－検察の立場から」（三井誠ほか「刑事手続　下」〔昭和 63 年，筑摩書房〕所収）

判 例 索 引

［ 最高裁判例 ］

最高裁昭和 28 年 11 月 24 日決定・刑集 7 巻 11 号 2283 頁 ………………………… 33, 35-38

最高裁昭和 29 年 10 月 19 日決定・刑集 8 巻 10 号 1610 頁 ……… 80, 84, 88, 95, 103, 112
113, 115

最高裁昭和 29 年 11 月 22 日決定・刑集 8 巻 11 号 1857 頁 ………………………… 33, 36, 38

最高裁昭和 31 年 2 月 2 日決定・最高裁判所裁判集刑事 112 号 223 頁
………… 80-82, 89, 95, 103, 107

最高裁昭和 33 年 4 月 23 日決定・最高裁判所裁判集刑事 124 号 549 頁
……… 81, 82, 89, 95, 104, 107

最高裁昭和 33 年 5 月 27 日決定・刑集 12 巻 8 号 1683 頁 ………………………… 27, 184

最高裁昭和 35 年 3 月 29 日決定・刑集 14 巻 4 号 479 頁 ……… 81, 89, 95, 104, 107

最高裁昭和 37 年 10 月 30 日決定・刑集 16 巻 10 号 1467 頁（日本厳窟王事件）… 82, 89

最高裁昭和 42 年 7 月 5 日決定・刑集 21 巻 6 号 764 頁 ………………………………… 27

最高裁昭和 44 年 4 月 25 日決定・刑集 23 巻 4 号 275 頁 ………………………………… 55

最高裁昭和 45 年 6 月 19 日判決・刑集 24 巻 6 号 299 頁 ……… 83, 86, 89, 113, 115

最高裁昭和 47 年 12 月 12 日判決・裁判集刑事 185 号 623 頁 …………… 85, 89, 113, 115

最高裁昭和 50 年 5 月 20 日決定・刑集 29 巻 5 号 177 頁（白鳥事件）… 21, 62, 86, 125, 134,
151, 155, 158, 161, 163, 169, 170, 174, 178, 180, 181, 185, 188, 205, 210, 213, 214

最高裁昭和 51 年 10 月 12 日決定・刑集 30 巻 9 号 1673 頁（財田川事件）…… 37, 134, 153,
158, 161, 163

最高裁昭和 55 年 12 月 11 日決定・刑集 34 巻 7 号 562 頁（免田事件）…… 88, 91, 96, 126,
127, 129, 156, 161, 163

最高裁昭和 60 年 5 月 27 日決定・最高裁判所裁判集刑事 240 号 57 頁（狭山事件）…… 89

最高裁昭和 62 年 2 月 5 日決定・最高裁判所裁判集刑事 245 号 617 頁（江津事件）
………………………… 91, 96

最高裁平成 2 年 7 月 20 日判決・民集 44 巻 5 号 938 頁（弘前事件）………………… 222

最高裁平成 2 年 10 月 17 日決定・刑集 44 巻 7 号 543 頁（山本老事件）……………… 127

最高裁平成 9 年 1 月 28 日決定・刑集 51 巻 1 号 337 頁（名張事件）………… 134 158, 163

最高裁平成 10 年 10 月 27 日決定・刑集 52 巻 7 号 363 頁（マルヨ無線事件）… 189-194,
197, 198, 201, 203, 205, 209, 212

最高裁平成 11 年 3 月 9 日決定・最高裁判所裁判集刑事 275 号 371 頁（日産サニー事件）
………………………… 210

最高裁平成 17 年 3 月 16 日決定・判例時報 1887 号 15 頁・判例タイムズ 1174 号 228 頁

(狭山事件)… 63, 207, 212

最高裁平成 19 年 10 月 16 日決定・刑集 61 巻 7 号 677 頁 ………………………… 168

最高裁平成 21 年 12 月 14 日決定・裁判集刑事 299 号 1075 頁（布川事件）……… 94, 107,

115, 127, 162

最高裁平成 22 年 4 月 5 日決定・裁判所時報 1505 号 16 頁（名張事件）…………… 41, 43

最高裁平成 25 年 10 月 16 日決定・平成 24 年（し）第 268 号（名張事件）………… 42

［ 下級審判例 ］

名古屋高裁昭和 36 年 4 月 11 日決定・高等裁判所刑事判例集 14 巻 9 号 589 頁

(日本厳窟王事件)… 82

東京高裁昭和 40 年 4 月 8 日決定・下級裁判所刑事裁判例集 7 巻 4 号 582 頁

…………… 124, 126, 127, 129

札幌高裁昭和 44 年 6 月 18 日決定・判例時報 558 号 14 頁，判例タイムズ 237 号 89 頁

(白鳥事件)… 86, 91, 125-127, 129

仙台高裁昭和 52 年 2 月 15 日判決・高等裁判所刑事判例集 30 巻 1 号 28 頁（弘前事件）

………………………… 220

福岡高裁昭和 54 年 9 月 27 日決定・高等裁判所刑事判例集 32 巻 2 号 186 号（免田事件）

…………… 88, 126, 127, 129, 156

東京高裁昭和 55 年 2 月 5 日決定・高等裁判所刑事判例集 33 巻 1 号 1 頁（狭山事件）

…………… 89, 92

広島高裁昭和 57 年 12 月 25 日決定・判例時報 1066 号 35 頁（江津事件）…………… 91

仙台高裁昭和 61 年 11 月 28 日判決・高等裁判所民事判例集 39 巻 4 号 83 頁（弘前事件）

…………… 221

広島高裁昭和 62 年 5 月 1 日決定・刑集 44 巻 7 号 590 頁（山本老事件）…………… 127

仙台高裁平成元年 3 月 8 日決定・判例時報 1328 号 153 頁 ………………… 92, 106, 113

高松高裁平成 5 年 11 月 1 日決定・判例時報 1509 号 146 頁 ………………… 93, 106

仙台高裁平成 7 年 5 月 10 日決定・判例時報 1541 号 52 頁・判例タイムズ 878 号 285 頁

(日産サニー事件)… 211

東京高裁平成 20 年 7 月 14 日決定・判例タイムズ 1290 号 73 頁（布川事件）…… 94, 107,

115, 127, 162

東京高裁平成 21 年 6 月 23 日決定・東京高等裁判所（刑事）判決時報 60 巻 91 頁

(足利事件)… 39, 42, 43

さいたま地裁平成 21 年 11 月 2 日決定・平成 21 年（た）第 1 号 ………………… 53

福島　弘（ふくしま ひろし）

1963 年　東京生まれ
1986 年　中央大学法学部卒業
1989 年　東京地方検察庁　検事任官
　　　　　札幌法務局訟務部長，東京高等検察庁検事等を歴任
現　在　福岡高等検察庁総務部長
著　書　『日本国憲法の理論』（中央大学出版部）

再審制度の研究

2015年3月20日　初版第1刷発行

著　者　　　福島　弘

発行者　　　神﨑茂治
発行所　　　中央大学出版部
　　　　　　　東京都八王子市東中野742-1　〒192-0393
　　　　　　　電話 042（674）2351　　FAX 042（674）2354
　　　　　　　http://www2.chuo-u.ac.jp/up/

印刷・製本　藤原印刷株式会社

©Hiroshi Fukushima 2015, Printed in Japan
　ISBN978-4-8057-0730-2

＊本書の無断複写は，著作権上での例外を除き禁じられています。
　本書を複写される場合は，その都度当発行所の許諾を得てください。